"新时代首都发展的生动实践"系列丛书

沈洁 主编　张军 副主编

新时代首都文化建设
创新实践案例

董滨宇◎主编　潘志宏◎副主编

中共中央党校出版社

图书在版编目（CIP）数据

新时代首都文化建设创新实践案例/董滨宇主编；潘志宏副主编.--北京：中共中央党校出版社，2024.5

（"新时代首都发展的生动实践"系列丛书/沈洁主编）

ISBN 978-7-5035-7695-9

Ⅰ.①新… Ⅱ.①董… ②潘… Ⅲ.①文化事业—概况—北京 Ⅳ.①G127.1

中国国家版本馆CIP数据核字（2024）第049734号

新时代首都文化建设创新实践案例
XINSHIDAI SHOUDU WENHUA JIANSHE CHUANGXIN SHIJIAN ANLI

策划统筹	曾忆梦
责任编辑	边梦飞
责任印制	陈梦楠
责任校对	魏学静
出版发行	中共中央党校出版社
地　　址	北京市海淀区长春桥路6号
电　　话	（010）68922815（总编室）　（010）68922233（发行部）
传　　真	（010）68922814
经　　销	全国新华书店
印　　刷	中煤（北京）印务有限公司
开　　本	710毫米×1000毫米　1/16
字　　数	252千字
印　　张	24.5
版　　次	2024年5月第1版　2024年5月第1次印刷
定　　价	78.00元
微信ID	中共中央党校出版社　　邮　箱：zydxcbs2018@163.com

版权所有·侵权必究

如有印装质量问题，请与本社发行部联系调换

本书编写组名单

丛 书 主 编：沈　洁

丛书副主编：张　军

本 书 主 编：董滨宇

本书副主编：潘志宏

编　　　委：吕廷君　李晋红　张　泽　孙艳霞
　　　　　　徐磊祥　宋晓波　张凯作　王　田
　　　　　　王文超　乔　玮

总　序

党的十八大以来，习近平总书记先后11次视察北京，21次对北京发表重要讲话，深刻回答了"建设一个什么样的首都，怎样建设首都"的重大时代课题，为做好新时代首都工作提供了根本遵循。全市上下始终沿着习近平总书记指引的方向，牢固树立首都发展理念，自觉从北京发展转向首都发展、从单一城市发展转向京津冀协同发展、从聚集资源求增长转向疏解非首都功能谋发展、从城市管理转向超大城市治理，推动北京这座伟大城市深刻转型，开启了首都全面建设社会主义现代化新航程。

近年来，全市上下深入落实首都城市战略定位，首都功能不断优化提升；坚定不移疏解非首都功能，京津冀协同发展取得新突破；认真贯彻新发展理念，经济高质量发展迈出坚实步伐；积极发展全过程人民民主，社会主义民主法治建设稳步向前；大力推进生态文明建设，环境质量大幅改善；坚持以绣花功夫推进城市精细化治理，城市面貌发生了人民期盼的可喜变化；全面深化改革扩大开放，发展动力与活力明显增强；持续改善民生福祉，人民群众获得感显著提升；全力防范各种风险挑战，保持了首都社会大局和谐稳定；切实扛起管党治党政治责任，全面从严治党持续向纵深发展。首都北京发生了新的历史性变化，充分彰显了习近平新时代中国特色社会主义思想的真理伟力。

中共北京市委党校（北京行政学院）是培训全市局级、处级领导干部和优秀中青年干部的学校，是北京市哲学社会科学研究机构和首都新型高端智库。作为党员干部党性教育的一座熔炉，其在学习、阐释、宣传习近平新时代中国特色社会主义思想上奋勇当先，在总结习近平新时代中国特色社会主义思想在京华大地生动实践上责无旁贷。为进一步引导首都党员干部深入学习习近平新时代中国特色社会主义思想，形成首都党校（行政学院）研究阐释党的创新理论的精品成果，我们组织编辑出版以"新时代首都发展的生动实践"为主题的系列教材。

该系列教材聚焦习近平新时代中国特色社会主义思想在京华大地的生动实践，对过去10年首都发展进行系统总结，为全市党员干部提供了解市情发展的资料参考。当然，由于时间仓促、能力水平有限等，其中不可避免存在不当之处，敬请各位领导、同人予以斧正。

沈　洁

［中共北京市委党校（北京行政学院）分管日常工作的副校（院）长］

序　言

　　为深入学习贯彻党的二十大和二十届一中全会、二中全会精神，深入贯彻落实习近平总书记对北京一系列重要讲话精神和关于党校办学治校系列重要指示精神，推进首都党校"六个一流"建设，帮助首都党员干部深入学习习近平新时代中国特色社会主义思想，形成首都党校品牌教材，提升首都党校教材的社会影响力，中共北京市委党校（北京行政学院）编辑出版了以"新时代首都发展的生动实践"为主题的系列教材，《新时代首都文化建设创新实践案例》就是这套系列教材中的一部。

　　北京，作为首善之都，在助力国家开启全面建设社会主义现代化国家新征程、向第二个百年奋斗目标进军的关键时刻扮演着重要角色。党的十八大以来，习近平总书记11次视察北京、21次对北京发表重要讲话，深刻阐述了"建设一个什么样的首都、怎样建设首都"这一重大时代课题。习近平总书记对北京一系列重要讲话精神是习近平新时代中国特色社会主义思想的重要组成部分，为做好首都工作，特别是推动新时代首都文化建设指明了方向。

　　坚持思想引领，是新时代首都文化建设的首要前提。做好新时代首都文化建设，必须坚持以马克思列宁主义、毛泽东思想、邓小平理论、"三个代表"重要思想、科学发展观、习近平新时代中国特色社会主义思想为指导，特别是以习近平总书记关于北京工作的重要论述为根本遵循，始终沿着习近平总书记指引的方向，学深悟透习近平总书记对北京重要讲话精神，牢固确立首都城市战略定位，推动习近平新时代中国特色社会主义思想在京华大地落地生根、开花结果，形成生动实践，更有效地服务于首都文化建设。

聚焦首都发展，是新时代首都文化建设的核心内涵。首都发展是紧扣首都城市性质、聚焦首都城市战略定位、履行首都职责使命的中国特色大国首都的发展模式。进入新时代，北京市委明确提出首都发展的中心任务。新时代首都文化建设理应服从并服务于首都发展，围绕"建设一个什么样的首都、怎样建设首都"这一重大时代课题进行理论与实践的阐释，奋勇当先地展示最新、最实、最有代表性的创新实践研究成果，并精益求精、久久为功，以首善标准，为新时代首都高质量发展持续助力。

服务决策咨询，是新时代首都文化建设的重要任务。首都首先是政治首都，各级机关首先是政治机关，各项工作首先是政治工作。首都文化建设工作关乎"国之大者"，凡事都要从政治上考量、在大局下行事，牢记"看北京首先要从政治上看"的要求。对于新时代首都文化建设创新实践的研究，一方面，要坚持目标导向和问题导向，充分发挥谏言的作用；另一方面，要区别于一般学术研究，要加强决策所依赖的基础性、前提性问题的研究，挖掘现象背后的深层动因与基本规律。

序　言

党的二十大报告明确指出："弘扬党的光荣传统和优良作风，促进党员干部特别是领导干部带头深入调查研究，扑下身子干实事、谋实招、求实效。"[①] 开展调研并撰写实践案例，是大兴调查研究之风的重要形式。在党的二十大精神指导下，首都文化建设的各项工作取得长足发展，展现出习近平新时代中国特色社会主义思想在京华大地的生动实践。实践案例不同于其他形式的文章，其特点重在介绍做法、总结和推广经验，一般包括主要做法、工作成效、经验启示等基本内容。撰写实践案例，既是对新时代首都文化建设工作的回顾和总结，也是对今后首都文化建设工作的启示和借鉴。

《新时代首都文化建设创新实践案例》由中共北京市委党校（北京行政学院）教务处、哲学与文化教研部、基层党校工作处联合开展新时代首都文化建设创新实践案例征文工作，由哲学与文化教研部组织编写，并根据专家评审和编委会集体讨论，最终确定入选28篇文章，作者包括北京市领导干部、北京市委党校（北京行政学院）教师及硕士研究生、北京市基层党校教师，主要内容为党的十八大以来北京市在推进全国文化中心建设过程中的创新实践案例，旨在深入学习宣传贯彻党的二十大精神、总结在习近平新时代中国特色社会主义思想指导下首都文化建设的创新实践、丰富党校教学教材体系、推动首都干部教育工作发展。

[①] 习近平：《高举中国特色社会主义伟大旗帜　为全面建设社会主义现代化国家而团结奋斗——在中国共产党第二十次全国代表大会上的报告》，人民出版社2022年版，第68页。

本教材围绕新时代首都文化建设的热点重点、做法经验进行研究，主要包括古都文化、红色文化、京味文化、创新文化和其他文化5个栏目，以习近平总书记对北京一系列重要讲话精神为根本遵循，突出反映北京市文化建设领域的发展变化与创新实践，促进首都文化建设进一步提升、加强、深化，为全国各系统、各单位了解党的十八大以来首都文化建设的创新实践成果提供参考，通过全国文化中心建设的生动实践服务首都发展，担负起新时代新的文化使命，推进文化自信自强，奋力谱写首都文化新篇章。

潘志宏

2023年秋

目　　录

古都文化

003 **践行文化数字化让文物活起来**
　　　　——北京市西城区文物活化利用工作新探索

011 **北京古都文化遗产的传承保护与创新发展**
　　　　——以北京艺术博物馆的探索与实践为例

032 **古建技艺传承与创新发展的企业实践**
　　　　——以北京房地集团有限公司为例

043 **北京市模式口历史文化街区更新中的党建引领机制创新**

055 **文旅融合高质量发展的实践探索与经验启示**
　　　　——以昌平区明十三陵为例

红色文化

071　保护革命地标　赓续红色血脉
　　　——活化利用革命文物京报馆的实践

082　新时代西城区开发利用区域红色资源的实践与经验启示

095　建强基层思想文化阵地，抓实新时代文明实践中心建设的房山实践

106　大兴区挖掘运用平南红色文化资源的实践探索

121　红色文化资源保护与活化利用研究
　　　——以北大红楼周边区域为案例

137　坚持守正创新　彰显时代价值
　　　——推动"毛泽东号"精神创造性转化、创新性发展的具体实践

156　"三融三创"建强科技创新红色堡垒
　　　——中国航天科工二院二部指控总体党支部

京味文化

169 "大戏看北京"文化名片建设的实践与思考

182 传承"京作"非遗文化 推动"老字号"转型升级
——金隅龙顺成文化创意产业园改造的实践与启示

196 以产业融合发展助推西山永定河文化带建设
——基于石景山区的实践与探索

211 乡村振兴背景下门头沟区农村公共文化服务体系建设研究

229 文化铸魂、以文塑旅，建设和美乡村
——古北口村发展乡村旅游推动物质精神双富裕实践案例

241 文旅融合赋能美丽乡村建设
——以门头沟区潭柘寺镇为例

创新文化

253 **改革创新融合发展，不断提升媒体传播力和影响力**
——北京广播电视台深化改革工作的实践与探索

269 **新媒体视角下科学传播的实践与启示**
——以北京科学传播融媒体平台为例

285 **出版深度融合发展背景下科技出版的定位与探索实践**
——以上知天文科普传播中心为例

295 **"科技与文化赋能"推动北京老字号传承与发展**
——北京大华时尚公司老字号品牌创新实践案例

307 **打造政府权威信息发布平台，展现新时代大国首都形象**
——北京市新冠疫情防控新闻发布工作的实践探索

其他文化

319 **构建科普教育体系　讲好中国植物故事**
——国家植物园的实践与思考

目 录

331 **建设"中国乐派" 弘扬优秀音乐文化**
　　　　——中国音乐学院的探索与实践

341 **厚植爱国情感,助力文化自信**
　　　　——以"星海杯"创新实践为例

353 **基于区域文化特色的惠民消费模式探索**
　　　　——以丰台惠民文化消费季为例

364 **坚持用党的创新理论解决城市更新消防难题**
　　　　——首钢三号高炉等工业构筑物改造为文创公共建筑的探索实践

古都文化

践行文化数字化让文物活起来*

——北京市西城区文物活化利用工作新探索

2021年11月24日,习近平总书记在中央全面深化改革委员会第二十二次会议上强调:"要加强文物保护利用和文化遗产保护传承,提高文物研究阐释和展示传播水平,让文物真正活起来。"[①]北京历史文化丰厚,文物资源众多,公布的不可移动文物目前有3840处,到2023年底注册博物馆已经超过220家,文物藏品超过1620万件。这些文物遗存既是北京地区人类和城市发展演化的见证,也是中华优秀传统文化的载体,蕴含着中华民族璀璨的智慧。近年来,围绕着习近平总书记对文博事业的殷切希望和北京的城市定位,北京市各级文物管理单位和博物馆相继开展了让文物活起来的研究和探索。在这一过程中,数字化技术以其特有的优势成为文博行业关注的焦点,政府部门、博物馆、文物景区相继开启了数字化建设。

---

* 作者简介:姚宇江,北京市文物局综合事务中心五级管理岗。

① 《习近平主持召开中央全面深化改革委员会第二十二次会议》,环球网,https://china.huanqiu.com/article/45iepQufceG。

一、理念与做法

让文物活起来，就是要更好地利用文物资源展示好中国悠久的历史，阐释好中华民族优秀的传统文化，讲好中国故事。如何让静态的文物活起来，可从以下几方面理解：

一是要让文物的内涵"活起来"。文物呈现在世人面前的是有形的物，其深层次的价值在于它所承载的历史、文化和艺术内涵。我们要做的就是挖掘文物深层次的价值，并把这种价值展示出来、阐释出来，让文物的内涵"说话"，从而发挥正向引导作用。

二是要让文物的展示形式"活起来"。传统的文物展示形式主要是在博物馆进行实物展览，公众需要在指定的时间到特定的空间去参观，需要通过阅读说明文字理解文物的价值。而博物馆的展示空间是有限的，文字说明与不同层次观众的理解能力也不相契合。因此，文物工作者需要拓展文物的展示形式，例如利用数字化技术打造虚拟博物馆，根据不同人群的接受能力，通过动画、声音、影视等技术方式打造多形态、多层次、易于被公众理解和接受的展览，创新展览形式。

三是要让传播渠道"活起来"。随着中国社会的发展和网络化、数字化技术的快速迭代，公众对于文化的需求方式也发生了深层次的变化。传统的博物馆展览和景点参观已经不能满足人们的需求，因此，文物工作者要讲好中国故事，就一定要与时代相结合，拓展文物宣传的渠道，在稳固传统展览、书籍、现场授课等方式的基础上，充分利用网络平台迎接自媒体时代，拓宽和创新知识传播渠道。

自2015年起，北京市西城区原文化委员会（现为西城区文旅局，下文统称西城区文物管理部门）做了大量工作，旨在研究如何适应新时代公众新需求，让文物活起来，让历史说话，为社会提供更加便捷、权威且内容丰富的文物知识学习方式。西城区文物管理部门与北京工业大学联合研发了不可移动文物保护单位（以下简称文物）二维码标识系统。这个系统将文物赋码、内容研究、知识讲解结合在一起，公众可以用自媒体设备扫描二维码进入讲解小程序，通过文字、照片、语音讲解等形式了解文物建筑背后的知识和故事。该标识系统利用网络优势突破了文物展示的时空限制，让文物建筑"会说话"，拓展了文物的展示形式。

2020年，西城区文物管理部门结合更换文物标志牌工作，将二维码铸刻到了标识牌上，进一步保证了二维码的安全性、权威性。同时，西城区文物管理部门还与专业网络文化传播企业进行合作，对系统进行了全面升级，与"耳朵里的博物馆"共同打造了新一代的讲解展示平台。

截至2023年底，全区共为326处不可移动文物添加了二维码，编制了语音讲解，占全区不可移动文物总量的87.8%。据不完全统计，该平台截至2023年底累计访问量近57万人次。

二、主要成效

西城区文物管理部门从提升社会公共服务入手开展的为文物建筑赋码加网络讲解工作是活化文物宣传工作的一项成功实践，也是北京市文博行业探索利用数字化技术活化文物宣传工作的一个缩影。从这个成功的实践中，我们可以发现很多值得借鉴的内容。

（一）数字化建设活化了对文物资源的统筹管理方式

西城区是北京市文物资源最为丰富的城区之一，区内不可移动文物包括世界文化遗产、全国重点文物保护单位、省（市）级重点文物保护单位、区级重点文物保护单位、普查登记文物单位等全系列文物，文物数量多、保护等级高、地域分布广、传统资源分散、管理难度大是西城区文物管理部门面临的现实问题。

西城区文物管理部门从统筹文物资源建设入手破题，通过数字化建设过程，对全区文物进行了全面梳理，收集整合了分散的资源；通过建设统一的网络宣传平台，对全区的文物保护状况进行了系统普查，制定了相对统一的管理标准，提升了对全区文物的综合管理能力。

（二）数字化建设活化了文物宣传方式，提升了文物管理部门的社会公共服务能力

西城区文物管理部门从提升社会公共服务能力入手，从不同

维度深入研究了成人与儿童、普通人与残疾人等不同社会群体的需求，研究了传统宣传方式与网络宣传方式的优劣，研究了单体文物数字化建设与综合平台建设的利弊。通过综合研判，西城区文物管理部门认为在网络与自媒体高度普及的时代，数字化建设是活化宣传方式、满足不同社会群体共性与个性需求的最佳方案，也是在人力物力资源有限的情况下有效提升西城区文物管理部门社会公共服务能力的最佳方案。

（三）数字化建设活化了文物产业化发展的新路径

文物是民族文化的结晶，国有文物更是属于全民所有的社会公共财富，因此，国有文物的收藏和保管单位历来由政府投资建设维护。随着全社会对文物保护和宣传需求的不断提升，我们逐渐感受到政府投资保护在某些层面上也存在弊端：一是政府的投资能力有限，无法做到对北京市众多文物保护单位的全面覆盖；二是政府投资建设的宣传平台往往在内容和形式上比较单一，缺少对公众的吸引力，与公众的黏合度低；三是政府投资建设平台往往重建设轻管理，不利于系统可持续发展。

西城区文物管理部门从活化文物资源、推进产业化出发，积极探索寻求与社会资源的合作路径，通过多种形态引入社会平台和社会资本参与，例如与"耳朵里的博物馆"这个网络宣传平台合作。政府用资源换取了一个活跃的宣传渠道，企业用平台换取了丰富的内容资源，而公众获得了一个全时空知识平台。可以说，通过这种引入企业参与建设和运维的方式，实现了"1+1＞2"

的效果，盘活了政府资源，降低了政府成本，实现了政府、企业、公众三方获益的局面。

当然，这种创新合作模式还只是一种探索，如何形成规模化效应，还需要在不断的实践中积累经验。

三、经验启示

西城区通过有效利用信息化、网络化等相对成熟的科技手段以及广泛普及的自媒体设备，拓展文物宣传的渠道，打破了时空界限，使公众可以全时空了解文物背后的故事，更加贴合时代发展，提升了文物管理部门的社会服务能力，体现了以人民为中心的发展理念。西城区文物管理部门通过与网络平台企业协作治理，找到了政府资源的落脚点，活化了宣传渠道，实现了政府、企业合作共赢。西城区文物管理部门的实践成果给我们带来一些思考和启示：

（一）数字化赋能推进文博事业转型发展

伴随新一代科技革命的到来，我国已经大步迈进信息化时代，党的二十大报告也明确指出网络强国和数字中国是建设现代化产业体系的重要组成部分。文博行业作为中华优秀传统文化的保护者、继承者、传承者，要承担起时代使命，融入时代发展，就必然要向网络化、数字化转型。

数字化建设是首都文博事业在新时代走向新发展的必然道

路,是让文物活起来的重要方法,是向全世界讲好中国故事、北京故事的重要举措。对于传统行业,数字化为我们开创了新的发展领域,在形式、内容、渠道等方面都提供了广阔的发展空间。

(二)数字化需加强顶层设计和系统思维

"不谋全局者,不足以谋一域。"要做好一项系统化的工作,就必须考虑好方方面面的事情。数字化建设对于一个行业、一个单位来讲是一套系统化的工程,必须用系统化的思维做好顶层设计。从西城区的实践案例可以看到,整体设计、统筹资源对于集约建设和形成规模效应有着重要作用。

今天,北京在全方位推进智慧城市建设,推动政府治理能力的数字化转型。文物管理部门必然要融入智慧城市治理体系,加强顶层设计,统筹规划文博领域智慧化发展规划,提升自身治理能力和服务能力。

(三)数字化助力让文物活起来亦充满挑战

北京市的各级文博单位在利用数字化助力让文物活起来方面做了很多探索,取得了一定的成果,除西城区外,东城区、海淀区等地的文物管理部门也进行了很好的实践,故宫、圆明园等文物单位所研发的"数字故宫""数字圆明园"等系统已经成为公众关注的热点。但是,我们也应该看到文博领域的数字化建设还处于起步和探索阶段,成果与问题并存,例如,行政管理方面存在的体制机制问题,造成行业数据难以统筹汇聚;复合型人才不足的问题，造成技术规划和保障力度不足；让文物活起来的社会认知不准确，造成部分文化产品庸俗化；产业信息不对称，造成文博数字化向产业化转型困难；还有文物内涵挖掘不足，造成内容与技术不匹配，满足不了公众日益提升的精神文化需求等。

问题的存在，也是挑战的存在，更是发展机遇的存在。文博行业整体数字化建设复杂艰巨、道阻且长，但只要首都文博工作者们坚持将探索和实践相结合，在守住中华优秀传统文化的本源基础上不断进行创造性转化、创新性发展，就一定能用好数字化技术赋能新文博，推进让文物活起来，助力首都全国文化中心建设，落实习近平总书记提出的"让文物说话、把历史智慧告诉人们，激发我们的民族自豪感和自信心，坚定全体人民振兴中华、实现中国梦的信心和决心"[1]的要求。

---

[1] 《习近平关于社会主义精神文明建设论述摘编》，中央文献出版社2022年版，第214页。

北京古都文化遗产的传承保护与创新发展*

——以北京艺术博物馆的探索与实践为例

党的十八大以来，以习近平同志为核心的党中央深刻阐述了文化和文化建设的地位和作用。2016年11月10日，习近平总书记在致国际博物馆高级别论坛的贺信中指出："博物馆是保护和传承人类文明的重要殿堂，是连接过去、现在、未来的桥梁，在促进世界文明交流互鉴方面具有特殊作用。"[①]

北京艺术博物馆坐落于明清古刹万寿寺内，掩映在紫竹桥北侧的一组古代建筑群内，地处北京市西三环中路。1987年，北京艺术博物馆正式建馆，隶属于北京市文物局，是北京地区综合性艺术类博物馆。北京艺术博物馆藏有各类文物藏品12万余件，主要包含宫廷织绣、书画、陶瓷、玉石、竹木牙角、钱币、家具等品类，时代上起原始社会、下迄民国，尤以明清时期蔚为大观。

2017年至2022年，北京艺术博物馆用时五年，对万寿寺古

---

* 作者简介：潘志宏，中共北京市委党校（北京行政学院）哲学与文化教研部讲师；张振松，北京艺术博物馆副馆长、副研究员。

① 《习近平关于社会主义文化建设论述摘编》，中央文献出版社2017年版，第192页。

建筑进行了历史上第五次大规模修缮。在此期间，北京艺术博物馆着力解决历史遗留问题，保障修缮和考古工作顺利进行，推出馆内外各类展览活动，推进文化创意产品开发，打造博物馆公共文化空间，全面加强了博物馆综合建设。2022年9月16日，北京艺术博物馆重新对外开放。梳理万寿寺历史、总结第五次大规模修缮至今北京艺术博物馆在传承保护与创新发展方面的主要做法、工作成效和经验启示，可以生动展现中华优秀传统文化的创造性转化和创新性发展，有效促进北京古都文化遗产的传承保护与活化利用。

一、历史沿革

万寿寺始建于1577年（明万历五年）3月，竣工于第二年6月，由万历皇帝的母亲慈圣皇太后带头捐资修建。寺址由太监冯保主持勘定，选址于西直门外，长河北岸，广源闸西侧，其地原为明正德年间太监谷大用家庙（后废弃）。寺院建成后，万历皇帝亲赐匾额"护国万寿寺"，内阁首辅张居正为其撰写碑文。初建成的万寿寺为五进格局，寺后田庄果园占地九顷七十亩；与寺隔河相望的紫竹禅院为万寿寺下院；万寿寺内殿阁、廊庑、方丈、庖、湢规制完备，寺中藏经阁内藏万历皇帝御赐的佛教经典，寺院事务由宫廷内官监主持，管理僧人唪经梵修。

万寿寺的一项重要功能是替代明朝废弃的汉经厂储藏汉文佛经。1607年（万历三十五年），汉经厂内的华严钟（永乐大钟）

由汉经厂迁至万寿寺，于寺东侧另建钟楼悬置，成为明代万寿寺的重要标志。随后又在钟楼后兴建了药王殿及药房，逐步形成寺院东路建筑。明天启年间，钟楼拆除，大钟卧地。

清代，万寿寺因其重要的地理位置和吉祥、福瑞的嘉名而受到皇室的重视，历经康熙、乾隆、光绪皇帝的重修、扩建，规模远超明代，成为自昆明湖向东、长河沿岸僧庐梵刹之首。

1645年（顺治二年），皇帝为万寿寺赐匾"敕建护国万寿寺"；1659年（顺治十六年），万寿寺失火，寺院建筑大部分被焚毁，仅存东路部分僧舍。1678年（康熙十七年）后，住持圆亮在东路修建了毗卢佛殿及配殿，并修复了药王殿。1686年（康熙二十五年）后，清圣祖玄烨为配合畅春园的兴建，重修并扩建了万寿寺，中路建筑增为六进，建筑格局略有改动，增建西路行宫，并在东路北端添建了方丈院，使寺院形成了三路格局，建筑规制改为清官式做法。1689年（康熙二十八年），修复万寿寺东路山门及山门外茶棚。1713年（康熙五十二年），逢皇帝六旬万寿盛典，修缮后的万寿寺成为畅春园至神武门沿途一处重要的祝寿景点。

1751年（乾隆十六年）和1761年（乾隆二十六年），为迎接崇庆皇太后六旬、七旬寿诞，万寿寺再次得到了翻修与扩建，并成为一处祝寿的定例场所。1751年（乾隆十六年），万寿寺重修并扩建，东路南端拆除了华严钟楼遗址和药王殿，修建十方院，东路北端修建了方丈院，西路南端添建寿茶房及寿膳房。1761年（乾隆二十六年），万寿寺再次修缮扩建，中路增建了乾隆御碑亭及带有巴洛克建筑风格的院墙和院门；西路改建了行宫，院落增为七进；东路增建了法堂院及药师坛。清末，慈禧太后喜欢乘船去颐和园，行船至广源闸时，常在万寿寺礼佛，并在西路行宫中休憩。1894年（光绪二十年），慈禧太后六十寿辰时，仿照崇庆皇太后万寿庆典之旧例，在万寿寺举办了万寿庆典。

自19世纪中叶，清政府陷入内忧外患之中。1860年，英法联军攻入北京城，火烧圆明园，苏州街一并遭到焚掠，万寿寺西路行宫中的珍贵文物也被洗劫一空。1900年，八国联军再次攻入北京，万寿寺中一些佛像被士兵们扔到长河中。随着清王朝的覆灭，万寿寺作为皇家寺院的功能宣告结束。

民国时期，政局动荡，战乱四起，万寿寺不再作为皇家佛寺，其行宫被作为兵营、学校、疗养院、毒犯收容所等使用。1937年4月，万寿阁毁于火灾。

1949年，万寿寺由中国人民解放军总参谋部接管。1957年，万寿寺的最后一任住持将寺院交付政府部门管理。之后，寺僧退出寺院，万寿寺结束了其作为宗教场所的历史。1958年至1976年间，寺院中的多数佛造像被陆续拆毁。在文物管理部门的力争下，万寿寺的主体建筑得以保存。

1979年，万寿寺作为保存较为完整的明清皇家建筑，被列为北京市文物保护单位。1984年后，北京市文物局逐步接收了万寿寺建筑群，并修缮了中路、西路残损文物建筑，复建了部分损毁的古建筑。1987年，北京艺术博物馆成立，万寿寺作为博物馆馆址对外开放。博物馆本着边修缮、边开放的原则，将寺院建筑逐步对外开放，并将寺中的部分房舍改建为文物库房与展厅，同时举办各种展览，接待来自国内外的游客。2006年5月，万寿寺被列为第六批全国重点文物保护单位。

2017年至2022年，万寿寺开启了新一轮的修缮工程，此次修缮工程对中路建筑进行大规模修缮；对西路行宫部分建筑进行修缮规划；对东路的棚户进行腾退清理，并通过开展考古发掘工作，摸清了万寿寺东路遗址的保存状况、布局、规模和形制等基本情况，为今后的保护与展示工作提供了科学依据。

2022年9月16日，为更好地保护利用历史文化遗产，北京艺术博物馆（馆址万寿寺）在历经五年修缮之后再度对公众开放。

二、主要做法

2014年2月25日，习近平总书记到首都博物馆参观北京历史文化展览时强调："搞历史博物展览，为的是见证历史、以史鉴今、启迪后人。要在展览的同时高度重视修史修志，让文物说话、把历史智慧告诉人们，激发我们的民族自豪感和自信心，坚定全体人民振兴中华、实现中国梦的信心和决心。"[①]2017年7月，时任北京市委书记蔡奇就推动大运河文化带保护利用工作进行调研时，第一站便来到了"运河第一闸"广源闸和"京西小故宫"万寿寺。蔡奇强调，要深刻学习领会习近平总书记的重要指

---

① 《习近平关于社会主义精神文明建设论述摘编》，中央文献出版社2022年版，第214页。

示,以高度的历史使命感推进大运河文化带建设,进一步擦亮世界认可的国家文化符号。

北京艺术博物馆以弘扬中国文化、彰显文化自信、推动全国文化中心建设为宗旨,以"安全艺博、学术艺博、活力艺博、数字艺博"四个艺博为建馆目标,充分发挥万寿寺古建筑特色和藏品保护利用的资源优势,使万寿寺这颗明珠在大运河的重要节点重放光彩,助力推进北京大运河文化带整体建设。

(一)推出丰富多样的展览内容

为进一步加强馆际交流与合作,充分发挥馆藏文物的作用,北京艺术博物馆在2017年1月闭馆进行古建修缮后,根据馆藏文物的特点,推出系列合作展览,努力打造博物馆品牌巡展项目。

2017年8月,北京艺术博物馆与安徽博物院联合举办"明韵清风——景德镇窑皇家瓷器艺术展",展出了北京艺术博物馆馆藏景德镇官窑瓷器近130件(套),其中既有风靡中外的青花瓷,也有斗彩、五彩、粉彩等美妙绝伦的彩瓷,生动再现了明清景德镇皇家瓷器的艺术之美,展现了明清两代景德镇窑精湛的制作工艺和高超的装饰艺术。

2018年2月,北京艺术博物馆与上海鲁迅纪念馆共同举办了"红红火火中国梦——中国木版年画展",展览开幕式当天,进行了木板年画克隆版印制活动,深受观众喜爱;7月,在法国盖亚克市美术馆举办了"17—20世纪中国文人的艺术生活展";8月,与新疆哈密博物馆共同举办了"锦衣罗裙——京城西域传统服装联合展";同时,与辽宁省葫芦岛市博物馆共同举办了"美人如花隔云端——中国明清女性生活展"。除了合作推出系列巡展项目,北京艺术博物馆还积极提供藏品参与"海上丝绸之路瓷器展",并在南京、宁波、上海等地进行了巡展;10月,北京艺术博物馆的五件织绣藏品参与了中国杭州丝绸博物馆"千针万线——中国刺绣艺术展"。

2019年1月,北京艺术博物馆与葫芦岛市博物馆共同举办了"红红火火中国梦——中国木版年画展";2月,与广西玉林市博物馆共同举办了"盛世风采——乾隆时期文物展",被各网站、电视台等媒体报道30多次,引起良好的社会反响;5月,2件馆藏文物(二级品:青花人物图罐)参与上海博物馆"灼烁重现——十五世纪中期景德镇瓷器大展";9月,1件馆藏文物(一级品:清乾隆红地夔龙凤八答晕锦织成料)参与首都博物馆主办的"锦绣中华——古代纺织品历史文化展"。

自2022年9月16日重新开放以来,北京艺术博物馆以北京全国文化中心建设和博物馆之城建设为牵引,以"安全艺博、学术艺博、活力艺博、数字艺博"四个艺博为建馆目标,本着展示古建筑艺术与面向公众最大化开放、共享和参与的原则,结合博物馆特性、文化背景、展览类型和经费支持情况,进一步发挥万寿寺古建筑特色与藏品保护利用资源优势,推出了"缘岸梵刹——万寿寺历史沿革展""妙法庄严——明清佛教造像艺术展""吉物咏寿——吉寿文物专题展""瓶花落砚香——明清文房雅器展""云落佳木——中国传统家具展"五个基本陈列展览。

（二）开展第五次大规模修缮

万寿寺修缮工程于2017年闭馆筹备，2018年3月15日正式启动，2022年6月20日竣工。2022年9月16日，北京艺术博物馆重新对外开放。此次修缮是万寿寺历史上第五次大规模修缮，也是120余年来规模最大、持续时间最长的一次修缮工程。此次修缮历时五年，从2017年9月至2022年8月，使用财政资金7000多万元。修缮工程分两期进行，一期工程的修缮范围以中路和西路为主，包括：中路所有古建筑；西路除三、四进院和五进院配殿外的所有院落建筑；东路方丈院的方丈室，东北转角廊，南房；东路一进院倒座房及大门；中、西两路院落的地面铺装修整、院墙修整；中、西路水、暖、电地下管道改造；西路寿膳房、寿茶房室外院落排水管道铺装。一期修缮建筑面积9297平方米，局部揭墁、补配残损面积6080平方米。二期工程的范围是万寿寺东路10座古建筑、东路地下雨水管道铺设、东路地面铺装，以及现存建筑的水、电管道铺设。二期修缮建筑总面积1392平方米，院落铺装面积7129平方米。

1.主要病害及成因分析

屋面：受潮气、雨水及风、雪侵蚀等自然因素影响，各建筑屋面普遍存在变形、渗漏，脊、瓦构件损伤、缺失等病害。

大木构架：建筑结构性基本处于安全状态。但是受年久失修及院落排水不畅等因素影响，有少量建筑出现较严重的大木构架糟朽、变形、歪闪、下沉等病害。

墙体：由于雨水浸泡造成墙体基础下沉，另外，墙体表面均存在酥碱情况，少量建筑出现墙体开裂病害。

装修：部分建筑外檐装修无存。装修构件主要受人为因素影响或自然损伤，如建筑使用功能的转变。

台基：台基与基础大部分未发现明显沉降，但有少量建筑出现基础不均匀沉降的现象，同时大部分石质构件存在缺损现象。这些问题主要是由于雨水由缝隙浸入，加剧砖体墙反复冻涨所致。

彩画及油饰地仗：中路的建筑彩画形式多样，保存基本完好，仅五进院假山之上东、西配殿的彩画损坏严重。所有下架油饰地仗开裂，油饰残损。这些主要因光照、自然老化等因素影响。

地面铺装：受院落排水不畅等因素影响，中路室外地面铺装破碎、酥碱、缺损情况十分严重。

2. 修缮原则及思路

根据国家强制性法规并参考《中国文物古迹保护准则》的相关条款，万寿寺的修缮原则为：第一，现状修整尽可能还原历史风貌。第二，保存残状，精心修补，不做完全修复，使残状造型富有历史的美感。第三，大部分结构只作防护加固处理。

具体的修缮思路为：第一，在不改变文物原状的前提下，坚持"保护第一，加强管理，挖掘价值，有效利用，让文物活起来"的保护方针，真实、完整地保存文物的历史原貌和建筑特色。第二，以建筑修缮保护的现有传统做法为主要的修复措施，适当运用新材料、新工艺，最大限度地延长建筑物的寿命。第三，尽可能多地保留现有的建筑材料。加固补强部分要与原结构、原构件连接可靠，新补配的构件应完全按照现存实物进行加工制作。第四，露明部分使用原材料原工艺，隐蔽部分也不得使用纯水泥砂浆，以保证再次修缮的可逆性。

3. 主要修缮措施

屋面：椽望明显糟朽的建筑屋面予以全部挑顶修和局部挑顶维修的做法，整修木基层。为使历史建筑保留更多的历史信息，本次维修对于无裂隙的残损脊饰、瓦件，在保证建筑安全的前提下，一律予以保留，只对较差的瓦件进行更换。

大木构架：针对个别檐部变形的建筑进行局部整修、归安、补强加固、铁件拉接加固，对其他建筑木结构原则上不过分干扰。

墙体：凡是没有发生空鼓歪闪变形的干摆墙体，采取剔补与打点修补的方法。对于发生通裂的墙体，采用局部拆砌的方法予以归安、补强。

装修：建筑装修现状整修。

台基：重点对走闪阶条石、垂带石及踏跺石进行归安。凡是没有发生空鼓歪闪变形的台帮，采取剔补与打点修补的方法。

彩画及油饰地仗：以现存油饰及彩画做法为修缮依据，对现有彩画保存较完整的部位进行除尘保护；对空鼓部分回贴、粘牢；对脱落、糟烂部分进行补绘、随色；对彩画脱落面积80%以上的椽头构件，按现有形制重做地仗及彩画。对于下架柱、装修槛框、装修等部位进行全面整修地仗及油饰，以达到保护木构和美观的效果。

地面铺装：本次维修仅作局部修整，待全面恢复传统地面铺装工程时另作修缮。

（三）开发文化创意产品，打造公共文化空间

1. 多措并举，开发文化创意产品

北京艺术博物馆为落实中央及北京市有关文件要求，大力推动博物馆文化创意产品开发工作。根据馆藏文物特色，以馆藏清剔红百宝嵌七折屏、馆藏清惇勤亲王青绿山水轴、元明清漆器等文物为基础，先后开发了花鸟纹羊绒围巾和《长乐宫青绿山水图》系列文创产品，包含丝巾、笔记本、手拿包、"卍"字纹剔犀印盒、松鼠葡萄纹雕漆圆盒化妆镜、护颈枕、笔袋、购物袋、三折伞、反向伞等。

2022年，为配合博物馆重新开放，北京艺术博物馆进一步规范完善文化创意产品授权开发工作，积极打造具有自身特色的文创空间。制订了《北京艺术博物馆文创空间管理办法》《北京艺术博物馆文创工作委托授权管理办法》《北京艺术博物馆文创空间开放管理办法》等管理制度；此外，先后与四家文化公司签订了文创授权协议，之后，四家文化公司同时入驻北京艺术博物馆文创空间，开始了文创产品的开发与展示销售工作。

2. 与时俱进，参与各类文化创意活动

北京艺术博物馆根据馆藏珍贵文物"西园翰墨"的艺术特色，从中提取艺术元素，研发制成巧克力包装盒和巧克力硅胶模具并作为北京艺术博物馆文创品的代表作参加了"2019北京文创大赛文博赛区"比赛。此外，根据北京市文物局的部署安排，

积极参加"北京地区博物馆文创开发培训班"等各种文创工作培训，及时了解博物馆文创工作的政策与相关知识。

3. 服务观众，打造互动空间与公共文化空间

为更好地为观众服务，北京艺术博物馆打造了可供观众体验的互动空间，包括斫木堂、锦绣坊、万寿邮局、文创空间等，通过参与互动，让观众亲身体验历史文化遗产之魅力。

为进一步加强学术交流，汇集、交流、传播各方历史文化艺术研究思想，北京艺术博物馆积极打造博物馆学术交流公共文化空间，将西路原大悲殿古建筑取名"北岸讲坛"，定期举办学术交流活动，传播知识、交流文化。

三、工作成效

2023年9月14日，由中共中央宣传部、北京市委、市政府共同举办的2023北京文化论坛在京开幕。"万寿寺等一批文物古建融入城市生活圈"入选开幕式现场发布的"全国文化中心建设2022年度十件大事"。大事聚焦2022年度在京落地实施的国家级重大文化事件和北京市推进全国文化中心建设的重大事件，旨在展现全国文化中心的建设成果，交流文化建设经验，助力社会主义文化强国建设，推动中华文化繁荣兴盛。2022年，历经五年整体保护修缮，素有"京西小故宫"美誉的万寿寺重新开放，再现昔日"丹楼绀宇，几与大内"的胜景，实现了更好地让文物活起来、把文脉传下去的目标。万寿寺等一批文物古建融入城市生

活圈，是集中展示中华优秀传统文化精华、反映当代文化发展成果的创造性举措，是助力中华民族伟大复兴的世纪文化工程。

（一）展览工作取得较好社会反响

2017年8月，北京艺术博物馆与安徽博物院联合举办的"明韵清风——景德镇窑皇家瓷器艺术展"在合肥开幕，展出了北京艺术博物馆馆藏景德镇官窑瓷器近130件（套）。配合该展览的开幕，安徽省博物院邀请北京艺术博物馆瓷器研究专家杨俊艳在安徽文博大讲堂开展了"清代官窑瓷器鉴赏"讲座，对展出文物进行了专业讲解。该活动进一步提升了文物展览的质量，拓宽了参观者的视野，社会反响良好。2018年，配合"明清女性生活展"的主题，北京艺术博物馆开展了"喜迎国庆 彩绘霓赏 传承文明"主题绘画社教活动，把绘画的课堂搬进博物馆，使游客通过近距离地观察文物，用绘画创作的形式形象化地感受博物馆之美、文化之美、服饰之美。此外，北京艺术博物馆开展"行知少年——小讲解员培训营"社教活动，通过参加活动，孩子们能够积极探究相关历史文化知识，将历史和艺术加以融合，最后用自己的语言表达出来，进一步深化了爱国主义情怀，弘扬了中华民族的传统文化，也强化了北京艺术博物馆服务社会的职能责任。

2022年，北京艺术博物馆重新开馆后推出的"缘岸梵刹——万寿寺历史沿革展""妙法庄严——明清佛教造像艺术展""吉物咏寿——吉寿文物专题展""瓶花落砚香——明清文房雅器展""云落佳木——中国传统家具展"五个基本陈列展览，取得了较好的社会反响。据不完全统计，北京艺术博物馆开放以来，《人民日报》《中国日报》的头版头条（英文版）、《首都建设报》、《北京晚报》等多家报纸，央视新闻客户端、中国网、北京市人民政府、北京卫视新闻、北京新闻广播等多家官方媒体，新京报客户端、博物馆头条、文博圈等多个新媒体平台对北京艺术博物馆的办展情况进行报道。目前，北京艺术博物馆在美团和大众点评的评分分别为4.9分和5.0分，通过收集微信服务号后台的观众留言，收集微博、小红书等热门App的网友留言和线下展厅的留言，发现游客对北京艺术博物馆评论总体优良，评论内容集中于展览质量好，展览形式现代、有趣，知识性互动性强，尤其"吉物咏寿"展览更能彰显万寿寺"寿文化"独有的特点，荣获了2022年度北京市博物馆优秀展览优秀奖。

（二）万寿寺修缮工程成果显著

修缮完毕的万寿寺建筑空间尽可能面向公众开放。结合北京艺术博物馆陈列项目的实施，有60%的古建筑面向社会开放，其中有15个单体建筑作为陈列展厅使用。现在，万寿寺成为集古建筑群、建筑遗址和博物馆为一体的游览场所，具有了建筑文化遗产和艺术博物馆的双重身份和功能，也成为北京大运河文化带上不可多得的文化空间，发挥着推动大运河文化带建设的关键节点作用。

第五次大规模修缮工程的成果包括：第一，消除万寿寺古建筑群病害，使文物建筑延年益寿。第二，完善水、暖、电的地下管网铺设，提高古建筑的综合保障能力，为观众参观提供了更为完善的服务设施。第三，清退所有租赁单位，恢复万寿寺古建筑群的原有风貌，扩大了博物馆展厅面积，为首都市民增加了一处参观休闲的好去处。第四，万寿寺东路考古发掘时，发现了一些文物和古建筑遗址，补充了研究万寿寺历史的实物证据。

（三）文化创意产品与公共文化空间适应现代需求

在推动"让文物活起来"的背景下，北京艺术博物馆在闭馆修缮期间，配合临时展览，以馆藏精品"长乐宫青绿山水图"为元素研发的系列文创产品随展赴法国盖亚克市博物馆进行展示，受到了国际友人的好评。博物馆重新开放后，全新打造的文创空间集中展示和销售以艺博文化元素为主的文创产品，使观众在温暖优雅的环境中，享受博物馆历史文化带来的艺术魅力。产品包括各类艺术图书、明信片、钥匙扣、徽章、冰箱贴、集章图册、首饰、瓷器、笔记本、丝巾、桌垫等，古典性与现代性结合，适应现代生活需要，同时提供咖啡服务，满足观众的休闲消费需求。艺博文创以万寿寺历史文化和馆藏珍贵展品为核心，深入挖掘文物资源的精神内涵，满足观众将"博物馆文化带回家"的文化需求，真正做到了"让文物活起来"。自2022年9月至2023年8月，四家被授权单位共设计开发了170余种文创产品，销售额达300多万元，其中的"福寿"系列文创产品受到观众的喜爱，荣获了2022年度北京文博创意设计大赛二等奖，北京电视台等多家媒体对此进行了报道。

在公共文化空间拓展方面，北京艺术博物馆同样大胆创新。博物馆内的互动空间斫木堂以非遗传承人作为榜样，用榜样的力量传播大国工匠精神。在动态演示的同时，观众可以亲自体验木匠的基本技艺，在演示与互动中了解古代劳动人民的智慧。锦绣坊以艺术、女红技艺为主题，主张在传统中创新，提高参观者发现美、创造美的能力。万寿邮局以凸版印刷术、DIY印刷为主题活动。通过体验活动，传播我国四大发明之一——印刷术的相关知识和文化，宣传印刷术对世界文明发展的推动作用。另外，在万寿邮局中还展示了很多具有创意性的凸版印刷品，可美化丰富人们的生活。北京艺术博物馆作为大运河文化带构建"一河、两道、三区"的重要文化展示区，发挥着推动大运河文化带建设的关键节点作用。近年来，北京艺术博物馆以北岸讲坛为平台，举办多次会议和讲座，为保护好、传承好、利用好大运河世界文化遗产和北京古都文化遗产做出了贡献。

四、经验启示

习近平总书记指出："文物和文化遗产承载着中华民族的基因和血脉，是不可再生、不可替代的中华优秀文明资源。"[①]保护文化遗产、保持民族文化的传承，是增进民族团结、维护国家统一和社会和谐的重要文化基础，更是维护世界文化多样性和创造

[①] 《习近平关于社会主义精神文明建设论述摘编》，中央文献出版社2022年版，第237页。

性、促进人类共同发展的前提。文化遗产是历史文化的重要物质载体，蕴含着中华优秀传统文化的思想精华和道德精髓，也包含着以爱国主义为核心的民族精神和以改革创新为核心的时代精神。文化遗产保护承载着历史，孕育着文化，启迪着未来，要以创造历史的精神来保护、挖掘历史遗存的文化价值，抓住机遇，推动北京古都文化遗产保护工作的创新发展和全国文化中心的有序建设。

（一）挖掘文化遗产的历史文化价值

万寿寺具备丰富的历史价值。第一，万寿寺承载了大量的历史信息。万寿寺自明代万历年间建成至今已有近450年历史，随着时代更替、社会变迁，寺庙时有兴废，但基本格局未变，传承至今，承载了大量的历史信息。由于地位特殊、所处地理位置优越，寺庙在明清两代的佛寺中影响突出，成为众多重要历史事件的发生地。第二，从万寿寺可以窥见宗教观念与世俗观念的密切关系。万寿寺文物建筑群的选址、建筑布局、使用功能定位及后期扩建，体现了明清时期皇家的宗教观念及世俗观念的碰撞与融合。第三，万寿寺较为完整地体现了堪舆术形式派的建筑观念。万寿寺的兴建以古代堪舆理论为指导，选址于长河北岸的"风水宝地"，以广源闸为水口，以对岸丘陵为朝案，以寺后部艮位营山作为依靠，全寺布局严谨，较为完整地体现了堪舆术形式派的建筑观念。第四，万寿寺是研究故宫建筑结构的重要参考。万寿寺营建之初，时人感叹其建筑规模"极其宏丽""几与大内"，虽略带夸张，却说明其建筑规模、建筑结构与故宫具有高度相似性，如在寺院建筑群中轴线末端造山的做法与在故宫后造景山的用意相同。第五，万寿寺为研究清代建筑风格的演化提供了重要的实物例证。作为皇家祈福祝寿的重要场所，万寿寺在清代得到不断的重修与扩建。这一过程从清初一直持续到清末，形成万寿寺文物建筑不同时期风格并存的特点，为研究清代建筑风格的演化提供了重要的实物例证。第六，万寿寺是古代不同建筑风格融合的杰作。万寿寺拥有风格独特的寺庙园林艺术，中路大禅堂后以山石包裹楼阁，上为观音阁，下为地藏洞，构思巧妙。文殊殿、普贤殿形体稍小，立于山石上，使假山不显矮小，体现了寺庙营造者对造园基本手法的娴熟运用，使寺院具有了园林的元素。

万寿寺具备多元的社会价值。第一，万寿寺反映了古代"政主教辅"的政教关系。中国古代的宗教一直以皇权的辅助形式存在，这是中国政教关系的独特之处。宗教辅助皇权教化万民，同时在一定程度上为皇权做合理性的论证。万寿寺作为明清时期的皇家寺院，其活动主要与皇室的祝寿祈福活动相关，每到重要的寿辰庆典，万寿寺必大修整葺，并举办由各寺院高僧和众多官员参与的大型法会，为皇家诵经祈福，其盛况可见于清宫画《香林千衲图》中。[①]第二，万寿寺对佛教的发展有重要的推动作用。明代营建万寿寺的目的主要是替代废毁的汉经厂储藏汉传佛教典籍。作为皇室的藏经机构，万寿寺不仅收藏了大量的佛教经典，

---

① 孔祥利：《北京长河史万寿寺史》，荣宝斋出版社2006年版，第184页。

而且驻寺僧侣兼任宗教官员，这进一步积累了国家管理宗教的经验，同时也推动了佛教的世俗化发展。第三，万寿寺为了解、研究古代民俗提供了重要历史资料。万寿寺于农历四月初一举办的庙会在明清时期被称为"西郊之胜景"[①]。其时，寺庙举办"消灾解危，增福延寿"大法会，僧众唪诵《万寿无疆长寿经》，士民进香拜佛，参与"舍缘豆"、走马走车等活动，成为京郊著名的人文景观。

万寿寺具备资深的艺术价值。万寿寺体现了中国传统美学与西方艺术元素的结合，如"天人合一"理念与巴洛克风格的融合；依托环境的规划、建筑格局和造型，构建了建筑艺术发展的实例，诠释了庄重肃穆的艺术风格。

（二）加强文化遗产的保护修缮工作

文物保护是对具有历史价值、艺术价值和科学价值的地面、地下、水下的历史遗迹、遗物，采取各种技术保护措施和行政管理措施的全部活动。文物保护工程是为保护而对不可移动文物本体采取的各种维护、修缮技术措施和历史环境整治措施。实施文物保护工程的目的是通过技术和管理措施，修缮自然力和人为造成的损伤，制止新的破坏，延长文物的生命周期，真实、完整地保存并延续不可移动文物的历史信息及价值，将其作为历史见证予以保护和传承，同时尽可能让文化遗产转化为可用资源，通过各种利用形式实现惠及民众的遗产价值。

---

① 孔祥利：《北京长河史万寿寺史》，荣宝斋出版社2006年版，第187页。

对于文化的传承发展而言，文物的保护和修缮是重要的基础性、前提性工作。我国是世界文物大国，五千年绵延不断的中华文明留下了数量庞大、异彩纷呈的不可移动文物，这些文物承载着丰富的历史信息和文化基因，是当代经济社会可持续发展的重要资源，因此，需切实加大文物保护的力度，推进文物合理适度利用，找到保护与利用的平衡点，努力开创符合国情的文物保护利用之路，切实做到"在保护中发展、在发展中保护"。

（三）推动中华优秀传统文化创造性转化、创新性发展

万寿寺作为北京艺术博物馆的馆址，也是北京艺术博物馆最大的藏品，我们不仅要保护好它，也要更好地利用它，让它发挥更大的价值和意义。在建设全国文化中心的进程中，北京艺术博物馆通过在展览工作、文物修缮、文创产品、公共空间等方面的探索与实践，对北京古都文化遗产的传承保护与活化利用及中华优秀传统文化的创造性转化、创新性发展产生了一定的推动作用和示范效应。

保护好万寿寺这座历史文化遗产，既要传承和发展中华优秀传统文化，也要更好地实现博物馆职能，通过创新发展以推出更多更好的展览、活动以及文创产品等，把北京艺术博物馆打造成一个历史文化展览展示的平台和国际交流的公共文化空间，使它成为长河北岸的一颗璀璨明珠。

文化是一个国家、一个民族的灵魂。文化兴则国运兴，文化强则民族强。没有高度的文化自信，就没有文化的繁荣兴盛。党

的二十大报告从国家发展、民族复兴的高度，明确提出"推进文化自信自强，铸就社会主义文化新辉煌"的重大任务，为新时代首都文化建设提供了根本遵循，指明了前进方向。以习近平文化思想为指引，推进文化自信自强，是实现中华民族伟大复兴的精神力量。

北京作为全国文化中心，文化建设的创新实践具有代表性和指向性，必须全面贯彻习近平新时代中国特色社会主义思想，对标党的二十大部署要求，以首善标准做好首都文化建设这篇大文章，不断增强文化的凝聚荟萃、辐射带动、创新引领、传播交流、服务保障功能，更好地服务党和国家工作大局，更好地满足人民群众对美好生活的需要。

古建技艺传承与创新发展的企业实践*

——以北京房地集团有限公司为例

古建筑是人类文化精神的载体，是城市历史记忆的符号。古都北京拥有深厚的历史文化底蕴，是中华文明源远流长的伟大见证。作为北京"四个中心"功能定位之一，全国文化中心是首都功能建设的重要方面。做好古建营造及修缮技艺（以下简称古建技艺）的传承与发展，是保护北京古都风貌特别是珍贵历史文物古建筑（人类物质文化遗产）的必然要求，关系到能否延续历史文脉，能否留住城市特有的地域环境、文化特色和建筑风格等"基因"，关系到中华优秀传统文化能否得到很好的保护、继承、弘扬与发展。重视并加大对古建技艺传承、发展的研究与实践，是为新时代全国文化中心建设、古都文化根脉延续提供重要保障的重大问题。作为以建筑工程为主营业务的市属国企，北京房地集团有限公司（以下简称房地集团）在企业"十四五"规划中明确了"打造全国知名的特色建筑企业、古建龙头企业"的目标定位，强调继续"对接中央服务需求、发挥古建传统优势"，与时

---

* 作者简介：吴晓蕾，北京房地集团有限公司总法律顾问、法务部部长。

俱进、顺势而为，积极响应建设全国文化中心的号召，助力北京建设国际一流和谐宜居之都。

一、现状及问题

古建技艺广泛应用于古建筑建造和修缮中的传统木结构建筑，是中国工匠在几千年的建筑营造、修缮过程中积累的丰富技术、工艺经验的总结和提炼。它根植于中国传统古建筑建造及修缮理论和实践，是与中国古建筑特色和传统相结合的产物，是古建筑存在与延续的最重要载体。

改革开放后，历经40多年的变革发展，当前北京市文物古建修缮行业的技艺传承、发展现状却并不乐观，主要表现在四个方面：

一是对古建技艺的保护性记录、分析、操作标准化和科研能力较为薄弱，知识产权的开发、转化、利用与保护不足。当前，对古建工艺原理、材料构成分析、工法等的保护性记录、技术研究、编制修缮标准等工作很难跟上文物保护及市场需求，整体进展较为缓慢；针对古建技艺的理论分析及替代性材料、工艺学术研究的转化利用和宣传比较薄弱，知识产权保护及市场化运作程度不高。

二是古建材料的工艺传承和保护面临挑战，疏整促等导致产业向外省转移引发诸多难题，零散、粗放的产业规模和形态制约工程质量。古建修缮工艺技法严苛繁复，材料是其中的关键要素，传统建材多由小作坊制作，有规模小、分布散、管理粗放、工艺原始等特点。近年来，北京及周边地区实施疏整促及环保政策，古建建材如砖、瓦、石、石灰等多已停产或向外省转移产能，带来建材质量下降、采购成本增加等不利影响。建材作为古建技艺保护传承的重要组成部分，对其进行保护与发展是古建技艺传承绕不过去的难题。

三是传统技艺传承模式有待更新，在劳动力市场化背景下，传统师徒传承制急需规范，职业技术培训机制亟待完善。随着计划经济体制下的国家固定用工制被双向选择、自主择业的劳动合同用工制所替代，旧有国营体制下拜师学艺的存在基础逐渐弱化，技师、专家年龄老化和经验丰富的一线古建修缮技工青黄不接的现象非常普遍，以致文物古建施工的一线技术工作绝大部分由农民工、包工队承担。另外，当前古建行业的专业培训、职业评级考核机制极不健全，无法保证普通工人特别是农民工能够通过系统的专业化技能培训与考核成为合格的古建技工。

四是行业工人来源日益萎缩，职业地位与"大国工匠"尚有距离，职业荣誉感与价值感亟待提升。随着社会的进步、生活和收入水平提高、高等教育的普及，金融、贸易、互联网等高"薪"技术产业成为多数人向往的体面职业，"80后""90后"越来越没有人愿意从事建筑行业，特别是一线工人，甚至农民工的后代也越来越鲜有人愿意从事古建修复。市场自由竞争和社会资源配置下的这一现实情况，反映了古建工人的收入水平和社会地位不高的现状，长此以往，"匠之不存，技难附之"。

二、主要做法

作为一家有着70年历史、以建筑工程为主营业务的市属国企，房地集团的前身由中国共产党在西柏坡时的基建工程队和20世纪50年代北京市房管局多家企业演变融合组成，成立之初主要承接中央国家机关及中央首长在京房屋的建设、修缮和管理工作，陆续成立的各所属企业包括了房修一、房修二等北京古建行业知名企业，吸纳并培养了一批新中国成立初期的古建工匠和艺人，长期负责"一山一海一河"（玉泉山、中南海、北戴河）及北京市著名园林文物古建的修缮和保护工作。长期为中央国家机关提供用房服务、古建修缮这两项核心业务，使房地集团的企业血脉中天然流淌着红色与传统的文化基因。

2019年，依照市委、市政府令，房地集团与北京首都开发控股（集团）有限公司（以下简称首开集团）合并重组。合并重组以来，房地集团成为首开集团服务中央和国家机关的重要载体，负责整合集团内建筑工程业务资源及相关企业。房地集团从事古建技艺传承与发展的企业实践，既是企业自身发展的客观需求，是保护企业生存的"命根子"和抓牢企业发展的"牛鼻子"，同时也是市属国企与时俱进、顺势而为，积极参与北京市全国文化中心建设的自发实践。

围绕古建技艺传承与发展，房地集团制定并实施了强业夯基、精技保根、育人强本战略，并通过以下几方面的工作贯彻落实：

（一）以新建带动古建，涵养古建

北京古建市场，特别是文物古建市场规模有限，经济效益空间相对固定，古建技艺的保护、传承与发展必须以企业自身良好的经营效益和可持续发展为基础。清醒认识到这一基本规律和现实，房地集团将自身在"十四五"时期的中心任务定为"做大业务规模、升级为施工综合资质"，在夯实建工主业的基础上做好现有的文保施工、古建专业承包资质等增项，在打造全国知名的特色建筑企业的基础上坐稳"古建龙头"。

房地集团通过构筑集教育、研发、鉴定、设计、施工、咨询、装修、材料、文保、文化为一体的古建全产业链，向产业链上下游和价值链前后端拓展形成集合优势，全面发展，环环相扣，优势互补。以建立古建材料采集平台、《古建园林技术》期刊数字化转型为突破口，建立以古建工作室为主的研发中心，以古建研究所为主的设计中心，以古建杂志社为主的宣传中心，以古建实训基地为主的培训中心，通过充分发挥"一室一所一社一基地"功能，形成以点带面的发展模式。

（二）提升企业核心价值，精技保根

一是积极参与政府古建政策、规范、规划的谋划研究与编纂，做好政府的专业参谋和帮手；紧抓中轴线申遗、老城整体保护与复兴、历史文化街区修缮保护、"三山五园"（"三山"指

万寿山、香山、玉泉山；"五园"指颐和园、静宜园、静明园、畅春园、圆明园）地区整体保护等机遇，深耕古建业务；在巩固北京古建市场的基础上，积极拓展在重点文物省市及经济发达地区的古建修缮业务，提高古建市场占有率，树立企业品牌形象。

二是通过保、研、创三措并举，深度强化技术优势和挖掘创新："保"是指参与编制国家和行业标准，对多种古建工艺流程进行科学影像记录并制作培训教材，融汇全国古建技艺将其总结提炼为古建工法进行登记备案并推广。"研"是指大力推动校企合作战略，形成产学研教宣一条龙；继续支持民间古建学术研究，包括对《古建园林技术》期刊加大投入，拓展在古建设计施工原理、结构分析等方面的技术研究。《古建园林技术》是由房地集团创办并坚持近40年，目前全国唯一一份以继承、弘扬中华传统建筑文化为宗旨的专业学术技术刊物。"创"是指巩固发扬京派古建特色，坚持自主研发与联合攻关并重，积极挖掘申请古建技术专利并进行转化利用、推广、宣传。

（三）建立人才培训机制，育人强本

房地集团深化与市文物局、住建委和人社局等部门的合作，组织开展技术培训和职业技能等级认定；建立企业自有实训基地（中心），并将其逐步发展为首都古建职业培训的"黄埔军校"；加强校企合作，与学校建立战略合作关系，推进产学研用结合，为高校毕业生投身古建事业提供平台、搭建桥梁并积极引进人才；

集结古建领域的专家学者和领军人物，加大对专业团队与个人的奖励力度，提升古建技工的经济收益和职业荣誉感；尝试古建文创产业与文化交流，鼓励各级单位组织不同形式的古建文化推广活动，弘扬古建工匠精神。

三、工作成效与经验启示

近年来，通过专注技术保护、传承与创新，房地集团始终致力于打造维护古都风貌的"专家型"企业，具体成效体现在五个方面：

一是在古建技艺保护性记录、研究方面填补多项空白，助力行业标准应用与推广。通过参与多项新建工程政府标准编制，陆续完成《瓷砖薄贴法施工技术规程》国家行业标准和《公共建筑装饰工程质量验收标准》《房屋建筑修缮工程定案和施工质量验收规程》《陶瓷墙地砖胶粘剂施工技术规程》《轻钢现浇轻质内隔墙技术规程》《装配式建筑设备与电气工程施工质量验收规程》5本北京市地方标准编制。为古建行业培训、传统技法传承著书立说，出版了《古建筑工职业技能培训教材》，推出了古建筑施工技艺讲解视频，并与故宫博物院、北海公园、颐和园和北京联合大学等单位共同完成了《文物建筑修缮工程操作规程第五部分：裱作》的编写与发布。

二是为政府落实总规及老城整体保护、中轴线申遗等重点任务提供技术支撑与实施保障，为恢复古都风貌做出国企贡献。受北京市住建委委托完成《北京老城保护房屋修缮技术导则》的编制工作，进一步明确了北京老城房屋修缮的技术标准。近五年，参与故宫博物院、颐和园、雍和宫、北大红楼、法源寺、湖广会馆、老舍故居等多处国家级、市级古建文物保护修缮工程，收到良好的经济、社会效益。值得一提的是，房地集团还向"北京京企中轴线保护公益基金会"捐赠1000万元，以实际行动支持古建申遗与保护。

三是建设信息化、数字化、智能化古建综合服务（集采）平台，改革企业内部古建材料采购体制，引入竞价集采与质量认证标准，保障质效，向下游产业延伸进行国企创新。基于对古建修缮施工领域的多年积累和沉淀，房地集团以数字供应链为抓手，大胆创新引入B2B模式，建立信息化古建综合服务平台，对材料采购进行数字化流程管理；提供材料产品检测与质量标准认证，保障优质材料供应集中竞价采购；降低产业链资金结算与融资成本，释放资金压力；尝试收购部分特殊古建材料供应商或与其形成新型合作关系，推动古建材料工艺保护与传承。

四是助力知识产权强国战略及科创中心建设，使学术转化及专利挖掘效果显著，在古建与高新科技融合创新、应用方面展现国企实力。实施《古建园林技术》数字化转型，纸媒与互联网传媒共同发力，齐头并进；对古建研究所扩容增编，强化链内合作，密切古建设计、施工联合；积极申请工法和专利，其中古建占比不低于50%，国家级工法和发明专利不低于4项。截至2024年4月底，获得发明专利7项、实用新型专利36项、外观设计专利25项，合计68项；与天津大学、北京建筑大学、北京联合大学等高校建立战略合作关系，形成企业古建特色与院校教学培训优势互补的局面；面向社会广泛征集科技项目课题合作单位，其中"基于计算机VR系统的古建筑木构件搭建模拟展示"参加2022年中国国际服务贸易交易会部分专题展，受到广大同行的认可，经央视新闻直播采访后受到社会的广泛关注。

五是成立古建实训中心，助推行业职业技术培训机制完善，为提升工人技能水平、弘扬工匠精神做实事、出实力，体现国企担当。房地集团总结数十年来在古建人才培养方面的丰富经验，形成了一整套将理论培训与操作实训相结合的成熟的教学体系。2021年，房地集团建成占地面积3603.43平方米、建筑面积1488.6平方米的首开房地古建实训中心，并于2022年成功协助市住建委与市总工会联合承办了北京市职工职业技能大赛，大赛获奖选手分别受颁"北京市职工高级职业技术能手"，市住建委颁发的二级、三级（技师）职业技能证书。获得职业技能证书的人被纳入北京市职工技术协会技能人才库，并获得相应的资金奖励。此举为筛选、培育、留住年轻优秀工匠和提升其职业荣誉感、弘扬古建文化贡献了国企力量。以企业名义报名参与市住建委发起的"行业技能人员职业培训试点单位"，以实际行动、真金白银支持政府，推动、促进行业职业技术培训机制完善，传承弘扬古建技艺。

四、工作反思

作为古建行业的市属国企，成绩的背后也需进一步反思和总结工作经验，今后，房地集团将着重做好如下三方面工作：

一是坚持正确导向，找准战略定位是竞争核心。业兴而文畅，民富方国强。只有立足主业才有向前发展的动力。房地集团需深刻把握、领悟企业自身发展与首都文化中心建设的关系，把准企业定位，深耕古建特色，将主业发展作为主旋律与方向，锚定战略目标，这是支持北京文化中心建设的前提、基础与根本路径。在这个过程中，必须注意坚持以下原则：坚定不移地以党的领导、国家的大政方针、首都发展的战略布局为根本指引；以产业发展趋势、行业整体格局为判断因素和依托，找准定位，争取战略主动；协调平衡、积极调整、密切关注行业主管部门的关系与动向，变被动为主动，发挥企业作用，积极做产业政策的参谋者与引导者；大力推动合作共赢，博采众长，吸收其他企业的成熟经验，占领市场高地，下好先手棋。

二是服务首都发展大局，顺势而上、借势而为是动力依托。紧随北京"四个中心"建设大势，抓住中轴线申遗的历史性机遇和古建保护长期实施的有利局面，以文兴业，以业传文。强化企业的传统与红色基因优势，拓展古建市场份额，稳固业界品牌，做到以传承促发展，在发展中保传承。《北京市推进全国文化中心建设中长期规划（2019年—2035年）》明确指出，北京市将于

2035年全面建成中国特色社会主义先进文化之都。按照首都"四个文化"建设的基本格局、全国文化中心"一核一城三带两区"①的总体框架，北京市安排部署了一批重大项目和重要文化民生工程，可以预见，北京市将迎来至少十多年的古建文物保护繁荣期。古建国企应不断强化抓住这一历史性机遇的意识，紧紧围绕这个大局为企业发展与技艺传承谋篇布局、迅速行动。

三是以高质量发展为引领，深化改革、创新突破是发展根本。企业管理者要从灵魂深处把发展作为首要任务和当务之急，自觉将创新发展理念、推动高质量发展、构建新发展格局融入经营管理和深化改革中，加大对科研、高新科技融合与创新的投入，注意发挥"上下一盘棋"的国企优势，真正关注人才、以市场为导向，真正做到行稳致远，为新时代首都文化中心建设的古建传承与发展谱写新的华彩篇章！

---

① "一核"指培育和弘扬社会主义核心价值观；"一城"指历史文化名城保护；"三带"指大运河文化带、长城文化带、西山永定河文化带；"两区"指公共文化服务体系示范区、文化创意产业发展引领区。

北京市模式口历史文化街区更新中的党建引领机制创新*

2017年10月18日，习近平总书记在党的十九大报告中指出："文化是一个国家、一个民族的灵魂。文化兴则国运兴，文化强民族强。没有高度的文化自信，没有文化的繁荣兴盛，就没有中华民族伟大复兴。"[①]中华优秀传统文化积淀着中华民族最深沉的精神追求，代表着中华文明独特的精神标识，是当代中国发展的突出优势，也是中国文化自信的源和本。如何对待自己的优秀传统文化，是判断一个国家、一个民族有没有文化自信的重要标准。党的十八大以来，作为北京市"一核一城三带两区"文化中心建设框架的重要组成部分，全域都处于西山永定河文化带内的石景山区凭借丰厚的历史文化遗产，通过实施西山永定河文化带保护发展规划和五年行动计划，擦亮了北京历史文化名城的金名片，提升了区域文化软实力。其中，改造更新后的模式口正以

---

* 作者简介：吕冀平，中共北京市石景山区委党校（石景山区行政学院）教研室主任、副教授。

① 习近平：《决胜全面建成小康社会 夺取新时代中国特色社会主义伟大胜利——在中国共产党第十九次全国代表大会上的报告》，人民出版社2017年版，第40—41页。

崭新的风貌逐渐成为石景山历史文化的集中展示窗口。

模式口街区位于石景山区中部,占地0.3446平方千米,是北京市公布的第二批历史文化保护区,因千百年来连通京城与塞外,成为名副其实的"千年古道""百年老街"。街区内有法海寺、承恩寺、田义墓、冰川馆4个国家和市级文物保护单位,拥有38个重点保护的晚清古院落,历史文化底蕴深厚。法海寺的明代壁画媲美文艺复兴作品,太平鼓、秉心圣会等非物质文化遗产代代传承,老古城、北辛安、衙门口等京西村落至今仍保留着深刻的老北京记忆。模式口街区既是现今西山永定河文化带上的璀璨明珠,又是首都全国文化中心建设的重点项目。但是,模式口街区在北京城市发展中一度成为治理"洼地",低端业态聚集、环境脏乱、交通不畅、市政设施落后。怎样让这条千年古街活起来?城市更新是首要选择。

近年来,石景山区积极实施西山永定河文化带保护发展规划和五年行动计划,以党建引领街区更新改造,通过规划、建设、运营、管理等机制创新,充分发挥政府、企业、专家、居民等各方力量参与共治,实现文化传承、经济发展、社会治理、环境改善等多个目标的统一,擦亮了模式口历史文化街区的金名片,使其以崭新的风貌成为石景山历史文化的集中展示窗口。总结模式口街区更新改造的工作过程与经验成果,有利于为首都城市更新中历史文化遗存保护与活化提供借鉴。

一、主要做法

（一）落实属地政府责任，进行科学规划

2016年10月，石景山区委、区政府全面启动模式口历史文化街区的保护修缮工作。在治理和改造前，区委、区政府提出"文物保护是核心，环境整治是前提，有机更新是遵循，民生改善是重点，业态提升是关键"的核心理念和指导原则，引入专业化运营团队泰福恒公司，委托其管理从规划设计、工程建设到招商运营的全过程项目，形成了"政府主导、专家引领、公众参与、企业运作"的特色模式。通过搭建模式口历史文化街区"规划协作平台"，请专业团队开展多层次规划研究工作，落实"在保护中发展，在发展中保护"要求，石景山区充分挖掘模式口街区的历史价值，构建包括老墙、过街楼、文保单位、历史建筑在内的保护与传承体系，实现从单体保护向体系化保护传承的转变。

模式口历史文化街区的更新治理改变了传统大拆大建的做法，从街道环境改造、基础设施改善、居住条件改善等空间改造入手，循序渐进地为居民营造舒适的生活空间，逐步推动模式口大街的整体保护与复兴。按照这个思路，石景山区成立了模式口拆违治乱和环境整治专项工作指挥部，区领导挂帅担任指挥长，围绕市容环境秩序、交通秩序、营商秩序、拆违治乱等方面，举全区之力统筹推进各项工作。街区所辖街道坚决落实属地责任，

充分发挥"街道吹哨、部门报到"的统筹协调作用，整体统筹，分步实施，稳步推进街区治理改造向纵深发展。

（二）开展社会协同作战，加强综合治理

2014年至2016年，石景山区工商、食药、安监、消防、交通等各部门分别向模式口街区派出执法力量，长期驻扎，下力气整治游商、坐商、店外经营等问题。各执法单位划定重点区域，每日巡检、延时执法、盯巡结合，争取事不过夜。但这种工作机制的弊端也很明显，各执法单位各自为战，无法形成执法合力，而且执法效果不容易持久，各种违法现象很容易反弹。

2016年，模式口街区的更新改造更像一场海陆空立体作战，既要发挥各部门的自身优势，也要做到无缝对接，这样才能实现精准打击。按照"街区吹哨、部门报到"的工作机制，模式口街区根据实际情况，以街道综合执法指挥中心这个平台为基础，设立综合协调、环境卫生、综合执法、交通秩序、市政设施保障、重点点位保障、维稳信访保障七个工作组，通过协同作战，由以往各部门的单一执法转变为街道执法指挥中心的综合治理，取得的效果由"头疼医头、脚疼医脚"转变为"全身检查、一次性治愈"。各工作组开展"分项目"治理法，根据点位特点，确定各执法部门职责，通过蹲点整治和全方位巡查相结合，打造可控制、可监督的环境秩序管理网，确保治理不断档、乱象不回潮，尤其在联合执法过程中，城管、公安、消防等多部门协同作战，切实形成了一把拆除违建、整治隐患的"钢刀利剑"。

（三）发挥基层党组织优势，引领群众参与

街区更新是首都加强基层治理体系和治理能力现代化建设的重要内容之一，基层党组织作为基层社会治理的"领头雁"，是加强和创新社会治理所依靠的最基本、最直接、最关键的力量。要实现街区有机更新，关键在于发挥好基层党组织的组织优势，引领居民群众广泛参与基层共治。

首先，街道党（工）委将模式口街区的治理改造作为街道重中之重的任务来抓，高位协调，全力推进，多次召开工委会、专题会研究相关工作，及时进行研判，作出部署，对难点问题提出解决方案。其次，街道成立临时党支部，同时社区也召开党员大会，充分发挥党支部的战斗堡垒作用和党员的先锋模范作用。再次，党组织引领居民群众广泛参与基层共治。比如，在集中整治违法建筑遇到巨大阻力时，社区和综合执法的工作人员结成对子，在社区大街小巷挨家挨户地进行入户走访，对房屋的合法性进行现场勘定；同时成立"老街坊"巡逻队、劝导队，带头自拆、助拆、劝拆；搭建"老街坊"议事厅、恳谈会、消防队等六大平台，同时利用接诉即办工作机制，听取民意、解决诉求、推动工作。通过"老街坊"议事厅，梳理了居民反映强烈的建筑风格、产业定位、文物保护、环境整治等热点难点问题，有效意见建议上百条，并将其纳入街道办实事项目清单。比如，随着街区改造后游客增多带来的人车分流、居民进出不便等新问题，通过进一步强化"老街坊"议事厅功能，由辖区居民和相关部门一起

协商出解决方案。街区居民群众的共治力量，已成为街区城市更新过程中的有力保障。

（四）增强历史文物活化利用，带动产业转型

特有的文化价值是历史街区的"灵魂"。通过增强文物的活化利用，可以带动周边文化产业发展。模式口街区完成了西老爷庙、龙王庙、田义墓、慈祥庵、清明植树碑、法海寺、承恩寺等文物保护修缮工程，还集中改造了多项惠民市政设施，升级了多处市民文化休闲空间。模式口街区拆除违建，设置步行街，利用当年磨石口街剩下的下脚料做成文化墙，还将地下挖出的街条石原地做成休闲长椅，将村里煤改新能源后收集的旧煤炉也做成特色文化景观。对京西特色古民居进行复建，通过多元业态，以文化艺术氛围吸引消费者，以商业经营来养护文物古迹，落实历史文物"在保护中发展，在发展中保护"的要求。比如"古道斯存"历史文化民俗陈列馆就是在"一院一方案"的更新改造方式下对传统古民居进行的保护性修缮，之后，引入博物馆展陈模式，将其作为集中展示模式口地区特色文物景点和京西特色民俗的场所。

另外，模式口街区还深度挖掘街区文化底蕴，加强非物质文化遗产的传承与保护。组建太平鼓、小车会等民俗小组；设立模式口民俗工作室；举办非遗文化展示（元宵节骆驼走街、小年儿祭灶等）、京西论道名家论坛、荟萃经典非遗传承等文化节系列活动；开展模式口系列民俗讲座，讲传统礼仪、磨刀石文化，传承地方民俗特色，让当地居民了解并传承历史文化街区的特色文

化；根据解放石景山史实排演原创话剧《模式口红色记忆》，让观众鲜活生动地了解模式口的红色文化……这些文化活动，不仅增强了历史街区文物的活化利用，还带动了周边文化产业的发展。

二、工作成效

（一）综合整治，地区环境得到极大改善

模式口街区通过"清、拆、补、挡、盖、刷、理、控"八字工作法，即清理暴露垃圾和堆物堆料，拆除违法建设和违规牌匾，补修破损道路和两侧墙体，围挡施工工地和整治区域，苫盖裸露土地，粉刷外墙立面，梳理架空线，建立长效管控机制，重点解决了居民反映强烈的交通堵塞、消防隐患、环境脏乱等大小难题2000余个，最终使模式口地区的面貌焕然一新。

（二）持续发力，地区乱象得到有效治理

石景山区疏解整治促提升专项行动开展以来，金顶街街道组织执法力量，加大对违建的查处力度，立建立拆，简化执法程序，坚决遏制违法建设，共拆除违法建设20000余平方米，拆除门头牌匾54块，清理业态100余户，关停非法幼儿园2所，疏解区域性市场1家（模金顶市场）。聚焦重点区域整治提升任务，不断强化日常巡查执法，增加垃圾清运频次，稳步推动模式口街区综合整治工作常态化发展，定期"吹哨"开展环境联合执法大检查大清理工作，有效治理地区乱象。

（三）升级改造，人居生活品质得以提升

模式口街区原有居民8000多人，民生问题较为突出，为提升居民幸福感，街区多措并举：一是新建停车场。法海寺路南北两侧、承恩寺模式口大街东入口、承恩寺东侧四个停车场均已投入使用，基本能满足居民、游客、探亲访友者的停车需求。二是升级改造市政基础设施。除模式口大街西侧外，其余市政基础设施及道路两侧居民房屋的立面修缮改造、绿化等工程建设，均实现上下水、电力、电信等工程入地，为居民营造了舒适的生活空间。三是推动冬奥支线模式口站建设，连通地铁站与老街慢行系统，促进街区功能织补和现有业态升级，提升模式口地铁站周边区域的品质及人居环境。四是对以前破败凌乱的房屋立面外观进行了整体的整饰。通过勾缝、描金、彩绘等方式的复古美化，恢复了街区的古风貌。如今，模式口大街交通通畅，景致迷人，居民的生活便利了，生活品质大幅提升。

（四）提升业态，地区文化古韵得以传承

模式口街区不断探索、实践历史文化街区的保护、更新、活化、利用，先后改造了多项惠民市政设施，升级了多处市民文化休闲空间，打造了多个京西特色文化小微展馆，改造了多组商业文化体验院落，形成了古韵新生沿街网红商业模式，打造了集文化体验和文旅休闲为一体，宜居、宜游、宜业的历史文化街区。街区引入书店、咖啡、酒吧、餐饮、精品民宿、文化体验等多元业态，于2021年10月顺利开街，截至2024年4月，已经有

30个主力院落、100家商铺顺利开业，2022年、2023年春节期间，街景如画，游人如织，累计接待游客突破15万人次，先后3次登上央视《新闻联播》。2021年11月29日，模式口历史文化街区被评为十大"北京最美街巷"；2022年7月12日，模式口街区改造项目被评为北京城市更新"最佳实践"项目并获得表彰；2023年8月29日，模式口历史文化街区被评为第二批北京市旅游休闲街区。

三、经验启示

（一）坚持全过程党建引领，把组织优势转化成治理优势

基层治理好不好，关键在基层党组织和广大党员。习近平总书记在党的二十大报告中强调："坚持大抓基层的鲜明导向……把基层党组织建设成为有效实现党的领导的坚强战斗堡垒。"[1]要通过党建引领，把组织优势转化为治理优势。为解决基层治理结构多元化对城市管理模式形成的挑战，2014年，石景山区通过城市管理体制改革，发挥党建引领作用，推动城市管理重心下移和专业职能下沉，构建行政综合、法治综合、上下综合、社会综合的城市综合管理体系，破解"城市病"难题，探索出一条党建引领基层社会治理的新路。

---

[1] 习近平：《高举中国特色社会主义伟大旗帜　为全面建设社会主义现代化国家而团结奋斗——在中国共产党第二十次全国代表大会上的报告》，人民出版社2022年版，第67页。

在区级层面，成立区委城市综合管理工作委员会，统一管理原市政市容、环保、园林、城管执法等系统的党建工作，并赋予其协助区委管理干部的权限，实现对思想政治、组织、作风、干部队伍建设和重大决策五方面的统领。在街道层面，将街道执法队的管理改为以街道管理为主的双重管理，建立综合执法"大党委"。在社区层面，建立党建责任"清单制"，从2015年开始设立每年每个街道1000万元、每个社区50万元的党建服务保障群众专项经费。①另外，还成立三级党建工作协调委员会，推动北京冬奥组委、中部战区机关等驻区单位融入社区治理；组织"石景山老街坊"群众性自治组织，使其共同参与社区治理；建设"一呼百应"信息平台，通过居民和党组织"下单"、党员志愿者"接单"、服务对象评价"回单"，推动社会单位有效参与社区治理。总之，通过区委、街道党（工）委、社区党委三级党建工作机制改革，把人力、物力、财力等各种资源都下沉到基层党组织去，更好地发挥党组织在基层治理中的核心主导作用。模式口街区在治理改造中之所以有能力去解决群众身边的难题，也得益于在改革中不断优化组织体系，提升基层党组织的组织力、战斗力，通过制度创新把党的组织优势转化成为治理优势。

（二）坚持全领域互联互动，把各自为战转化为协同作战

基层治理不能是基层街道、社区唱"独角戏"，全领域互联

---

① 中共北京市石景山区委组织部：《党建引领基层社会治理 走好新时代党的群众路线》，中国共产党新闻网，http://dangjian.people.com.cn/n1/2019/1227/c117092-31526375.html。

互动就是通过创新党建联建共建、条块结合、融合发展的形式，推动城市各领域党组织活动方式由封闭向开放、由单边向互动发展，打造党建"同心圆"，形成工作"一盘棋"。党建联建共建的方式，就是通过联合辖区多家单位共同进行党建，建立资源、需求、项目3个清单，实现组织共建、活动共联、资源共享。比如，石景山区八角街道就是依托街道、社区党建工作协调委员会，整合物业企业、辖区单位、社会组织等力量打造"红色党建联盟""五方共治"等平台，推动信息联通、活动联办、服务联动，从各自为战变成协同作战，集中各种资源为居民群众办实事、办好事。党建条块结合的方式，就是通过健全双向压实责任、双向沟通协商、双向考核激励、双向评价干部工作机制，推动行业系统部门主动融入属地的中心任务和党建工作，定期与街道社区党组织沟通会商，共同解决问题。党建融合发展的方式，就是依托城市交通枢纽、建设项目、功能区等，建立跨级别、跨类别的党建协同机制，促进街道社区与商务楼宇、商圈市场、各类园区、互联网业等新兴领域的党建有机融合，使党的工作嵌入城市最活跃的地方，始终和这个城市的发展同频共振。[1]

在新的时代背景下，如何以党建为引领整合辖区资源，促进街区行政管理部门、企事业单位、居民以及设计建设团队多方联动，探索形成共建共治共享的平台和机制，是推进党建引领与基层自治融合推动街区持续发展的方向。

---

[1] 罗旭：《坚持系统建设整体建设　奋力开创城市基层党建引领基层治理新局面》，《光明日报》2021年6月18日。

（三）坚持全方位人民导向，把街区改造转化为品质提升

党的二十大报告指出，要增进民生福祉，提高人民生活品质。这要求各级政府要以人民为中心，着力解决人民群众急难愁盼问题，要把居民的琐事、烦事、难心事当作自己的大事。模式口街区的改造，就是坚持"人民城市人民建，人民城市人民管"的理念，把提高人民的生活品质作为街区治理的重要目标，并将其贯穿在基层治理的每一个重要环节。通过搭建"老街坊"议事厅等平台和创新接诉即办工作机制，实现群众的诉求表达、利益协调和权益保障，不断提升居民群众的生活品质，打造让百姓满意的幸福街区。

新时代新征程，城市更新基层治理必须紧紧抓住党建引领这个关键，坚持党建带群建，夯实党建联盟平台，更好服务群众，增强人民群众的获得感和幸福感。

文旅融合高质量发展的实践探索与经验启示*

——以昌平区明十三陵为例

党的十八大以来，以习近平同志为核心的党中央高度重视文化建设和旅游发展，从党和国家事业全局高度做出了一系列重大战略部署，推出了一系列重大政策举措。习近平总书记在党的二十大报告中强调"坚持以文塑旅、以旅彰文，推进文化和旅游深度融合发展"[①]，进一步指明了文旅融合高质量发展的根本方向。推动文旅融合高质量发展，是新时代新征程建设文化强国、旅游强国的顶层设计，也是促进消费升级、拉动区域经济社会发展的重要抓手。2019年12月，北京市在全国率先出台《关于推进北京市文化和旅游融合发展的意见》，昌平区结合自身特点，制定《昌平区"十四五"时期文化和旅游融合发展专项规划》，对构建文旅空间结构、策划精品文化旅游线路、串联特色资源要

---

* 作者简介：李月亮，中共北京市昌平区委党校（昌平区行政学院）公共管理教研室主任、副教授。

① 习近平：《高举中国特色社会主义伟大旗帜　为全面建设社会主义现代化国家而团结奋斗——在中国共产党第二十次全国代表大会上的报告》，人民出版社2022年版，第45页。

素等事项进行具体部署。

昌平区历史文化底蕴丰厚，自西汉开始设县，到明代升为昌平州，拥有2000多年的建置史，被誉为"京师之枕""股肱重地"。昌平区作为首都平原新城和生态涵养区，是首都三条文化带唯一交汇区。在加快推进全国文化中心建设的背景下，昌平区围绕文旅融合高质量发展目标和乡村振兴战略，在文化遗址保护、文化内涵挖掘、文旅产业融合和整体环境提升等方面取得一定成效。

十三陵镇地处京北百里山前暖带，坐拥明十三陵世界文化遗产和多个自然风景区，区位交通优势显著，历史文化资源禀赋独特，生态自然环境得天独厚。近年来，十三陵镇按照"文旅兴区"的战略要求，以推动全域旅游高质量发展为主线，提出了"打造历史文化底蕴深厚、明文化主题鲜明，生态品质卓越、文旅融合发展的国际文化旅游名镇"的发展目标。明十三陵作为享誉国内外的珍贵历史文化遗产，是首都乃至全国的重要历史文化名片，擦亮这张含金度极高的名片、打造优秀传统文化示范区，对于继承弘扬中华优秀传统文化，坚定文化自信、历史自信，推动首都全国文化中心建设具有重要意义。

一、主要做法

近年来，昌平区明十三陵镇聚焦推动全域旅游高质量发展的目标，以科学保护利用文化遗产为前提，以提质优化文旅产品供给为着力点，聚焦资源融合、产业融合、空间融合、服务融合、交流推广融合，充分发挥镇域内"三多三强"（指名胜古迹多，民俗旅游强；共享资源多，生态建设强；农村数量多，干部队伍强）资源优势，积极构建文旅融合发展新模式，探索形成了首都京郊文旅融合高质量发展的生动实践。

（一）加强文化遗址的整体保护利用

一直以来，昌平区秉承明十三陵文化遗产整体保护理念，实行分级管理模式，注重文物古迹保护、非物质文化遗产传承保护和历史文化风貌保护整体统一，采取预防性保护、日常性修复和研究性保护利用相结合的方式，着力构建政府主导、部门配合、社会协同和村民共同参与的文化遗产保护体系。

一是加强对文物古迹的保护。编制《明十三陵世界遗产保护管理规划》，更新文化保护理念，从被动性保护向预防性保护转变，设立文物保护专项资金，注重文物保护机制创新，科学合理地安排文物的陈列展示。定期开展专项检查，通过全面细致的文物勘察、测量、绘图，建立文物资源数据库，摸清陵区内文物资源底数。完善文物巡查制度，明确120处遗址遗存点位，健全巡查周期、巡查范围、巡查记录工作机制，加强对文物的日常监测，对监测数据进行科学分析，为文物保护修缮打好基础。

二是加强的非物质文化遗产的传承保护。利用现代科技手段进一步开展陵区内非物质文化遗产的调查，探索非遗文化的源头，挖掘传统文化的内涵，梳理非物质文化遗产的传承发展沿革，积极申报各级研究开发保护项目，加强对非物质文化遗产代表性传承人的选育，进一步保障明十三陵非物质文化遗产有序传承发展。梳理历史文献中陵区内的传统地名，建立传统地名名录制度。

三是注重对历史文化风貌的保护。开展历史山水环境调查，通过历史文献记载和实地考察，研究明十三陵的地形地貌、河流走势、植被种类，加强古树保护、河道修复和生态养护，强化文化遗址周边的环境整治，提升遗址遗存文化展示利用的水平，逐步恢复明十三陵的历史文化风貌。

（二）着力推动文游产业有效融合

一是盘活十三陵水库周边资源。打造环库主题公园，紧紧依靠十三陵水库及周边约7.6平方千米的核心区域，建设统一规划、统一管理的环库公园，公园设计理念以"铁人三项"奥运遗产再利用为发展主线，通过空中、陆上、水面三向发力，将其定位为健康体育运动主题公园，使其成为国际一流的奥运元素体育运动打卡地。建设环水库发展带，按照"一村一品"、一村一特色的原则，最大程度地服务环库公园，解决环库公园在旅游接待服务方面承载力不足的问题。

二是加快特色精品民宿的发展建设。结合区域历史文化风貌，突出美学设计、精细化管理和精准化服务，创新"532"[①]民宿合作管理新模式，打破民宿传统、单一的住宿功能，使其向精

---

① 即由镇属集体企业、村属集体企业和社会资本共同设立有限合作公司，按照镇属企业占比50%、村属集体企业占比30%、社会资本20%的比例共同组成股东会。

品宴食、娱乐体育、文化研学等功能拓展，推动精品民宿社会化运作、物业化管理。提高民宿的品牌知名度，打造仙人洞村、康陵村、德陵村、果庄村、麻峪房村民宿17家，27个院落。

三是聚合要素延伸文旅产业链条。大力整合区域文化、历史、商业、生态、旅游资源，紧扣旅游消费新趋势、新热点，聚焦康养、亲子、研学、露营、体育、演艺等多元业态，进一步延伸文旅产业链条，促进"文旅+各优势产业"深度融合。增强文化旅游消费体验，打造特色文创产品，持续放大文化旅游综合效应，持续深化明十三陵文旅产业高质量发展。

（三）持续深化文化和旅游交流交往

一是拓宽文化交流互鉴的渠道。定期举办"文旅沙龙"系列活动，邀请明文化专家、学者及"明粉"爱好者等开展交流研讨，认真倾听、梳理各类关于明文化的意见建议，深入研究、充分吸纳并推动落实。与中国明史学会、首都博物馆、故宫博物院、南京博物馆及北京大学等历史文化研究团体、高校及海外明文化研究团体等建立联系，主动搭建平台，定期交流互访，吸收先进经验。

二是紧扣时节点，开展文化活动。充分利用春节、元宵节、清明节、中秋节等节庆假日，通过组织策划、整合资源，吸引多元力量，以情景展演方式举办"明文化节""大明书场"等多种主题系列活动100余场，积极营造充满大明古韵的文化旅游氛围，让游客既能游览休闲又能体验文化。

三是举办大型文化论坛。在成功举办首届明文化论坛的基础上，高标准筹办以"臻美大明　溢彩彰华"为主题的2023明文化论坛，扩大明文化论坛的场次规模，设置一场主论坛、五场分论坛、一场国际学术研讨会、三场主题文物展和十项系列文化展演，内容维度从"一陵之景"到"一明之景"，时间维度从"点"状发力到贯穿全年，空间维度从"单打独斗"到多点支撑，更加聚焦数字化时代下的明文化融合的新趋势和新机遇，深度探索明代文化遗产的价值阐述和保护利用模式，不断激发人们对明史明文化的兴趣爱好。

（四）完善文化旅游基础设施建设

一是织密补齐硬件短板。健全道路交通、给水排水、电力电信等基础设施，逐步完善景区、镇区基础设施与公共服务设施配套建设，双向满足文旅发展和人民群众生活的需求。

二是完善交通路网体系。推进主干路网建设，打通景区景点之间的道路联结，形成安全、便捷、舒适的旅游交通网络。充分利用良好的生态环境和山地地貌，突出资源整合和景区提升，推动全域旅游示范项目落地，逐步完善登山步道、自行车慢行道、健步长走景观道多位一体的健身步道系统。

三是打通重点景区的交通堵点。围绕明十三陵景区、乐多港假日广场、八达岭奥特莱斯等关键旅游点位，加快实施旧西路、南涧路等道路拓宽维修建设工程，着力缓解京藏高速路明十三陵景区段的交通压力。

四是加快旅游区公共休憩区建设。完善旅游服务设施，提升旅游景区、旅游交通沿线、旅游服务中心、乡村旅游点、景区景点厕所的建设和管理标准化水平，完善旅游指引标识系统规范化建设，健全完善旅游服务配套服务。

二、工作成效

（一）文旅融合发展的方向逐渐清晰

昌平区紧紧抓住首都文化中心建设和乡村振兴发展机遇，围绕更加有效地传播中华优秀传统文化、更加有力地推动区域经济社会发展、更好地满足人民群众对美好生活的期望三个方向，将明十三陵文旅融合工作纳入昌平区"十四五"时期经济社会发展整体规划的重要内容，围绕政策、资金、土地、人才等各类资源要素，编制《昌平区"十四五"时期文化和旅游融合发展专项规划》《昌平区十三陵镇国土空间规划》，明确十三陵镇域的发展定位，即"历史文化底蕴深厚、明文化主题鲜明、生态品质卓越、文旅融合发展的国际文化旅游名镇"。区、镇两级加强体制机制创新，大力推进创新政策供给精准化，加强部门协调联动，促进各项政策制度有机衔接，逐步形成政策叠加效应。深入落实首都"多规合一""两线三区"[①]等发展要求，主动适应首都减量提质、

---

① 《北京市生态控制线和城市开发边界管理办法》划定生态控制线和城市开发边界，将市域空间划分为生态控制区、集中建设区和限制建设区，实现两线三区的全域空间管制。

空间管控等发展形势，积极探索符合自身优势和资源禀赋实际的文旅融合高质量发展模式。

（二）文旅融合发展的基础更加坚实

近年来，在政府的主导下，在社会机构和科研院所等多元主体的参与下，昌平区从历史学、考古学、建筑学、景观学、堪舆学等多维度深入挖掘明代文化、历史、政治、军事等的内涵价值，加强明文化理论研究和学术阐释；同时，打破固有传统理念，转变思维模式，通过"隐陵显明""陵富村、村护陵"的方式，将文物保护、文化研究、文旅产业与新农村建设有机结合，建立以明文化为核心，镇村结合、企业支撑、本地居民同参与的文化交流体系架构。通过举办"大明故事我开讲""大明书场进社区"等系列文化活动，讲述明史故事，阐述明文化内涵，深化文旅融合发展基础，挖掘文化旅游融合发展契合点，厚植区域文化内涵，逐步提升了明十三陵文化旅游品牌的知名度，持续助力推动十三陵镇乡村振兴和村民致富。

（三）文旅品牌的影响力有效提升

昌平区大力推动文旅特色小镇建设，依托涧头西山口的文化旅游产业用地，以博物馆群、展演基地等形式，建设明文化展示窗口和游客接待中心，因地制宜打造十三陵版"明城"，形成集文化传播、产业发展、村民居住功能为一体的新型农村，探索村庄更新新模式。昌平区充分利用十三陵水库及蟒山周边的环水库片区发展优势，利用水库的红色文化、山水林间的绿色文化、奥运会铁人三项赛举办地的奥运文化及明十三陵的世界遗产文化，举办北京奥运城市体育文化节，拓展文化旅游与体育产业融合发展的新路径。推动康陵新发展项目，以"明礼康陵 我是大明人"为主题，举办乡村特色演艺活动20余场，接待游客3万余人，相关媒体报道累计播放量超过50万次，先后被《人民日报》《光明日报》《北京日报》、新华网等多家国内主流媒体报道，十三陵乡村民俗宴食的品牌影响力不断扩大。

三、经验启示

（一）深挖文化内涵，凝聚文旅融合发展内核

一是加强学术研究。聚焦明十三陵历史文化资源，以明代历史、遗址建筑、馆藏文物、礼仪制度、陵寝文化为研究重点，深入挖掘明文化的内涵，阐释文化遗产的价值。建立明文化研究中心，定期发布文物保护计划，公开文物保护成果，实行揭榜挂帅科研工作制度，激发学术研究创新动力，打造具有区域特色的资政型学术智库。

二是强化借力引智。深化与高校、博物馆、研究机构之间的交流合作，将历史研究、文物保护、生态保育、乡村振兴、博物馆建设、文旅融合高质量发展作为协作研究项目，重点推动文化遗址保护、文物活化利用、产业结构升级等方面的研究成果进行

实际应用转化。

三是继续深化开放交流。坚持"请进来"与"走出去"双措并举，建立举办明文化论坛活动的长效机制，在明文化研究交流传播和文物保护、活化利用等方面推出一批成果，逐步成为明文化传承、研究与发展方面的权威。

（二）强化顶层设计，筑牢文旅融合发展基础

一是坚持规划引领。加快编制《十三陵文物保护规划》《十三陵文化旅游融合发展规划》，加强相关规划的配套衔接，提高文化遗产保护和文旅融合发展的整体性，建设明十三陵文博旅综合体，打造集文物展览、文化研究、学术交流、文化体验和文创研发为一体的文旅融合发展示范区。

二是强化统筹协调。系统梳理明十三陵地区的文旅产业资源，围绕完善基础设施、厚植文化氛围、涵养生态环境、提升人才素质等方面，制定文旅产业品质提升三年行动计划。建立文旅融合统筹协调机制和联席会议制度，完善有关单位联动工作机制，明确部门职责分工，加强部门协调配合。

三是补齐制度短板。建立高效的文旅资源保护利用机制，创新融合文旅品牌标准，增强本地旅游品牌的文化功能和文化内涵，制定民宿、露营、夜经济等新业态的经营管理制度。

（三）加强要素支撑，激发文旅融合发展动能

一是打造投融资服务平台。设立昌平区文化旅游产业发展基金，加强文化旅游项目引入和资金管理，搭建金融机构服务中小微文旅企业合作交流平台，建立企业联络人制度，通过电话问询、实地走访，及时了解企业的经营现状，精准帮扶企业解决各类实际困难和问题。

二是持续优化营商环境。制定《昌平区文化旅游产业发展的帮扶办法》，举办政策宣讲会，服务企业做好申报工作，力争让更多文化中小微企业享受扶持政策。将优化文旅营商环境纳入区政府重点工作督查，全面优化政务服务事项，提高"一站式"服务办理效率，加大文旅产业知识产权保护力度，努力为文旅企业营造稳定公平的市场环境。

三是加强文旅人才队伍建设。依托"昌聚工程"，培养引进一批具有文化旅游、文物研究、经营管理实践工作经验的复合型人才。设立涵盖文物保护、古树养护、旅游策划、景区导游、乡村民宿等门类的"名家工作室"，充分发挥业内名家的传帮带作用。统筹制订培训计划，每年根据工作需要举办文化旅游专题培训，分级分类开展文化旅游从业人员职业技能培训，加强文化旅游行政部门与文旅企业、景区间的挂职交流，启动文旅青年人才储备计划，举办文化和旅游商品创新设计大赛。

（四）坚持创新引领，擦亮文旅融合发展品牌

一是提升优质文旅产品供给水平。立足"旅游+""文化+"等新兴服务业态，主动整合资源，开发串联文化体验旅游、研学旅游、自驾车旅居车旅游、康养旅游、亲子游、生态游等系列的

品牌旅游线路和产品，全面推进文旅产业模式创新、业态创新、产品创新，在更广范围、更深层次、更高水平上融合发展，不断激发新动能、开辟新空间。大力发展"文旅+"项目，发挥本地资源禀赋优势，重点推广乡村旅游、康养旅游、亲子旅游、研学旅游，在多元博物馆载体整合的基础上，打造博物馆小镇。

二是创新打造特色旅游品牌。通过"隐陵显明"的方式，深入挖掘文物陵寝背后的典型人物、历史事件和文化故事，策划明文化主题旅游探访线路，通过设计故事主线和情景体验的方式，赋予文物生命力，使文物焕发生机活力；遵照故事主线和游客心理体验，形成有节奏的、高低起伏的游览体验，塑造明文化主题游览线路的核心吸引力。依靠十三陵水库及周边核心区域，以"铁人三项"奥运遗产再利用为发展主线，打造国际一流的奥运元素体育运动打卡地。加强民俗旅游村与景区景点串联融合，打造"6+7+8"[①]精品旅游品牌矩阵。深入挖掘文物资源的历史价值，以提升明十三陵景区的核心竞争力、吸引力为目标，推动实施"大明四十村"建设行动。

三是科技赋能，提升文旅产品体验服务。顺应当前市场数字化转型的趋势，在保护文化遗址的基础上，合理运用科技手段，

---

① "6"即做大六种特色村宴，包括康陵正德春饼宴、悼陵监烙糕宴、上口驴打滚宴、仙人洞素食宴、长陵永乐饸饹宴、麻峪房嘎嘎宴；"7"即打造七类明文化主题文旅项目，包括明代服饰文化、明代建筑文化、明代礼仪文化、明代边塞文化、明代医药文化、明代农学文化、明代居民文化；"8"即擦亮八大景区品牌，包括明十三陵、十三陵水库、蟒山国家森林公园、大岭沟猕猴桃谷、十三陵林下经济体验园、七孔桥花海主题公园、"明镜昭廉"历史文化园、十三陵药王谷。

用数字赋能和智慧文旅实现产业创新,通过AR、"区块链"等数字技术让历史文物活起来,开发景区景点数字化体验项目,让游客全方位、多视角、沉浸式地与文物互动。开发小程序和公众号,把明十三陵旅游吃、住、行、游、购、娱场景连接起来,开放线上导游导览、手机查找厕所、智慧停车场、信息查询、网上购票等功能模块。结合游客行为分析、大数据挖掘技术,建立针对不同游客群体的智能推荐,为各类游客提供游前、游中、游后的便利化、智能化、精准化服务。

(五)拓宽推介渠道,打造文旅品牌宣传矩阵

要立足区情,突出镇域特色,加大营销力度,丰富推介手段,通过品牌营造、产品营销、节事推动等多种组合方式对明十三陵文旅产品进行推介。

一是用好传统媒体。联合旅游卫视录制文史探索类节目,精选明十三陵出土的具有代表性、典型性、广泛性的精品文物,邀请权威明史专家、文化学者作为文物推介人,由年轻文物爱好者组成研学小组,通过文物探源、专家解读、关联人讲述,让大众近距离地感受文物的价值与魅力,从文物开启了解历史、启迪智慧、涵养情怀的文物之旅。

二是加强与新媒体合作。强化与抖音、微博、小红书等平台的合作,精准策划本地话题,加快推动节假日营销向常态化全时营销转型,增加曝光率,发挥平台的传播引流作用。定期与网红达人、流量博主联动,利用直播带货推介旅游线路、文创产品、

民宿餐饮，并依托旅游大数据实现对不同地区、各类人群的精准营销，提高明十三陵文化旅游的知名度和美誉度。

　　三是引导游客自发传播。探索建立游客自发传播机制，在景区景点和主要文旅项目上，通过设置互动场景、创新组织管理、优化服务保障、实行物质激励等方式，鼓励引导更多游客通过朋友圈等个人社交平台分享旅游内容和服务体验，形成自发传播的良好态势。

红色文化

保护革命地标　赓续红色血脉*

——活化利用革命文物京报馆的实践

党的十八大以来，习近平总书记高度重视红色文化的保护传承，发表了一系列重要讲话，为革命纪念场馆的建设引航定向。2020年4月，《北京市推进全国文化中心建设中长期规划（2019年—2035年）》正式发布，规划提出推进革命文物集中连片主题保护，打造红色文化弘扬传承重点品牌，其中包括加强中国共产党早期北京革命活动、抗日战争、筹建新中国三个主题片区革命文物的保护利用。2021年6月25日，中共中央政治局就"用好红色资源、赓续红色血脉"进行第31次集体学习，习近平总书记带领中央政治局同志来到北大红楼，参观"光辉伟业　红色序章——北大红楼与中国共产党早期北京革命活动主题展"，他再次强调："红色资源是我们党艰辛而辉煌奋斗历程的见证，是最宝贵的精神财富，一定要用心用情用力保护好、管理好、运用好。"①

---

* 作者简介：依旺，北京日报社物资处处长。

① 《习近平关于社会主义精神文明建设论述摘编》，中央文献出版社2022年版，第167页。

京报馆位于北京市西城区骡马市大街魏染胡同，建成于1925年10月，占地面积1180平方米，建筑面积约800平方米，包括一栋二层小楼和两个小四合院。它是民国时期传奇报人、革命烈士邵飘萍（1886—1926年）办报和生活的地方。邵飘萍创办的《京报》是民国时期著名的进步报纸，而京报馆则与上海的申报馆齐名。

近年来，北京日报报业集团（以下简称京报集团）主动担当，发挥建社70年积淀形成的文化生产创作和新闻历史资源优势，与西城区委、区政府密切合作，积极承担北京市级文物保护单位京报馆（邵飘萍故居）的挖掘利用，完成《京报与京报馆》《百年红色报刊》《邵飘萍生平事迹》3大特色精品展览的创作布展工作，将京报馆打造成独具特色的红色报业类博物馆[①]，为党的一百周年华诞献礼。京报馆于2021年6月1日起正式面向公众开放至今，广受好评，成为活化利用革命文物的一次成功实践。

一、主要做法

（一）传承红色基因，突出以"报"立馆

1984年，京报馆被列为北京市级文物保护单位。然而此后30余年间，京报馆一直作为居民大杂院存在，且年久失修、破烂

[①] 类博物馆指具有博物馆收藏、展示和教育等性质与功能的场馆，包括纪念馆、名人故居、陈列馆等。

不堪，不具有任何面向公众开放的条件。

2019年，西城区政府完成对京报馆内原有30余户居民的搬迁。同年，京报集团在做好新闻传播主业、守好党的舆论阵地的基础上，自觉发挥党报的社会责任，积极与西城区洽谈合作，策划对京报馆进行活化利用，借助京报集团创作力量雄厚、历史报纸和图片资源丰富的优势，大力传承红色基因，做好马克思主义新闻观和爱国主义教育。

2020年，京报馆活化利用工作被纳入北京市"北大红楼与中国共产党早期北京革命活动旧址保护传承利用'1+9'工程"，经过市委宣传部的统一协调安排，由西城区负责文物本体修缮，京报集团整体负责展陈创作布置。为了做好京报馆活化利用的定位，京报集团精心组织，先后召开多场座谈会，邀请中国人民大学新闻学院、市委党史研究室、市政协、市文物局、市新闻者工作者协会等单位的专家、学者共同筹划，最后形成共识：在还原京报馆历史风貌的基础上，把握邵飘萍作为我党早期秘密党员传播马列思想、勇斗军阀的事迹精神，突出建筑的革命价值，结合报纸特色，通过以报纸讲历史、以历史说故事、以故事传精神，将京报馆打造成为一座红色报业类博物馆，以期留住红色记忆，传承红色基因，使其成为党的新闻工作者追寻初心的精神家园、马克思主义新闻观的教育实践基地和公共文化服务体系的新亮点。

（二）广泛调查研究，深入挖掘史料

2019年8月，京报集团组建由主管社领导牵头、以品牌推

广部为骨干的工作专班推进京报馆展陈布置项目，并大力开展合作与调查研究。在展陈大纲撰写方面，邀请中央党史和文献研究院、中国人民大学新闻学院、市委党史研究室、中国人民抗日战争纪念馆等专业机构的领导和专家学者参与讨论、撰写文案、进行把关；在展陈设计方面，邀请中央美术学院、中国美术馆等多位专家提供思路。

为了将京报馆打造成精品红色类博物馆，京报集团京报馆工作专班对国内众多博物馆和类博物馆进行了集中考察：在红色精神气质的呈现方面，重点考察了北京香山革命纪念馆、李大钊故居等博物馆，以及《复兴之路》《纪念中国人民志愿军抗美援朝出国作战70周年主题展览》等重大革命主题展览，强化了集中烘托主旋律的意识；在深入挖掘邵飘萍的革命事迹方面，工作专班专门奔赴浙江金华、义乌、横店三地，考察了邵飘萍的出生地、旧居以及邵飘萍纪念馆，亲身感受邵飘萍的非凡成长历程；在打造报纸专题类博物馆方面，对标考察了上海申报馆的保护利用；在了解小微类博物馆展陈特色方面，考察了郭守敬纪念馆（汇通祠）、什刹海文化展示中心（广福观）、沈家本故居、史家胡同类博物馆、东四胡同类博物馆等同类型类博物馆，对"小而精"的设计理念有了比较深刻的认识；此外，工作专班还奔赴国家图书馆、北京大学档案馆、首都图书馆等单位搜寻查找珍贵历史资料，获得了大量第一手素材，同时对大纲创作中原有一些模糊或谬误的史料及时进行了澄清、纠正。

（三）打造三大展览，讲好红色故事

京报馆内部空间不大，结合小楼和小院的空间布局与历史上原有的功能，京报集团打造了三个相对独立又有机关联的展览：在当年《京报》办公的小楼里布设《京报与京报馆》展览，讲述百年前民族危亡关头一批进步报人的挣扎呐喊和一份进步报纸的坎坷浮沉；在魏染胡同30号小院和魏染胡同32号小院的后院布设《百年红色报刊》展览，浓缩展示从中国共产党诞生直至今天红色报刊的百年发展历程，通过党报党刊的历史视角，折射中国共产党带领人民干革命、搞建设、抓改革的伟大历程；在邵飘萍当年生活起居的32号小院的前院布设《邵飘萍生平事迹》展览，反映邵飘萍作为传奇报人、马克思主义早期传播者、中国新闻教育奠基者、中共秘密党员的成就和命运。

三个展览具有内在逻辑关联，将一份进步报纸的坎坷命运、一个传奇报人的短暂一生和一段党领导下红色报刊的奋斗发展史，统一于中华民族伟大复兴的宏大背景下，使观众深刻领悟到：只有共产党才能够救中国，也只有在党的领导下，新闻事业才能蓬勃壮大。

经过设计装修，焕然一新的京报馆总展出面积为556.9平方米，上展展品126件，图片260张。展览注重生动性，按照报纸新闻的写作手法，挖掘了大量故事性史料素材，同时结合创作的10多幅主题油画、雕塑、浮雕，增强情景代入感，以便"绘声绘色"地讲好红色故事。

京报馆专题展览还聘请知名艺术家创作邵飘萍铜像，并将一条30余米长的院内甬道打造成百年报纸时光隧道，悬挂自1894年甲午战争到2019年新中国成立70周年这一百多年间重大历史事件的珍贵报纸版面，进一步突出"报业"特色。

（四）强化科技赋能，注重融媒传播

为进一步解决展览空间小而分散的不利因素，京报馆专题展览在采用墙面＋展柜陈列这一传统展陈方式的基础上，依靠科技赋能，挖掘展陈潜力，渲染展示效果。

在《京报》二层小楼的邵飘萍办公室，设置激光全息邵飘萍全身像，增强沉浸式体验感。其他每个展厅均设置多媒体展示屏，观众可自行调取展览相关内容；在百年红色报刊展厅的"新时代"部分，增设5G传输超大新闻显示屏，展现近年来党报党刊在媒体融合改革发展中的成果，观众可与异地采访的《北京日报》记者进行实时连线互动。

京报馆专题展览还注重打造网上微展馆，做好线上传播。在京报馆微信公众号上，后期运营团队上海浦江物业有限公司北京分公司接力打造了"云逛"和"云听"精品板块。"云逛"创新红色文化体验，通过VR技术、数字化技术，"云"展示京报馆馆藏，突破了线下观展的局限性，方便观众720°观览、互动；"云听"为语音导览服务，观众在展厅内扫描二维码，即可收听由专业主持人带来的沉浸式语音讲解。

二、工作成效

（一）"红报馆"，补报业类博物馆空白

京报馆的落成，为正在大力建设全国文化中心的北京增添了一座崭新的红色类博物馆。另外，作为以百年报业发展为主要内容的公共类博物馆，京报馆是独一无二的，填补了首都的空白。

2021年6月，时任中央政治局委员、北京市委书记蔡奇到京报馆视察，他指出：京报馆的展览非常有特色，邵飘萍烈士和《京报》值得好好宣传，要进一步挖掘内涵，把这种精神传承下去。他还勉励京报馆的工作人员做好对外接待工作，宣传好红色报刊。

2022年10月，由国家文物局编制的《全国革命文物保护利用案例集（2022）》出版发行。书中收录了国家文物局从全国300个申报项目中筛选推介的18个优秀案例，京报馆作为"北京大学红楼与中国共产党早期北京革命活动旧址"项目的其中一部分，光荣入选。

（二）"红报史"，充分发挥教育功能

作为党的新闻工作者追寻初心的精神家园，京报馆先后接待了来自《北京日报》《经济日报》《中国妇女报》《中国邮政报》《北京晚报》《北京城市副中心报》等十多家媒体的编辑、记者前来开展主题党日活动，追寻新闻前辈的足迹，重温"党报姓党，为

党发声"的初心和使命。为了便于来宾举行仪式，京报馆还在邵飘萍铜像前增添党旗装置，烈士丹心映红旗，更添庄严肃穆的气氛。

作为马克思主义新闻观教育实践基地，中国人民大学、中国传媒大学、首都师范大学、中央民族大学等院校的新闻与传播专业学生多批次来到京报馆开展现场教学，认真上好一堂微党课。

作为市级爱国主义教育基地，京报馆接待北京市四十三中、北京市第一实验小学等多所中小学的学生来此举办爱国主义教育活动，在活动中，学生们深入了解了百年红色报刊的发展历程，以及邵飘萍壮烈的一生。另外，京报馆还分3批次招募培训了76位8～15岁的小志愿者，使孩子们在为观众进行讲解的同时，潜移默化地接受红色教育。

作为党史教育平台，西城区椿树街道以邵飘萍烈士英勇就义的时间（1926年4月26日凌晨4点钟）为名称，在京报馆开办"聆听四点钟"红色初心课堂，组织辖区党员群众开展特色文明实践教育活动超百场，包括在清明节和烈士纪念日，在邵飘萍铜像前组织公祭活动，激励参与者坚定理想信念。据统计，自开馆以来，共有上百个支部到京报馆开展主题党日活动。

(三)"红书屋"，提升社区文化品质

京报馆的活化利用坚持突出为民宗旨，不断增加社区群众的获得感和幸福感。京报馆内专门为魏染胡同及周边的居民开辟了

日常活动的公益课堂，命名为"魏染书屋"，以丰富群众的文化生活。"魏染书屋"主打非遗手工制作活动，如邀请多名非遗技艺名家免费带领居民体验活字印刷术、制作纸宫灯、彩绘风筝、剪窗花等，开馆一年多来已组织十余次丰富多彩的活动。

京报馆还先后举办"抗战中的西城""北京冬奥会""新闻老相机"等特色临展，举办《京报》与北京的报刊""民国女报人汤修慧""学会倾听"等多次主题讲座，使周边居民不出胡同就能隔三岔五地逛展、听讲座，大大增强了文化生活享受。

（四）"红地标"，带热网红打卡游

京报馆自开放以来，迅速为城南增添了一处文化生活地标。据不完全统计，尽管受新冠疫情限流的严重影响，截至2024年4月，京报馆两年多来仍接待了超15万人次的观众。

除开展主题党日、爱国主义教育活动等活动的团体外，到京报馆感受胡同文化、民国建筑的年轻游客纷至沓来。在小红书、B站、知乎、马蜂窝等年轻人扎堆的社交网站，有关京报馆的打卡攻略比比皆是。2021年，电视剧《觉醒年代》播放后，进一步带热观众探访京报馆的热度。2022年，京报馆旧址（邵飘萍故居）被市文旅局推荐为"北京100处网红打卡地"。此外，京报馆运营团队精心上架"铁肩辣手"铜尺等文创产品，设立带有民国时代氛围感的休息室，这些都成为吸引游客的新亮点。

三、经验启示

（一）创新机制，社会力量助建博物馆之城

《北京市推进全国文化中心建设中长期规划（2019年—2035年）》中提到，鼓励企业、社会组织和个人通过兴办实体、资助项目、提供产品和服务等方式，参与公共文化服务体系建设。根据这一精神，京报集团和西城区密切配合，创新供给模式，共建博物馆之城。京报集团提高政治站位，主动服务大局，发挥媒体资源优势，跨界完成前期京报馆创作设计布展等全系列工作；西城区变"我来办"为"我来管"，通过政府购买服务+绩效考核的方式，引导具有丰富公共文化场馆运营经验的社会文化企业投入后期运营服务，实现革命文物活化利用的新型化、专业化、长久化。

（二）密切合作，多层次对接贯穿工程始终

京报集团与西城区形成跨部门合作、多层级沟通机制，发挥合力，集中协调中央在京及北京市相关部门给予支持和配合，确保京报馆项目按时顺利推进。从最初的大纲设计到最终布展阶段的两年里，双方召开高层联席会10余次；京报集团工作专班与西城区文旅局每月定期到工程现场联合办公，发现问题，高效解决。

（三）党建引领，克服疫情影响实现按计划开馆

京报集团工作专班成立伊始，就注重把党建工作挺在前面，以红色报史凝聚团队。工作专班奔赴浙江金华考察，专门向邵飘萍烈士纪念碑敬献鲜花，致以崇高敬意；邀请邵飘萍嫡孙、嫡孙女亲身讲述邵飘萍追寻真理英勇牺牲的事迹，激发成员的拼搏精神；在拆迁后杂乱的京报馆内举行主题党日活动，提出以党报人的使命感来打造京报馆精品项目。

施工期间恰逢新冠疫情，工程断断续续，进度严重受阻。待古建修缮基本完成时，距离布展关门时间仅剩75天。在如此短的时间内，工作专班在市委宣传部、京报集团的坚强领导下，发挥新闻铁军本色，布展装修，安装空调系统，调试安防设备，日夜抢工，多线并进，不辱使命，最终保证京报馆类博物馆如期落成，进入内部试运行阶段。

（四）注重策划，提高革命文物活化利用率

革命文物的成功活化利用需要长久的活跃的后期运营。京报馆吸纳的第三方团队投入运营以来，截至2024年4月，累计提供日常公益讲解超过400场，策划组织各类活动300多场，形成了"京报历史课堂"、"聆听四点钟"红色初心课堂、"魏染书屋"、"京报小记者"、"新闻茶友会"、"京报直播间"6项持续发声的品牌活动，经常开展讲座沙龙、座谈研讨会、文化体验、技能培训四大类活动，接连开发民国风文创产品。通过丰富多彩的活动，引来了客流，保持住了京报馆热闹的烟火气。

新时代西城区开发利用区域红色资源的实践与经验启示[*]

党的十八大以来，习近平总书记多次强调要把红色资源利用好、把红色传统发扬好、把红色基因传承好。2021年开展党史学习教育以来，习近平总书记又在多个场合强调：红色资源是我们党艰辛而辉煌奋斗历程的见证，是最宝贵的精神财富；要加强红色资源保护利用，大力弘扬革命文化，传承红色基因，发挥好红色资源的重要作用。

西城区作为北京市中心城区，是新文化运动和五四运动的发源地，是中国共产党重要的孕育地之一，在党领导的革命、建设和改革的伟大进程中，形成了丰富的红色资源。西城区高度重视开发利用红色资源，充分运用这一最鲜活、最独特的素材，讲好"红墙故事"，讲好"西城故事"，铸造具有西城特色的红色文化名片。

深入分析党的十八大以来西城区开发利用红色资源的实践，总结西城区开发利用红色资源的经验和启示，对于在全区进一步开展党员干部的党性教育，加强爱国主义教育、思想政治教育，

---

[*] 作者简介：周善红，中共北京市西城区委党校（西城区行政学院）社会学教研室教授。

具有重要意义。

一、西城区开发利用红色资源的主要做法

党的十八大以来,西城区高度重视开发利用区域红色资源,讲好"红墙故事",讲好"西城故事",打造开发利用区域红色资源的西城品牌与文化名片,让红色基因、革命薪火代代传承。

(一)课题先行,加大理论研究

红色资源的开发利用建立在对红色资源深入研究的基础上。近年来,按照西城区委要求,西城区的组织、宣传、党史研究、党校教育科研、档案管理以及社科研究等部门,相继开展"西城'红墙意识'[①]的理论与实践""北京西城红色文化研究(五四运动前至1949年)""北京市西城区红色文化资源开发利用研究"等重点课题研究,邀请、委托中央、北京市专业人士共同推进,相关研究成果陆续刊发在《北京西城报》《西城宣传》《西城论坛》《西城追忆》《西城文苑》《西城社会科学》等报刊上,出版《"红墙意

---

① "红墙意识"是西城区党员干部群众从独特的地理位置、厚重的红色文化传统和坚定的共产主义信念出发,在长期社会实践中形成的,服务中央工作、落实首都功能、造福人民群众的思想境界和价值追求,其核心内涵是绝对忠诚、责任担当、首善标准。1999年,中南海所在的西长安街街道首次提出"红墙意识",之后,"红墙意识"的内涵不断得到丰富和发展。2014年,西城区将"红墙意识"作为全区性的工作理念。2016年,在"两学一做"学习教育过程中,西城区将践行"红墙意识"常态化制度化,"红墙意识"成为"四个意识"在基层的生动体现。2017年,西城区进一步深化提炼出"红墙意识"的核心内涵,即绝对忠诚、责任担当、首善标准。

识"理论与实践》等专著，编撰《红色西城话百年》丛书、《先声与火种——北京西城红色故事集萃》、《圣火映红墙》等重点图书。这些图书从不同视角追忆革命先驱在西城留下的光辉事迹，追寻从"初心起点"溯源地到"牢记使命"实践地的红色印记，回顾全区党员干部干革命、搞建设、抓改革的奋斗历程，讴歌革命薪火代代传的时代强音，集中展示中国共产党在北京西城的生动历程，为全区开展"四史"宣传教育、讲好红色故事提供了丰富素材。这些图书的相关内容，分别在《北京西城报》《北京西城》《北京纪事》《西城社会科学》等媒体连载，进一步扩大了西城红色资源的社会影响力。

在中国共产党百年诞辰之际，西城区出版专著《中国共产党北京市西城区历史（1921—2012）》。这是西城区为庆祝党的百年华诞，历时五年认真编写、努力打造的精品力作。它反映了北京西城的地方党史，凝聚着西城独特的红色文化基因，展现了党领导西城人民在革命、建设、改革开放及加强党的自身建设中所取得的成就和经验。这本书被列入区委开展党史学习教育和"四史"教育的推荐书目，成为全区党员干部学习党史的重要教材，成为各级党组织开展党史学习教育的工具书。目前，西城区组织人员进行的《西城红色文化》等课题已结项。

上述理论研究为开发利用西城红色资源奠定了理论基础。

（二）精心组建宣讲团，开发完善基地现场教学

精心组建宣讲团。宣讲成员包括专家学者、军休干部、党史

见证者、劳动模范、先进典型、红墙卫士、青年党员、少先队辅导员等，他们根据各自的分工、特长与专业领域，认真选题，积极备课，走进机关、社区、企业、学校、网络等，广泛开展宣讲活动。通过身边人讲身边事、西城人讲西城区的红色故事，帮助党员干部群众进一步了解党的辉煌历程、光荣传统和优良作风，了解共产党人带领人民群众拼搏奋斗、追梦圆梦的故事。2023年，西城区百姓宣讲团在北京市"强国复兴有我"百姓宣讲2023年度调研汇讲中获得第一名。

为了达到更好的宣讲效果，西城区对已有的现场教学基地如李大钊故居、陶然亭慈悲庵、高君宇石评梅墓、"红墙意识"党性教育基地等进行再加工，通过充实完善内容，从不同角度开展现场教学。李大钊故居的现场教学，根据时代要求的变化选择不同的主题，既有《一张薪水表背后的故事》，又有《播火者——李大钊》的理论提升课。对于首次对外开放的京报馆，开发现场教学《铁肩辣手——邵飘萍》。根据"她们从这里出发——北京革命运动中的女高师"主题巡展，在北京女子高等师范学校旧址进行《中共第一位女党员缪伯英》现场教学。

（三）整合红色资源，打造一批红色体验线路和红色主题巡展

西城区编制《西城红色旅游地图》，开展红色旅游活动，选取李大钊故居、鲁迅中学、北京国会旧址、"红墙意识"党性教育基地，形成"追寻民族复兴红色密码3公里"；选取李大钊故居、

陶然亭慈悲庵、京报馆旧址等29处有代表性的红色史迹、革命遗址，编制可看、可读、可听的立体式《北京西城初心之旅红色地图》，打造播火之路、爱国觉醒、报业先锋、红色学校、故居寻踪等5条体验线路，通过游览参观式、沉浸体验式、深度讲解式、故事表现式等形式，为参观者提供追寻红色历史的新视角。

推出"初心之旅"红色地图线上小程序，将党史故事、微党课、党史知识答题等内容汇聚其中，专门制作了VR实景展馆，让人们足不出户就能深度"探寻"这些红色地标。开展"骑寻红色地标"新时代文明实践活动和青少年学习探访活动，由"红色地图领航员"队伍带领两百余名骑行爱好者、市民群众共赴"初心之旅"。通过"骑寻红色地标"主题活动，人们亲身感受革命先烈的责任担当和革命精神，更多党员干部群众特别是广大青少年通过参与寻访西城红色地标的活动，共同传承红色精神，感悟初心使命。

举办"铁肩担道义　妙手著文章——庆祝中国共产党成立100周年专题展"和"她们从这里出发——北京革命运动中的女高师"等主题巡展活动，在街道社区、地区单位、驻区部队、企业园区等单位展出，同时在媒体平台进行直播，扩大影响。为了更好地发挥展览的教育功能，围绕主题巡展挖掘展览背后的故事，形成党课稿，用"展览+党课"的方式讲解展览，使游客喜欢听、记得住、传得开，达到了事半功倍的效果。

（四）活化红色资源，创新多媒体的立体艺术形式

深入挖掘西城区全国重点文物保护单位中的红色元素和发生

在西城的真实革命故事，完成原创话剧《父亲李大钊》剧场版及《播火者》沉浸式版，用真情实感再现中国共产党创始人之一李大钊的精神风范和高尚品质，呈现真实、全面、立体的李大钊，拉近观众与伟人的距离。创作、演出《什刹海畔的电波》，生动展现在没有硝烟的特殊战场上，革命者王文、王凤岐用满腔热血和宝贵生命诠释自己对初心使命的追求和对党的无比忠诚。原创音舞诗画剧《旗帜·英雄》完成线下和线上演出，通过戏剧、朗诵、歌曲、舞蹈、合唱、情景独白、融为一体的艺术形式，通过多媒体等先进技术，多视角展现百年党史上的代表性重大事件和英雄人物，展现共产党人对信仰的坚守和执着。通过这批原创红色精品大戏，带领观众穿越时空，从党的百年奋斗中汲取奋进新征程的精神力量。

2021年11月5日，西城区重点文艺扶持项目《幸福里的故事》(别名《北京西城故事》) 荣获2021年第十七届中美电视节年度金天使奖。电视剧《幸福里的故事》《什刹海》等入围金鹰奖，《梦中的那片海》在央视热播。

（五）修缮基础设施，提高场馆服务和展览水平

根据北京市开展中国共产党早期北京革命活动旧址保护传承利用工作的统一部署，西城区对李大钊故居、北京女子高等师范学校旧址、京报馆旧址、陶然亭慈悲庵等革命活动旧址的整体功能进行了深化和拓展，挖掘其历史内涵和时代价值，推动文物保护修缮、展览展示提升，开展旧址周边环境整治等工作。通过周

边环境整治，李大钊故居所在的整个文华胡同都充满了与李大钊精神密切相关的元素：胡同西口是李大钊写的"铁肩挑道义，妙手著文章"几个大字，署名"守常李大钊"；地面和墙壁上到处可见的标识讲述着一个一个的革命故事。行走在通往李大钊故居的胡同里，就仿佛置身于一座革命历史博物馆。北京女子高等师范学校是我党第一个女党员缪伯英学习、战斗过的地方，在旧址举办的专题展主标题为"她们，从这里出发"，展示的是群像，突出三条主线，即北京的共产党早期组织在西城的活动、党领导下的妇女解放运动的重要探索、马克思主义在西城的广泛传播与实践。京报馆旧址经过文物腾退修缮，也在党的百年华诞之际对公众露出真颜。2023年，地处西单繁华地段的蒙藏学校旧址历经腾退、修缮、展陈布置等工作后，也正式开放。

为了方便游客参观学习，李大钊故居、京报馆旧址、陶然亭慈悲庵、北京女子高等师范学校旧址等同时提供线上展厅和语音讲解等多种服务。

二、西城区开发利用红色资源的成效

西城区为开发利用红色资源开展的一系列活动有利于对党员干部和群众进行思想政治教育，增强其对红色文化的情感认同和理性认知，有利于为西城区经济社会发展提供丰富的思想资源和教育资源，为西城区实现高质量发展提供强大的精神动力。

（一）凝聚了区域发展的精神力量

西城区的红色资源是中国共产党百年艰辛和辉煌的体现，蕴含着中国共产党人坚定的理想信念、为人民服务的宗旨、实事求是的作风、艰苦奋斗的精神，论证着中国共产党领导中国革命的必然性，论证着马克思主义中国化、时代化的必然性，阐释着中国共产党领导中国人民实现中华民族伟大复兴的必然性。这是进行一系列主题教育的生动教材，是对党员进行党性教育的历史课堂，是对学生进行爱国主义教育的重要基地，是对群众进行社会主义核心价值观教育的重要平台。红色资源的开发利用，对于培育党员群众的政治认同感，引导党员群众坚定政治立场、保持政治定力、严明政治纪律政治规矩、强化政治担当、提高政治能力，对于党员群众树立正确的世界观、人生观、价值观，坚守马克思主义意识形态的主导地位，对于激发党员群众进一步坚定"四个自信"，激发其创造活力，具有重要作用，必将为中国式现代化西城实践凝聚巨大的精神力量。

（二）营造了良好的社会文明风尚

要营造良好的社会文明风尚，应着眼于提高人的素质，提升党员群众的道德水准和文明素养，为此，要充分发挥榜样的力量。在我们党领导的革命、建设、改革的各个历史时期，西城这片热土上在百余年间涌现出一大批视死如归的革命烈士、一大批顽强奋斗的英雄人物、一大批忘我奉献的先进模范，他们身上无不闪耀着舍己为人、大爱无私、一心为民的崇高品质和人性光辉，教育和激励着一代又一代人不懈奋斗。如李大钊，他被誉为"现代中国的圣人"，作为具有高尚道德品格的学者和革命家，他受到社会各阶层的广泛尊崇，名重当世，为全社会树立了榜样。红色资源的开发利用营造了崇尚模范、学习模范的浓厚氛围，对于发挥精神引领、典型示范作用，推动党员群众见贤思齐、崇尚英雄模范、争做先锋，把榜样力量转化为推动现代化的生动实践，培育文明风尚，不断提高公民文明素质，提升公共文明素养，具有重要意义。

（三）更好地满足了人民群众的精神文化需求

随着物质生活水平的提高，人民群众对精神文化生活的需求也日益增长，红色文化也被日益重视。红色文化中的一个个鲜活人物、一件件历史实物、一处处革命旧址、一座座纪念馆承载着如火如荼的革命事业，记录着改革开放的创新创造，延续着我们党的初心使命。从那些物质上极度贫乏但精神无比富足的英雄模范身上，我们能够发现生命的意义，能够感受崇高的真谛。红色资源的开发利用能够对人民群众发挥价值引领、文化滋养的作用，不仅满足了人们多样化、多层次、多方面的精神文化需求，也激发了人们对美好人生的无限追求，丰富了人们的精神世界，增强了人们的精神力量。比如，《幸福里的故事》《什刹海》等优秀剧目满足了人民群众的文化生活需要，使其达到了愉悦身心的目的。

三、西城区开发利用红色资源的经验启示

西城区结合区域资源优势，充分开发利用红色资源，引导和激励党员干部群众从党的百年历史中感悟初心使命、汲取前行力量。西城区挖掘、运用红色资源助力党史学习教育的做法，可以给我们提供以下几点重要启示：

（一）整合专业力量，加大对红色资源的研究

红色资源是我们党辉煌历程的见证，是一座精神宝库。为了把红色资源深入挖掘好，西城区立足首都地区的优质理论资源和自身的区位特征，充分汇集各方面的专业力量，集中各方面的智慧，做好红色资源的分类、提炼，修好"红色家谱"，续好"精神族谱"，把红色资源串点成线、织线成串、连串成片，使党史学习教育的开展有声有色，使党员干部群众能够"享用"丰富的精神大餐。

红色资源常挖常新。要进一步开展红色资源的研究，建立西城区红色资源研究专家智库，分门别类、有组织地开展红色资源的研究。要把区域的研究力量动员组织起来，进行常态化研究，形成可持续研究的机制（领导、组织、人员、考核、评价）。要有效借助外力，吸纳全国、北京市的专业人员，对急难险重的任务进行重点研究。要积极借鉴其他领域理论研究的成功经验和有效做法，加强对红色资源研究方法的研究，不断拓宽研究的视

野，开辟更多的研究领域，探索新的研究进路，采用适当的方法手段，注重特点分析和价值阐释，自觉增强学术规范，提高红色资源研究的品质，力求减少低水平的重复。要把红色资源的精神内涵与新时代的时代要求有机结合起来，把红色资源的深入挖掘与西城区的区域发展有机结合起来，把红色资源的运用呈现与西城区党员干部群众的思想实际有机结合起来，促进红色资源的成效最大化。

（二）拓展教育功能，进一步把握运用红色资源的教育规律

红色资源蕴含着多方面的教育内容，是一座内涵丰富的大学校。西城区充分发挥红色资源的教育功能，坚持唯物史观和正确的党史观，严把政治关、史料关，精心设计主题，把红色资源旧址展陈的提升改造和周边环境整治结合起来，拓展了红色资源教育的广度和深度；注重沉浸式体验，精心营造相关氛围，让参与者融入场景中，拉近了与受众的时空距离，使受众感同身受；打造出针对不同群体的党性教育基地、思想政治教育基地、爱国主义教育基地，大大提升了教育效果。

红色资源常讲常新。要在对西城区红色资源整体把握的基础上，根据每个红色资源的类型特征，明确各自的主题，编写红色资源教材，打造红色资源教师队伍，形成西城区红色资源精品课程体系；确保各个红色资源内容既各自独立，又有效衔接、相互支撑，有着密切的联系。要进一步拓展"红墙意识"的应用场景，引导广大干部群众自觉践行"红墙意识"，提高观大势、谋

大局、抓大事的能力，多谋善断明思路，狠抓工作促落实，以首善标准把区域发展治理不断推向前进，谱写新时代首都高质量发展的"西城篇章"。要研究、把握不同受众群体的认知特点，有针对性地设计适合的教育活动。创新红色资源教育的方式，把讲授式、研讨式、互动式等形式有机结合起来，提高红色资源教育的质量，讲好红色故事。

（三）创新红色资源开发利用的方式方法，让红色资源"活起来"

红色资源的呈现形式要与时俱进。西城区不断推进红色资源推陈出新，充分运用多种形式，让红色资源"活起来"。通过"红色+演艺"，推出反映红色资源的话剧、戏剧、朗诵、歌曲、舞蹈、合唱、情景独白等，精品力作频出。通过"红色+网络"，充分利用新媒体平台开展网络直播，进行微信全景展。通过"红色+数字化"，对红色资源进行数字化采集、再现，建立数字资源库，实施数字化展示和传播，在新冠疫情期间，数字化对红色资源的呈现发挥了重要作用。

红色资源常用常新。要在以往不懈努力的基础上，继续探索采用不同形式呈现红色资源，不断拓展红色资源的表现空间，扩大红色资源在日常工作和生活中的应用场景。吸纳各方面人才，形成合力，继续推出文艺精品；提炼西城红色资源的主题内涵，设计西城红色资源的logo；打造红色动漫精品力作、红色游戏IP、红色资源创意产品、谈话节目、真人秀等。适应不同群体，增强互动性、趣味性、吸引力、感染力，把线上与线下、虚拟与现实、传统与现代有机结合，共同讲好西城区红色故事，传播好新时代红色资源的正能量。

　　开发利用红色资源，助力新时代西城区高质量发展，是一项系统工程，需要进一步强化问题意识，加强顶层设计，整合需求、资源、力量，围绕不同的主题，从多种面向切入，加大宣传和推介力度，促进研究成果转化，强化"红墙意识"，活化"红色记忆"，铸造"红色名片"。

建强基层思想文化阵地，抓实新时代文明实践中心建设的房山实践*

为推动习近平新时代中国特色社会主义思想更加深入人心，加强改进基层宣传思想文化工作和精神文明建设，用中国特色社会主义文化、社会主义思想道德牢牢占领基层思想文化阵地，房山区新时代文明实践中心启动建设，并逐步成长为学习传播科学理论的大众平台和基层思想文化工作的重要阵地。房山区依托自身特有的实体化市民文明教育三级体系，创新"党校+成校"工作模式和"红色故事+理论宣讲"教学形式等，严密组织，扎实推进，形成了具有自身特色的新时代文明实践组织执行体系与制度机制体系，对于提升基层群众的思想觉悟、道德水准、文明素养和全社会文明程度，实现党心民意同频共振发挥了重要作用。

---

* 作者简介：刘兰军，中共北京市房山区委党校（房山区行政学院）科研室讲师；张艺伟，中共北京市委网络安全和信息化委员会办公室（北京市互联网信息办公室）人事处干部；张一夫，中共北京市房山区委党校（房山区行政学院）办公室干部。

一、主要做法

（一）挖掘优势，利用自身独特条件

房山区的新时代文明实践中心建设依托区成教中心，重点打造市民文明教育三级体系。早在2014年，房山区即已着手整合全区成人教育、市民文明学校教育和道德大讲堂等资源，每年投资300万～500万元持续构建新型市民文明教育体系，并将其列入全区"十三五"规划，制定并执行《新型市民文明教育体系三年行动计划（2015—2017年）》。截至2018年8月，中央全面深化改革委员会决定启动新时代文明实践中心建设时，房山区已实现新型市民文明教育三级体系全覆盖，建成了1所区级总校、28所乡镇街道及燕山地区中心校和582所社区（村）分校，并全部达到有场地、有教室、有桌椅、有电脑投影仪等硬件标准。这为新时代文明实践中心实现全体系实体化奠定了坚实的基础。

（二）创新思路，整合软硬件资源

新时代文明实践中心的建立初衷是推动习近平新时代中国特色社会主义思想更加深入人心，因而也可称其为"市民群众的党校"。2017年11月，房山区即已启动区委党校分校建设，重点乡镇（街道）都已成立区委党校分校；2022年3月，区委组织部、区委党校（区行政学院）、区委教工委联合出台《关于进一步加强党员教育培训工作的实施方案（试行）》，探索"党校+成

校"工作模式，将乡镇（街道）成校纳入党校范畴，实现师资、场地、设备等软硬件资源统筹调配。宣讲方式上，在2021年全党开展的党史学习教育中，区委党校（区行政学院）创新基层宣讲思路，调动行政处室的青年工作人员与专业教师队伍整合，挖掘打造区内13个红色故事，试行"红色故事＋理论宣讲"教学新模式，面向全区进行进课堂、进机关、进学校、进农村、进社区、进企业、进部队等"七进"宣讲300余场次，受众4万余人次，收到良好的基层理论宣讲效果，积累了面向基层群众的宣讲经验。

（三）立足长远，完善制度机制建设

为切实实现常态化运转的目标，房山区在新时代文明实践中心的建设过程中着力推进体系性的体制机制构建，建立了领导小组联席会议制度、区直部门志愿服务资源统筹调度联动工作机制；出台了《新时代文明实践中心建设实施方案》《关于进一步深化拓展新时代文明实践中心建设的工作方案》《加强新时代文明实践志愿服务工作措施》《关于进一步推进志愿服务制度化的实施意见（试行）》《2022—2024年深化拓展新时代文明实践中心建设三年行动计划》《新时代文明实践工作规程》《新时代文明实践基地管理办法》等文件；明确了新时代文明实践中心办公室、所站和成员单位的职责，建立完善了理论宣讲、文明实践推动日、干部志愿者培训等相关制度，为全区新时代文明实践行稳致远打牢基础。

（四）强化激励，汇聚多元主体合力

新时代文明实践活动的组织开展是一项涉及多资源整合、多主体协作的系统工程。房山区面对操作执行环节出现的组织体系运转不畅、人力投入及激励制约机制不足等问题，探索形成了一批强化激励、汇聚多元主体合力的创新做法和机制，为综合统筹人力物力、激发志愿服务活动的积极性与主动性提供了思路。如西潞街道推出每年定期评选热心公益、诚信经营商户的表彰机制，培育"企业好邻居"，激励沿街商户组成"门前三包"突击队，做文明创建的表率与榜样；燕山"老工友"平安志愿者队伍推出"企业工友"激励机制，对积极出钱出力助力文明实践志愿服务的企业授牌并给予志愿积分福利卡消费资格，实现由政府输血向自主造血转变。

二、工作成效

基于优越的软硬件基础条件及扎实的组织推进，房山区新时代文明实践中心迅速完成领导组织体系和运转平台的搭建，实现了组织开展常态化的活动。

（一）完整建立领导组织体系

2019年5月，房山区新时代文明实践中心建设启动，在不到1个月的时间内即完成了全区三级体系的构建并挂牌，充分体现了前期市民文明教育体系建设的扎实与文明实践中心建设组织推进的迅速。领导组织架构上，建立起三级书记负总责，区和乡镇（街道）宣传部、村（社区）党组织宣传委员具体组织实施的领导架构；新批设立1个正科级事业科室（编制6人），承担全区新时代文明实践促进工作。在做好新冠疫情防控工作的同时，截至2022年9月，建成1个区级文明实践中心、1个分中心、27个新时代文明实践所和618个新时代文明实践站，除拆迁合并等客观因素影响外，全区实现新时代文明实践中心、所、站全覆盖。

（二）搭建完成活动运转平台

文化活动载体建设方面，按照可参观学习、可教育培训、可交流展示的标准，完成区级新时代文明实践中心建设；建成没有共产党就没有新中国纪念馆、红色背篓纪念馆、周口店北京人遗址博物馆等具有鲜明地域特色的新时代文明实践基地60家；发掘培育"房山好邻居""红色天使在山乡""农业科普宣传"等优秀项目。志愿服务组织方面，成立西潞"好邻居"、燕山"老工友"、党校理论宣讲等10支区级志愿服务队，各乡镇（街道）、村（社区）和52家社会组织分别成立志愿服务中队和分队，形成"10+N"志愿服务体系；建成标准化志愿服务站995个，全区实名注册志愿者人数达到26.8万人，注册志愿团体4672个，年均开展志愿活动1万多场次。平台融合方面，以"北京房山"手机App为平台，对接开通"12345"网络问政通道和新时代文明实践网络互动平台，全面实现新闻传播、网络问政、政务服务、新时代文明实践志愿服务供需对接；全面实现网上点单、派单和全区中心、分中心、所、站信息融通，区新时代文明实践中心、区融媒体中心和区政务服务中心"三中心"融会贯通。

（三）常态化开展文化活动

一是区委宣传部统一制定全年新时代文明实践活动主题计划，全区同一时间开展同一主题的活动。如2022年组织开展了"培育和践行社会主义核心价值观""迎冬奥盛会、展首都风采，做文明有礼的房山人""疫情防控 一线有我"等主题活动。二是中心、所站之间互通有无。有需求的站所将需求提交至网上互动平台，区新时代文明实践中心办公室审核、发布、派单，仅2022年上半年，区新时代文明实践中心网络互动平台就累计发布各类活动项目148个，群众点单有效信息1500余条；2021年全年向上级报送新时代文明实践活动信息2万余条，采用率90%以上，位列全市第一。三是实施理论政策、思想道德、法律法规、文明礼仪、科技科普、文化艺术、卫生健康、体育健身、安全环保、实用技能十进社区工程，锤炼打磨12大类153门课程体系，为群众提供"点单式"服务。四是将每月的最后一个周末定为"新时代文明实践推动日"，推动新时代文明实践融入群众的日常生活。

三、经验启示

（一）提升思想认识，认清文明实践的重要意义

马克思主义唯物史观和实践观指出，先进理论要发挥对生产

力的促进作用，就需要与广大人民群众结合，并应用到具体的变革生产、改进社会治理的实践中去，这也是新时代文明实践所要完成的。新时代文明实践体系可被视为在全国党校（行政学院）、社会主义学院系统实现对全体党员、干部、党外代表人士等教育全覆盖的基础上，作为"市民群众的党校"向全体基层群众教育的延伸，从而实现党的先进思想理论全民全覆盖，对于巩固党的意识形态阵地具有重要意义。习近平总书记多次强调："我们必须把意识形态工作的领导权、管理权、话语权牢牢掌握在手中，任何时候都不能旁落，否则就要犯无可挽回的历史性错误。"[1]房山区深刻认清加强基层思想文化与意识形态阵地建设的极端重要性与紧迫性，扎实推进新时代文明实践中心建设，从而让广大人民群众充分认清当今幸福生活的来之不易，饮水思源，感党恩、跟党走。

（二）整合多元主体，与党委政府形成合力

新时代文明实践中心面向全体基层群众，所需人力物力庞大，需要充分做好统筹调配，挖掘多元主体助力。

一是要激发企业的公益热情，论证设置区域评选表彰优待热心公益企业机制，让企业在助力文明实践中获得荣誉、实惠与利益；要倡导区域各级政协委员、人大代表中的企业人士以及区属企业、非公企业积极履行社会责任，鼓励支持其参加到文化活动

---

[1] 《习近平新时代中国特色社会主义思想学习论丛》第5辑，中央文献出版社2020年版，第92页。

的供给与服务中，并给予热心公益的企业人士优先候选政协委员、人大代表等政治待遇的做法。

二是切实发挥社会组织的作用。来自基层的自组织治理被称作是政府"看得见的手"和市场"看不见的手"之外的第三种治理机制，三者齐头并进、平衡发展，是解决复杂社会治理问题、增进社会和谐的有效途径。新时代文明实践与基层社会治理之间具有互相支持、互相促进的关系，一方面，以新时代文明实践中心为平台，激活区域村（社区）的社会组织和文体团队，将政府购买社会服务与社会组织、市场主体发挥作用结合起来，强化基层治理多元主体的共建共治共享意识；另一方面，来自群众的各种自组织形式，如社区社会组织、文体团体等更熟悉、更了解群众的需求与办事风格，也更易于被群众接受与认可。积极凝聚这些源自基层的民间力量、曲艺团体，在宣传部门的把关引导下排演易于被基层群众接受的宣传红色文化、歌颂新时代的文艺项目，能够更充分地发挥新时代文明实践中心、所、站在传播思想文化方面的作用。

三是通过新时代文明实践体系，摸清全区人力资源底数，挖掘机关企事业单位、村（社区）具有理论宣讲、文艺特长、科学技术特长的人员以及各种治理精英、商业精英、道德模范、劳动模范等典型，建立新时代文明实践人才库，动员其组建、加入志愿服务组织，以能人的辐射带动作用和榜样力量，带动基层文明风尚和志愿服务氛围，激发群众参与文明实践的积极性，推动新时代文明实践从"靠政府"向"靠大家"转变。

（三）把握工作主线，吸收归并基层精神文化资源

传播党的理论是新时代文明实践中心工作的主线，理论政策宣讲是重要内容，需要投入大量人力，同时《关于建设新时代文明实践中心试点工作的指导意见》也指出，新时代文明实践中心建设不是另起炉灶，而是对现有资源的整合与统筹利用，这就意味着：

一要汇聚理论政策宣讲力量。按照中央文明办选树的典型来看，每万人宣讲员人数在10~58人，才能更好地满足全域全员常态化理论宣讲的需求。以房山区131万的常住人口为例，应有一支总数在1310~7598人的理论政策宣讲志愿服务力量。要满足这样的人力投入量级，除了吸纳党校、驻区高校、义务教育阶段思政教师、红色文化纪念馆宣讲员等加入，还要进一步培育孵化基层的理论传播志愿者，吸引鼓励基层党员干部、回乡学生、退休干部教师等加入理论传播志愿者队伍，培养懂理论、接地气的"草根讲师""百姓宣讲团"等基层理论政策宣讲志愿服务力量。

二要吸收归并基层文化建设站点。将基层村（社区）书屋、家长学校、志愿服务站等吸收归并入新时代文明实践站，这样既能够减轻基层负担，又突出了文明实践站的重要阵地地位。

三要挖掘打造地域文化作品，提升区域文化影响力。以新时代文明实践中心为平台，广泛组织群众学习地域文化作品，让群众深刻体会家乡历史与文化的博大厚重、深刻感悟党的光辉历

程，从而建立区域文化自豪感，厚植爱党爱国爱家乡的情感，为各项中心工作的开展奠定情感认同。

（四）完善考核激励，实现党建引领与志愿服务相结合

志愿服务是社会文明进步的重要标志，新时代文明实践中心以志愿服务为基本形式，主体是志愿者，这就需要切实完善志愿服务考核激励机制，充分调动志愿者的积极性。

一是要建立季度"红黑榜"发布制度以及站所"星级评定"制度，给各中心、所、站和志愿服务队确定评定标准，定期对活动开展情况进行排名评价。对于已有市场定价的专业技术类志愿服务，以低于市场定价的价格给予其适当的志愿补贴、交通补助、餐食补助、积分奖励等，这样既强化了志愿服务的定位，又体现了对专业技术的尊重，让志愿者既得荣誉也得实惠，营造志愿服务的和谐生态。

二是要实现党建引领与志愿服务的结合。一方面，充分发挥党员干部的先锋模范作用，党员干部要带头注册成为志愿者并在志愿服务中冲锋在前，发挥示范带动作用；另一方面，在志愿者队伍中建立党组织或功能性党组织，以党组织的组织力推动志愿服务的开展，形成党委政府对志愿服务力量的有效组织领导。在此基础上，进一步壮大志愿服务力量，动员具有示范引领、榜样先锋职责、公共服务性质的工作人员，国有集体企事业单位员工，以及追求诚信公益形象的私企、小微企业成员加入志愿者队伍，使志愿者、志愿服务由小众的偶发发展为大众的日常。

三是正式的社会组织、接受财政资金支持的社会组织都要推出志愿服务项目，以项目活跃度、受欢迎程度确定之后可获取的扶持资金的额度，如此激发志愿服务方提供积极、主动、高效的志愿服务。

四是定期召开新时代文明实践中心建设推进会，定期组织工作人员、志愿者进行培训，使全体组织者不断强化新时代文明实践中心建设的重要意义以及熟练网络互动平台的实操技能，避免因人员流动造成工作开展的断档，进而实现新时代文明实践体系的常态化高效运转。

大兴区挖掘运用平南红色文化资源的实践探索*

抗日战争时期，平南根据地属于晋察冀革命根据地冀中根据地第十军分区，其范围相当于今天的大兴全境和房山、丰台部分地区，以及河北廊坊、保定与天津的部分地区。平南根据地与平西、冀东、平北根据地统称"平郊抗日根据地"，成为晋察冀边区的屏障和前哨[1]，为抗日战争和解放战争的胜利做出巨大的牺牲和贡献。我党在平南地区开展党的工作、组织领导平南地区人民进行斗争的过程中，逐渐形成并不断升华平南红色文化。今天，平南红色文化是"新大兴·新国门"文化建设的重要载体，是北京市建设全国文化中心不可或缺的宝贵资源，是我党初心使命在平南大兴这片热土的具体体现。但是，长期以来，在京郊红色文化名片中，有平西、平北、冀东，唯独缺少平南，平南红色文化处于"失语"状态。究其原因有很多，既与资源分散于不同的行政区域，缺乏顶层设计，挖掘运用的力量过于分散有关，也

---

* 作者简介：张秀娟，中共北京市大兴区委党校（大兴区行政学院）教研室教授；胡超峰，中共北京市大兴区委党校（大兴区行政学院）教研室讲师；张娜，中共北京市大兴区委党校（大兴区行政学院）调研室讲师。

[1] 林小波：《抗战时期北京红色文化内涵与时代价值》，《北京党史》2019年第4期。

与平原地区不易保留大量遗址遗迹有关。

进入新时代，党中央高度重视红色文化的传承和创新发展，强调传承红色基因、赓续红色血脉。近年来，大兴区立足《北京城市总体规划（2016年—2035年）》，赋予大兴区"三区一门户"[①]的功能定位，结合北京市西山永定河文化带建设，着力打造"新大兴·新国门"文化，大力推进平南红色文化资源的挖掘运用与发展。

一、主要做法

大兴区贯彻习近平总书记关于文化自信的相关论述，近年来在挖掘平南红色文化资源、打造平南红色文化名片上下功夫，主要做了以下工作：

（一）统筹推进一个顶层设计

近年来，在建设"新大兴·新国门"的过程中，大兴区委、区政府高度重视平南红色文化。2021年和2022年，大兴区委党校（大兴区行政学院）在充分调研的基础上，向区委、区政府提交了《把平南红色文化打造为新国门文化中的一张靓丽名片》《把平南红色文化打造为党史学习教育的生动教材》两篇资政件，对京津冀协同挖掘运用平南红色文化提出一系列建议，得到了区领

[①] 指面向京津冀的协同发展示范区、具有全球影响力的科技创新引领区、城乡发展深化改革先行区和首都南部国际交往新门户。

导的高度肯定并责成相关部门落实。

2021年，在党的百年诞辰之际，由大兴区委宣传部牵头，区委党校（区行政学院）主办，区史志办、区文化和旅游局、区档案局、区融媒体中心等单位协办，召开了以"英雄平南 红色大兴"为主题的研讨会。会议邀请北京市党史办、北京市抗战纪念馆等单位的专家以及保定、廊坊、天津、北京房山等地的部分专家围绕平南的地域范围、京津冀合作研究的必要性，以及平南红色文化研究会的人员构成、工作机制等方面进行专题研讨，专家们踊跃献策。会议还首次面向全国进行征文，一些优秀征文后来都在《大兴报》刊发并被"学习强国"转发。此后，平南红色文化的挖掘运用也进入大兴区每年党代会工作报告和政府工作报告、政协工作报告，成为大兴区文化建设的重点内容。此外，大兴区把平南红色文化主题公园和纪念馆、王场村地道的挖掘运用、长子营地下交通站的建设等项目作为大兴区推进建设全国文化中心城市的重点工程。2023年，大兴区由宣传部牵头，史志办主办、区委党校（区行政学院）、文化和旅游局、园林局等单位协办，举行了第二届平南红色文化研讨会，专家学者们共聚一堂，更深入地探讨了京津冀协同推进平南红色文化挖掘运用的可行性路径，加强了对平南红色文化名片的顶层设计。

（二）挖掘运用一批珍贵史料

新中国成立以来，在平南这片土地上，涉及平南的红色文化资源的挖掘运用一直在进行。20世纪八九十年代，大兴县史志办在参考史料和一些老革命口述资料的基础上，曾在内部出版《大兴革命史》《平南风云》《大兴英烈》和《战斗在永定河畔》几部资料，至今仍是平南红色文化研究的重要史料。近年来，本着"抢救性采集保存一批史料"的理念，大兴区史志办、区委党校（区行政学院）、文化和旅游局（文物所）及本土学者组建了三批史料采集和整理团队，三个团队互相沟通，协调配合，赴区内外各地走访了大量革命后代和知情人士，收集、整理了许多珍贵资料，如赴大兴区庞各庄镇、榆垡镇、房山区窑上村等地寻访烈士生平事迹，走进堡垒户所在的村子了解堡垒户的情况，走进辛庄了解长安城保卫战等重大战役的细节，与保定、廊坊、天津等地的专家学者沟通，获得了大量珍贵的资料；同时还赴平北、平西、冀东、重庆等地学习红色文化挖掘运用的经验。

近几年，大兴区各部门各单位顺利完成了以下几项工作：史志办编纂推出了《红色平南——大兴革命斗争故事》《吴柳桥传奇》《红色平南——老干部回忆录》等平南红色文化系列丛书；文物所立项出版了《平南红色文化史料集（大兴卷）》两册，内含照片、地图500余幅；大兴区委党校（大兴区行政学院）出版了《平南革命斗争史》等，这些工作使平南红色文化有了更深厚的史料支撑，为后续的发掘、运用、传承奠定了重要基础。

（三）建成一个平南红色文化联线

从20世纪80年代起，一些乡镇通过研究历史资料和访问当地群众，着手维修和建设烈士墓。近年来，国家加大文物排查和保护力度，大兴区在对区域内文物排查的基础上，将十处现存的革命遗址遗迹列入文物保护目录，它们分别是：集贤侵华日军飞机掩体、大白楼侵华日军飞机掩体、寿保庄侵华日军飞机掩体、南小街侵华日军飞机掩体、集贤空军仓库侵华日军飞机掩体、华黎烈士墓、田载耕烈士墓、刘启才烈士墓、孙恕烈士墓、榆垡地区的堡垒和地道。2015年，大兴区充分整合区内红色文化资源，在与大兴区委党校（大兴区行政学院）只有一墙之隔的清源公园边上建成全面展现大兴革命历程的烈士纪念广场，使其成为大兴区定期开展重要缅怀仪式的主要场所和爱国主义教育基地。自2020年以来，基地在教学中逐渐融入平南红色文化内容。2022年，经区委、区政府批准，大兴区委党校（大兴区行政学院）联合史志办、文化和旅游局、园林局、档案局等相关部门共同建设平南红色文化主题公园，主题公园坐落于大兴烈士纪念广场旁，以展板的方式全面系统地展现平南革命斗争历程、重要战役和英雄人物。2023年，大兴区又进行王场地道的初步开发。至此，这两个重大文化工程与分布各镇的57个烈士墓、榆垡镇平南红色文化展厅、民间学者个人举办的平南红色文化展览等共同构成一个以主题公园为中心、辐射各点的平南红色文化联线，为广大干部群众系统了解平南红色文化提供了一个可视化、沉浸式的载体。在此基础上，大兴区委党校（大兴区行政学院）又从现场教学方面致力于延伸平南红色文化联线的内容，打造"1+5+N"的平南联线模式，其中，"1"即以平南红色文化主题公园为核心的平南红色文化核心基地，"5"即大兴、房山、廊坊、保定、天津五地红色文化基地,"N"指各地的红色资源遗迹遗址基地。这一联线具有极大的包容性,随时可以加入其他元素和内容。通过这种联线,平南的红色文化资源被充分地整合起来了。

(四)拓展一系列传播渠道

2021年,在百年党史学习教育过程中,大兴区开始拓展平南红色文化的传播渠道:宣传部建设了平南红色文化网上展厅,史志办与融媒体中心推出5集文献专题片《平南记忆红色大兴》、15集评书《千年风雨话大兴》,以群众喜闻乐见的方式呈现了平南的革命历史;区委党校(区行政学院)成立名师工作室,打造了《平南革命斗争史》主题课程,创作了《我的爷爷周志奇》宣讲文稿,打磨了系列现场教学课程,创作了舞台剧《战斗在永定河畔》。这部舞台剧是多方力量协同的结果,本土红色文化专家提供了剧本,文旅局请来指导专家,演职人员则全部由党校教职工和物业人员担任。2021年,区委党校(区行政学院)与宣传部、大兴融媒体中心、北京电视台合作,对大兴党史展进行线上直播,把平南红色文化融入其中,取得较好的效果。当时的线上观看人数达到100多万人次。除此之外,榆垡镇主持拍摄了《平南红色记忆》,一些社会组织和乡镇(街道)单位围绕平南红色文化创作系列舞台剧《永恒》《他们》《红星照耀永定河》等,在演出中收到很好的效果,这些工作都极大地提升了平南红色文化的知晓率和影响力。

二、工作成效

经过数年开拓性的工作，如今，平南红色文化的挖掘运用取得阶段性成效，具体来看，主要有四个方面：

（一）擦亮了平南红色文化的名片

文化名片是文化资源和文化内涵最集中的体现。如今，平南红色文化名片已经初步树立，并逐渐为更多人所熟悉。2020年以来，关于平南红色文化的报道逐年增加，以平南红色文化为主题的各类研讨会渐次召开，围绕平南红色文化进行的二次创作也越来越多，平南红色文化逐渐成了重要的大兴文化IP。同时，平南红色文化载体也成为各方争相参观学习的场所。比如，2022年平南红色文化主题公园建成开园后，掀起了学习了解平南红色文化的热潮。作为主题公园现场教学主管单位，区委党校（区行政学院）接待现场教学的班次和团队最多时一天达到20多场。特别可贵的是，平南红色文化名片已经在北京市党校系统和党员干部中产生了一定的影响力，越来越多的兄弟党校以及区内外单位主动预约参观学习，使这里成为许多单位的党日活动必到之处。由于主题公园地处大兴区清源公园内，许多游人在游园和锻炼之余，都会驻足参观，久而久之，这里也成为人们喜爱的打卡地，成为大兴区又一个重要的红色地标。除此之外，区委党校（区行政学院）开发的专题课程《平南革命斗争史》也成了各单位党性教育过程中的必点课程，在各单位和大中小学校授课过程中得到热烈欢迎和高度评价。

（二）丰富了北京红色文化的内容

平南红色文化是北京的红色基因，是北京作为全国文化中心建设"四个文化"（即古都文化、红色文化、京味文化以及创新文化）之红色文化不可或缺的血脉。但是，长期以来，平南红色文化的"失语"在客观上会使人产生平南地区在革命战争年代无所作为的错觉，也在实践中使京郊红色文化乃至北京红色文化的系统性和完整性存在缺失。经过数年的努力，平南红色文化名片在大兴区的主导下被不断擦亮，补上了平南在环京三大红色文化名片（平西、平北、冀东）外的空白，也形成了京郊东南西北红色文化闭环，丰富了北京红色文化的内容，为北京建设全国文化中心助力增彩。当前，平南红色文化建设已经纳入北京市全国文化中心建设之中。《北京市西山永定河文化带保护发展规划（2018—2035）》把"推动平南地区革命文化的保护与展示"作为重点任务之一，提出"全面深入挖掘冀中军区第十分区在永定河畔的革命战斗历史文化，梳理研究平南地区革命文化，展示永定河畔的人民英勇斗争事迹，建设爱国主义教育基地，传承革命精神"。北京市建设全国文化中心重点任务中，大兴区也把平南红色文化的挖掘运用纳入其中，平南红色文化名片的打造有了更宽的视野和更高的平台。

（三）激发了持续挖掘运用的热情

平南红色文化资源的挖掘运用不是一朝之力，需要久久为功。正因为近年来平南红色文化资源的大力挖掘运用，使后续的平南红色文化建设有了坚实的依托和不竭的源泉。许多乡镇（街道）、社会团体和个人的热情被激发出来，主动参与到这一工作中。在大兴区内，一些与平南红色文化关系密切的乡镇，如黄村镇、榆垡镇、采育镇、礼贤镇等，主动把自己的文化建设融入平南红色文化体系之内。其中，庞各庄镇王场村就是一个典型。

王场村位于大兴区庞各庄镇东南部，距大兴区城区13公里。抗日战争时期，大兴地区属平南抗日根据地，1944年，根据地委员会指示，各根据地在群众基础好的村庄挖掘地道，王场村地道就此产生，并在抗日战争、解放战争中发挥了重要作用。时任平南县委书记苏玉振、敌工部长徐溅等共产党领导干部秘密在此处指挥平南地区敌后的武装斗争。一次，党内叛徒向敌人泄露地道位置，引发敌军包围，在村民李焕章（地道遗址处于该村民家）的协助下，苏玉振、徐溅两位同志从地道安全转移撤离。地道遗址于2020年12月被北京市文物建筑设计保护所认定为"不可移动文物"，是大兴区乃至北京市红色文化遗存的重要组成部分。这样的一个小村，以"红色美丽村庄建设"试点工作为契机，依托平南红色文化这个大IP，正着眼于扛起一面红色旗帜、讲好一段红色故事、打造一段红色体验、开发一条红色线路、带活一支红色产业，努力把自己建设成支部战斗力强、党建氛围浓、红色韵味足、村庄环境美、村民素质高、文旅发展旺、百姓腰包鼓的新时代美丽村庄。而在大兴区外，包括北京市房山区、丰台区，河北廊坊市、保定市等地的红色文化研究团队也加大了对平南红色文化研究的力度，并主动与大兴区的平南研究挂钩对接，这些工作都使平南红色文化的发掘运用呈现出前所未有的动力与活力。

（四）打造了京津冀文化协同的大兴样本

推动京津冀协同发展，是党中央、国务院在新的历史条件下作出的重大决策部署。京津冀协同战略中，文化协同是题中应有之义。京津冀地缘相接、人缘相亲，地域一体、文化一脉，历史渊源深厚、交往半径相宜，是我国文化资源丰富、文化底蕴深厚、文化特色鲜明、文化发展最具活力的重要地区之一，具有广泛的合作前景。2014年8月，北京市文化局、天津市文化广播影视局、河北省文化和旅游厅三方在天津签署了《京津冀三地文化领域协同发展战略框架协议》。协议指出，推动建立三省市文化部门联席会议制度，共同出台推进京津冀文化协同发展的规划和政策。

平南红色文化是京津冀三地红色文化的重要组成部分。过去，大家各自为政，在平南红色文化的系统性挖掘方面存在不足。当前，随着大兴国际机场的建成投运和临空经济区的成立发展，北京城市总体规划赋予了大兴区京津冀协同发展示范区的功能定位。与其他各地共同打造平南红色文化，既是对文化协同发展的推进，又是文化协同发展的成果。在与津冀各涉及平南文化的地区共同打造平南红色文化名片的过程中，大兴区委、区政府顶层设计推动、史志办搭建平台、党校穿针引线、各单位相互协作、民间学者相互联系、社会力量有效介入、媒体平台大力宣传，一体推进，借助研讨会、征文、走访座谈等各种方式，加强了与涉及平南的京津冀所有地区各相关单位和部门的联络，逐渐形成"政府主导＋社会参与"的平南红色文化开发运用平台和机制。大兴区以高度的政治自觉和责任担当，主动作为，牢固树立"一盘棋"思想，打破行政壁垒，与各地区密切配合、通力协作，打造了京津冀协同推进文化建设的大兴样本。

三、经验启示

作为跨行政区域的红色文化，平南红色文化资源的挖掘运用和文化名片的打造，是一个需要协调各方、统一行动又各展其能的过程，我们也从中得出以下几点启示：

（一）顶层设计是根本保证

平南红色资源分属北京、河北和天津的不同地区，如果没有一个主导力量进行"一盘棋"式的顶层设计，这项工作就很难开展。多年来，虽然各地区都有一些学者在研究平南红色文化，也都有相应的资料收集和整理，但是由于没有顶层设计的推进，一度呈现出自说自话、分散挖掘、无力扩大影响力的状态，无法呈现出平南红色文化的整体性和系统性，这既不利于深入推进平南红色文化资源的持续挖掘和运用，也不利于从整体上打造一个平南红色文化名片，更无力于推动平南红色文化发展从自发状态转向自觉状态。

近年来，借助京津冀协同示范区的定位，借鉴平北、平西红色文化在开发过程中多地协同的模式，结合平南大兴的实际情况，大兴区主动担当，勇于作为，把平南红色文化资源的开发利用上升到全区发展的整体规划中，并与全市红色文化的规划和统筹进行衔接，进行顶层设计。通过与津冀相关地区相关部门协调建立联系、制定政策、确立机制，促进多地在人才、文化、技术等方面实现合作和交流，将各种力量协调起来，这是平南红色文化名片得以打造和扩大影响的根本保证。

（二）建立合作机制是重要举措

在跨区域文化资源的挖掘运用中，建立合作机制有利于实现共商共建共享。近几年，在大兴区委、区政府的领导下，平南红色文化的挖掘运用由宣传部主抓，史志办主导，各相关部门协同，共同建立了以平南红色文化研讨会为核心的平南红色文化名片打造平台，并以此平台为基础，建立了各方合作共同推进平南红色文化挖掘运用的机制。这一平台和机制的内容是：政府给予政策和经费支持，研讨会通过定期召开座谈会整合研究力量，深挖平南红色文化的内涵，听取群众建议，征集红色文化规划方案，与一些研究机构、高校、文化团体、社会组织合作，以研究成果为基础,进一步向政府提供持续开发运用平南红色文化的对策建议,最终推动形成平南红色文化的开发运用从自发走向自觉。实践证明,在形成更高层次的区域战略协作前,搭建一个平台推进红色文化挖掘运用的举措是行之有效的。

(三)整合区域资源是关键抓手

文化需要物质资源的依托。平南红色文化名片在过去之所以打不出、叫不响,一个重要原因在于资源相对分散,没有进行系统性整合。因此,打造平南红色联线、整合区域资源就成为近年来大兴区文化工作的关键抓手。平南红色联线采取"1+5+N"的模式,如一根红色线条,把平南所有的红色资源一一串联,形成平南红色文化一体化打造、一体化传播、一体化传承的局面,有效扩大了平南红色文化的知名度和影响力。在实践中,大兴区先行一步,坚持"种下梧桐树,引得凤凰来"的理念,建设一个主题公园和纪念馆,与大兴烈士纪念广场和其他一些烈士墓或者其他资源相连接,先形成一个平南红色联线框架,再通过合作机制把联线扩大到平南红色文化涉及的所有区域。通过这种联线的方式把所有平南红色资源包含其中,使平南红色文化名片有了物质载体、文化叙事、故事串联、人物亮点,更容易打得出、叫得响,让人记得住、传得开。

(四)创新性发展是路径选择

2016年10月30日,习近平总书记在中国文联十大、中国作协九大开幕式上指出:"在5000多年文明发展中孕育的中华优秀传统文化,在党和人民伟大斗争中孕育的革命文化和社会主义先进文化,积淀着中华民族最深沉的精神追求,代表着中华民族独特的精神标识。"①在大兴这片京南热土,红色文化、优秀传统文化、革命文化和社会主义先进文化并存,共同组成平南大兴地区的精神标识。大兴既有丰富的平南红色文化,又有以大兴国际机场等为代表的创新文化,还有以张华村等为代表的优秀传统文化,三者既一脉相承,又各有鲜明的时代特征。如何在推进平南红色文化挖掘运用之际把三者有机地融合,形成有大兴标识的新国门文化,提升平南大兴的文化软实力,增强文化自信,是大兴不断探索的重点。

近年来,大兴区集全区力量,出版了"新国门大兴文化"系列丛书,包含《新国门·文化大兴之优秀传统文化》《新国门·文化大兴之生态文化》《新国门·文化大兴之创新文化》《新国门·文化大兴之红色文化》《新国门·文化大兴之馆藏文化》,丛书努力探索将各种文化进行融合,系统提升区域文化的影响力。同时,各部门通力合作,结合大兴区独特的绿色、传统、博物馆、创新产业等各种文化基地,已经初步把平南红色文化融进旅游,打造出"红+绿+古+博+创"的体验式参观旅游,实现文化与经济发展共赢,不断扩大平南红色文化的影响力。事实也证明,创新性发展是红色文化持续发展的路径选择。

---

① 习近平:《在中国文联十大、中国作协九大开幕式上的讲话》,人民出版社2016年版,第4—5页。

总之，在建设"新大兴·新国门"、推进京津冀协同发展的今天，大兴区积极融入永定河文化带建设，与京津冀相关部门协同挖掘运用平南红色文化，打造平南红色文化名片，既有利于提升本土的文化软实力，增强文化自信，推进经济社会发展，更向北京市建设全国文化中心交出了大兴答卷！

红色文化资源保护与活化利用研究*

——以北大红楼周边区域为案例

党的二十大报告强调，弘扬以伟大建党精神为源头的中国共产党人精神谱系，用好红色资源，深入开展社会主义核心价值观宣传教育，深化爱国主义、集体主义、社会主义教育，着力培养担当民族复兴大任的时代新人。习近平总书记也强调："用好红色资源、赓续红色血脉，努力创造无愧于历史和人民的新业绩。"[①]红色实物史料、革命文物遗迹蕴含着党的百年历史，承载着光辉闪亮的历史记忆，是生动的红色教材、现实的党史教室。北京市东城区红色文化资源丰富，建党初期的许多重大历史事件都发生在这里。"十四五"规划期间，东城区将深入实施"文化强区"战略，持续打造"文化东城"品牌，把"首都文化中心区"的战略定位落到实处，其中，红色文化资源的保护开发和活化利用是重要课题之一。

作为全国文化中心核心承载区、首都功能核心区，东城区全

---

* 作者简介：姚苹，中共北京市东城区委党校（东城区行政学院）政法教研室主任、副教授。

① 《习近平关于社会主义精神文明建设论述摘编》，中央文献出版社2022年版，第166页。

面贯彻"文化强区"战略，深入推进"一轴、两区、五带、五城"文化格局，打造"文化东城"金名片。东城区堪称红色文化资源的富矿区，有着以北大红楼为核心的丰富而独特的红色文化资源，但也存在利用情况不充分不均衡、红色内涵挖掘不够等问题。本文以北大红楼周边区域为案例，总结分析红色文化资源保护和"活化"利用的有效路径。

一、主要做法

红色文化资源的种类包括物质形态和精神形态，从物质形态看，既有纪念馆、文献档案，又有革命先驱的故居、革命文物等；从精神形态看，有建党精神、香山精神、使命价值等精神谱系。红色文化资源是物化形态的红色资源和精神形态的红色精神的统一结合体。北大红楼在中国革命近代史上有着独特的地位，同中国共产党建党紧密相关。北京大学是新文化运动的中心和五四运动的策源地，最早在中国传播马克思主义思想，也是中国共产党在北京早期革命活动的历史见证地，在建党过程中具有重要地位。北大红楼是中国共产党的重要发祥地之一，也是伟大建党精神的重要孕育地。2019年4月19日，习近平总书记在中共第十九届中央政治局第十四次集体学习时强调："我们党历来高度重视对五四运动和五四精神的研究和阐释。"[①]并对具体工

[①] 习近平：《论党的青年工作》，中央文献出版社2022年版，第200页。

作作出重点指示，包括加强对五四运动历史意义的研究，加强对五四精神时代价值的研究，加强对五四运动以来中国青年运动的研究，加强对关于五四运动的各种思潮观点的研究辨析，加强对五四运动史料和文物收集、整理、保护。

（一）建设"五四大街"红色文化主题街区，提升红色主题景观

东城区将文化遗产保护的对象从仅仅保护一个个具体的纪念碑，拓展为不仅保护纪念碑，还保护纪念碑所在的街道和区域。[①] 北大红楼前的五四大街，名称来源于五四运动，整个街道上有新文化运动纪念碑、五四主题雕像墙等，富有深厚的红色底蕴。北大红楼周边的沙滩北街区域还有北大二院旧址、《新青年》编辑部旧址（陈独秀故居）、中法大学旧址、北京大学地质馆旧址、北京大学女生宿舍旧址、孑民堂等文物建筑。为了传承红色基因，北京市东城区以北大红楼及其周边旧址为重点，建设中国共产党早期北京革命活动主题片区，打造"1+2+N"[②] 红色文化教育资源带和红色文化探访路线，建立红色遗迹数据库，重视红色文化保护传承利用体系建设。

北大红楼部分楼层曾被国家文物局办公使用，现腾退开放扩大为四层，并重新布展。"光辉伟业　红色序章——北大红楼与

[①] 柳森：《场景营造的学问与挑战》，《解放日报》2022年2月14日。
[②] "1"指北大红楼；"2"指北大二院旧址和陈独秀旧居；"N"指东城区其他革命活动旧址。

中国共产党早期北京革命活动主题展"于2021年6月29日正式对外开放。北大红楼始建于1916年，1918年落成，原为北京大学第一院校舍，楼为工字形，共四层，在1961年被国务院公布为全国重点文物保护单位。北大红楼为简化的西洋古典风格的砖木结构建筑，东西宽100米，南北进深14米，占地面积1万平方米。由于大楼主要墙体用红砖砌成，故称红楼。北大红楼的一楼为图书馆，二楼、三楼、四楼为教室和办公室，地下室曾为印刷厂。中国共产党的早期领导人如陈独秀、李大钊等都先后在此工作过；揭开中国新民主主义革命序幕的五四运动的游行队伍，也是从红楼后的民主广场（现《求是》杂志社院内）集合出发的；此后，李大钊、邓中夏等在这里建立了北方第一个共产主义小组，传播马克思主义。当时，李大钊任北大图书馆主任，在这里，他写下了《新纪元》《我的马克思主义观》等宣传马克思主义的著作；李大钊还和陈独秀等人发起创办了《每周评论》……这一系列革命活动，使北大红楼成为研究马列主义的中心。1918年，毛泽东第一次从湖南到北京，曾在北大图书馆任助理馆员，在学校里旁听、阅读，参加各种学术活动，并于同年参加了少年中国学会。现一楼东南隅的两间工作室，已辟为李大钊、毛泽东纪念室。近年来，在东城区疏解整治促提升工作的有序开展下，毛泽东第一次来京居住地旧址所在的三眼井胡同区域得到保护性修缮，与周边人文环境实现了协调融合。

（二）恢复历史风貌，还原历史活动场景，营造"沉浸式"红色文化氛围

近年来，东城区陆续腾退和开放了《新青年》编辑部旧址（陈独秀故居）、北大二院和中法大学等旧址。《新青年》编辑部旧址（陈独秀故居）位于东城区箭杆胡同20号，建筑面积189平方米，有北房三间、南房三间，靠街门倒座小房一间。1917年，陈独秀受聘于北京大学任文科学长，租住在此，《新青年》编辑部也从上海随迁此地。这里曾是新文化运动主阵地之一，是马克思主义在中国早期传播的重要场所。2001年，《新青年》编辑部旧址（陈独秀故居）被公布为北京市第六批市级文物保护单位。2020年3月，北京市将《新青年》编辑部旧址（陈独秀故居）列为"北大红楼与中国共产党早期北京革命活动旧址"之一，进行保护修缮，内设"历史上的《新青年》专题展"和"陈独秀在北京专题展"，展览突出小而全、专而精，首次汇集展出了陈独秀、李大钊编辑《新青年》时的往来书信及编者作者之间的通信手札，让观众了解和感受到中国先进知识分子探索救国救民的初心和使命。《新青年》编辑部旧址（陈独秀故居）还还原了当年"五四运动时代之急先锋"的工作场景，全面系统地展现了中国共产党早期在东城区革命活动的光辉历史、独特贡献和时代价值。2021年，《新青年》编辑部旧址（陈独秀故居）被确定为北京市第一批不可移动革命文物。

北大二院旧址（原北大数学系楼）位于东城区沙滩后街55、

59号一带原京师大学堂（1912年改名为北京大学）院内，现为人民教育出版社的办公区域。该楼建于1904年，为灰色两层砖木结构，曾是中国近代第一所综合性高等学府京师大学堂的重要组成部分，1919年，改称北京大学第二院数学系楼，李大钊、陈独秀曾在此讲学。1919年3月，青年毛泽东在该楼第16教室聆听李大钊授课。1920年5月，北京大学马克思学说研究会曾在此举办庆祝五一劳动节等革命活动……此外，这里也是北京社会主义青年团等早期组织的重要活动地。

（三）通过重新布展策划，让历史建筑焕发时代活力

红色文化资源是生动的党史教材、现实的党史教室。北大二院旧址设有"伟大开篇——中国共产党北京早期组织专题展"，分为"中国共产党北京早期组织的孕育""中国共产党北京早期组织的创立""中国共产党北京早期组织与党的创建""一大后北京党组织的革命活动"四个篇章及"建党前后发生在北大二院重要史实展示"一个副展。在其二楼还原了北京大学马克思学说研究会存放各种外文及中文资料的藏书室——"亢慕义斋"。"亢慕义斋"正中悬挂的是马克思像，像的两边贴有一副对联，上联是"出研究室入监狱"，写的正是陈独秀的经历，下联是"南方兼有北方强"，这一句则出自李大钊。北大二院旧址室内展览面积835平方米，展出文物40余组件，展品472件，展现了中国共产党北京早期组织的酝酿创建、发展壮大过程，集中体现了中国共产党北京早期组织传播马克思主义、培养革命青年、引导进步社团、

帮助北方主要城市建立党团组织等内容。该专题展览自正式揭牌开放后，举办特色宣传教育活动百余场，累计接待观众6万余人次。

中法大学旧址位于北京市东城区东黄城根北街甲20号，由一座灰色西式三层楼房、一座两层礼堂和一组中式建筑组成。中法大学是中国共产党早期活动地之一，其前身是民国初期蔡元培等发起组织的留法勤工俭学会创办的法文预备学校。1984年，中法大学旧址被公布为北京市第三批市级文物保护单位。中法大学旧址曾被某企业占用，现在已经腾退和布展开放。在中法大学旧址的教学楼和礼堂，设有"马克思主义在中国早期传播"和"马克思主义中国化的光辉历程"两个专题展览。专题展览融入百年建筑，通过大量文献文物、图片资料、艺术作品，结合历史场景复原、沉浸式阅读享受、多媒体影音体验等展陈形式，全面系统地展示了马克思主义在中国的传播和发展。

二、工作成效

作为全国文化中心核心承载区、首都功能核心区，东城区将红色基因融入区域建设的方方面面，尤其是北大红楼成为首都红色新地标后，吸引了北京的学生、市民和外省市群众前来参观。东城区把握得天独厚的红色文化优势资源，在赓续红色血脉、推动红色文化薪火相传方面取得了较大成效：

（一）线上线下同发力，多元化创新红色文化传播方式

以北大红楼为中心，东城区还有多个红色底蕴深厚的地标。东城区把域内13处革命活动旧址、52家爱国主义教育基地中的重点点位"串珠成链"，同时借助最新的数字技术、网络技术和多样化的媒体传播手段，将"伟大开篇——中国共产党早期北京组织专题展""《新青年》编辑部旧址（陈独秀故居）专题展"搬上云端，送展"上门"。此外，东城区在全市率先创新研发"党史e起学"微信小程序，设计推出《薪火传承——东城区党史游学地图》，按照内容、类别的不同，重点打造了"觉醒年代""光辉足迹""历史记忆""文人志士""日新月异"5条党史游学推荐线路，涵盖北大红楼等革命活动旧址和爱国主义教育基地。游学地图运用线下游学、线上打卡等新颖方式，聘请有影响力的人士担任每条线路的代言人，进一步提升了党史游学地图的品牌力、影响力。在疫情防控期间或者场馆改造期间，利用互联网平台和新媒体等线上方式传播红色文化，打破了时空界限，提高了传播效率。同时，东城区推动"流动的红色课堂"——红色展馆专题展览巡展进机关、企事业单位、城乡社区、校园、军营、各类新经济组织和新社会组织，打造"红色教育大课堂"。

（二）坚持首发原则，注重挖掘红色文化的内涵

东城区在北大二院旧址（原北大数学系楼）举办"伟大开篇——中国共产党早期北京组织专题展"，在箭杆胡同20号举

办"《新青年》编辑部旧址（陈独秀故居）专题展"，全面系统地展现了中国共产党早期在东城区革命活动的光辉历史、独特贡献和时代价值。展览坚持首发原则，首次展示了《曙光》《北京女高师半月刊》等多部民国时期的进步刊物，首次挖掘披露1919年3月10日毛泽东在这座建筑的第16教室听李大钊讲演的史料，首次以仿真的形式集中展示1920年9月至1926年7月间《新青年》刊登的200余篇马克思、列宁著作和宣传马克思列宁主义的文章，填补了一项历史空白。

此外，北大红楼史料集中陈列处还配有电子翻书设备，收藏了展览文章的电子版，参观者在两个感应器上方挥舞手臂，就可以选取感兴趣的文章阅读。为了让观众有更直接的感受，现场还特别设置了油印体验，观众可以亲手印制第一版《新青年》封面并加盖当日纪念章带走留念，不仅能学到党史知识，还能感悟红色文化。走进"亢慕义斋"教室、与李大钊先生合影、给未来的自己写一封信……"沉浸式"的课堂教育，让参观者深刻感受到红色文化的内涵。

（三）注重用红色文化引领青少年的健康成长

东城区教委非常重视在校中小学生的红色文化教育工作。东城区委教育工委、文旅局等单位联合绘制《北京市东城区中小学红色文化教育地图》，并在2019年12月发布，全区中小学生人手一册。红色文化地图是一份实体的、直观的区内红色资源指南，地图分为小学版和中学版，两版地图共涵盖了区域内多个各级各类爱国主义教育基地，重点介绍了16个红色文化教育基地的地理位置、历史面貌、历史意义和时代价值。基于地图，同步开发红色文化线上课程，激活全区红色文化资源，实现线上线下全时空教育。

（四）积极开发红色文艺作品，传播红色精神

在充分利用红色资源的基础上，北京市和东城区深入挖掘红色资源背后的文化内涵，推出多部文艺精品，使红色基因赓续传承。借助戏剧资源优势，东城区推出原创主题话剧《黎明》。作为首度聚焦中国共产主义运动先驱李大钊的浪漫史诗影片，"庆祝中国共产党成立100周年"献礼影片《革命者》以李大钊的一生为线索，通过革命先驱的英雄事迹，展示共产主义者坚贞的理想信念，揭示革命者的红色力量源泉。在《觉醒年代》和《革命者》播出后，很多外地群众慕名到北大红楼、陈独秀故居参观打卡，红色精神得到了进一步传播。

（五）注重挖掘区域内外红色资源的联动价值

在国际博物馆日，东城区联合北大红楼、中法大学旧址等9处革命活动旧址，举办"信仰的力量——云游北大红楼与中国共产党早期北京革命活动旧址专题活动"，让观众足不出户"云"游红色旧址群。此外，东城区先后与上海市黄浦区的中国共产党发起组成立地旧址、陕西延安革命旧址发起隔空对话直播活动，实现两地革命旧址、爱国主义教育示范基地资源共享、双向联动，吸引百余万人次观看，广大青年党员干部群众从红色文化的

新传播方式中接受精神洗礼。

三、经验启示

文化兴则国运兴，文化强则民族强。源远流长的古都文化、丰富厚重的红色文化、特色鲜明的京味文化、蓬勃兴起的创新文化，在首都北京不断焕发活力与生机。东城区作为全国文化中心核心承载区，文化建设具有代表性和指向性，其中，红色文化是首都文化的核心和灵魂。东城区在红色文化资源保护和活化利用方面的措施具有典型样本意义，对于全国其他区域有一定的参考价值：

（一）应将红色文化资源与城市更新有机融合起来

在疏解非首都功能和实施《北京城市总体规划（2016年—2035年）》《首都功能核心区控制性详细规划（街区层面）(2018年—2035年)》的宏观背景下，东城区逐步扩大了红色文化资源对社会公众的开放。同时，北京市十五届人大常委会第四十五次会议通过了《北京市城市更新条例》并于2023年3月1日施行，其立法目的是坚持优化城市功能和空间布局，改善人居环境，加强历史文化保护传承，激发城市活力，促进城市高质量发展，建设国际一流的和谐宜居之都。其中，第22条明确规定，区人民政府依据城市更新专项规划和相关控制性详细规划，可以将区域综合性更新项目或者多个城市更新项目划定为一个城市更新实施单元，统一规划、统筹实施。这一条赋予区级政府在城市更新工作中更多的职责和权限。

　　东城区"十四五"规划提出，最大限度地保护具有一定历史价值的成片区域，开展特色地区的分类改造与更新。以公共空间品质提升为基础，通过立面提升、恢复性修建，强化古都神韵、历史风貌、文化底蕴和革命传统展现，实现中轴线、五四大街等重点区域环境品质提升。目前，现有的红色文化资源的开放现状仍然不能满足人民日益增长的文化需求，将来需要继续加大历史文物建筑的腾退、修复和开放力度。针对有些尚未腾退和开放的红色文化资源地，比如，北京大学地质馆旧址（梁思成设计）、北京大学女生宿舍旧址（林徽因设计）、孑民堂等北京市级历史文化建筑，应将其纳入城市更新和发展规划，进行有计划的修复、复原或开放。应鼓励有文物建筑使用权的单位负起社会责任，在必要的时间段向社会公众开放。譬如，火烧赵家楼遗址现在是某部队的一处宾馆，大门口墙上的一块浮雕和展板提示这里曾是五四运动的发生地，而其周边矗立的现代建筑缺乏百年历史的沧桑感。保护红色文化遗址不仅仅是政府部门的职责，也是全社会的共同责任。红色文化资源带需以点带线、以线带面，实现周边区域全面和谐发展。红色文化资源保护利用应坚持系统思维，与文化遗产保护、文化创意产业发展、公共文化服务体系建设、城市文化品质提升联系起来。城市规划部门和宣传部门应通盘考虑和统筹推动，使其形成规模效应，尤其让群众对于红色文化资源的保护产生价值认同感。

　　红色文化资源具有不可再生性的特点，一旦被拆毁破坏，很难恢复原状。在城市更新改造中，应重视对红色文化资源的保护，加强对红色文物的收集、整理、保护，为后人继承和发扬红色精神留下历史记忆。在城市的现代化演变进程中，有些红色文化遗址随着城市的变迁发展和胡同改造而消失，只保存了历史地图上的大概位置，无法找到具体的旧址，比如，第一次大革命失败后北京市委地下党办公地（大羊宜宾胡同、褡裢坡胡同、腊库胡同等地）、李大钊牺牲就义地（原京师看守所，新中国成立后建设国家革命和历史博物馆时拆毁）、吉鸿昌牺牲就义地（炮局胡同）、瞿秋白翻译国际歌所在地（大羊宜宾胡同）等；也有些红色文化遗址和普通民用建筑物混杂在一起，导致有历史价值的红色文化资源无法凸显和发挥其见证历史的价值，对于这些，均应在党史地图或现址中立碑有所标注。

（二）应理顺红色文化资源的管理体制，加大资金扶持力度

红色文化资源的管理部门涉及文旅、教育、宣传、建委、房管等多个部门，应采取以宣传部门为主、其他部门为辅的协调领导机制，形成职责明确清晰、互惠共赢、"红色+"的大格局。例如，文物建筑腾退和修复的问题涉及东城区的33处红色文化资源，这些文化资源产权情况不同，既有央产、区产、军产，又有企业产、私产以及混合产等，如果进行腾退修缮，涉及不同的产权单位、不同的管理部门，腾退资金渠道也不同，协调难度大、不易落实。以北京大学旧址遗存为例，涉及的产权单位包括人民教育出版社、中宣部、国家语言改革委员会等多个单位。尽管东

城区负有属地责任，但要启动协调腾退保护被不合理使用的红色文化资源地，仍需要高层统筹机构通过联席会议来统一协调，需要相应的优惠政策和专项资金扶持。

（三）展馆展示的内容应该有区分度和鲜明特色

因为红色主题的同一性，容易造成展馆展示的内容同质化，区分度不高。同一系列的历史照片在不同展馆反复出现，会给人千篇一律的刻板单调印象。红色文化资源要坚持推陈出新，做好红色历史文化建筑的展示展览，必要时组织开展定期论坛讲座，让红色文化建筑"活起来"、接地气，以此不断激发红色文化资源的活力，扩大红色文化的影响力。例如，自2022年起，由中宣部、文化和旅游部作为指导单位，北京市推进全国文化中心建设领导小组办公室，由北京市委宣传部主办，北京市东城区委、区政府协办，每年召开一次"北京文化论坛"，围绕"文化遗产的保护和利用"等专题，在百年历史建筑中开展"红色文化"分论坛，邀请专业人士策划设计、碰撞思想和分享经验。

（四）应采取丰富多样的红色文化推广途径

政府部门工作人员应跳出陈旧思维的窠臼，依据文化传播的客观规律，不断创新红色文旅模式。根据《中国红色旅游发展报告（2021）》，党员和青少年是红色旅游的核心客群。[1]近年来，各

---

[1] 于小植：《让红色文化资源利用与城市更新有机融合相互促进》，《光明日报》2023年2月2日。

地兴起的红色旅游，也呈现出以党员干部和14岁以下的青少年为主要旅游参观群体等特征。随着红色记忆、红色打卡地的盛行，各地的红色旅游景点纷纷引入沉浸式实景、声光电4D影像、换装游览、剧本演绎等方式。但有的红色文化旅游区属于行政机关、事业单位、国有企业使用和管理，虽然免费开放，不以经济效益为核心，但是经营管理模式单一，推广形式不够丰富多元，缺乏市场活力和创新动力。

在新媒体的冲击下，红色文化的推广应遵循传播的规律，根据受众的需求，与时俱进地更新宣传的内容和形式，增加趣味性、互动性、参与性和时代性，避免灌输式、说教式、脸谱式宣传。红色文化资源开发利用的主体力量以各级政府为主，往往强调思想引领、政治驾驭、道德示范等主体功能，不够重视人文价值、受众的成长需求等功能，没有深度挖掘其历史价值与红色内涵，没有将历史脉络和红色故事形成系统，忽视了它的审美情趣、人文养成、环境熏陶等衍生功能。因此，应鼓励社会力量参与，特别是第三方公益组织的参与。通过市场化运作的方式，提高红色文化资源的使用效益。目前，需重视红色文化资源的衍生功能，可由专业的第三方机构在人文知识、审美情趣等方面进行"接地气"的开发，比如，开发红色旅游经典线路、红色文化影视业、红色文创产品、红色文化"两微一端"（微博、微信及新闻客户端）等衍生产品。围绕红色文化主题，设计出产业化、商业化的上下游产业链条，推动红色文化资源由以旅游开发为主转型为以红色文化创意产业为主。

（五）应侧重提升青少年的历史文化认同感

能否引起青少年的共情共鸣，是衡量红色文化传播效果的重要标准。老一辈人通过多年的传统教育，结合个人的成长经历，对于革命战争年代有着深刻的记忆和情感，而年青一代对于革命战争年代缺乏深刻的了解，对于社会发展和文明进步缺乏感同身受。培养年青一代对于红色历史的情感连接，需要采用线上课堂、沉浸式体验、VR虚拟空间等多种方式。青少年从红色文化旁观者到参与者到红色精神传承者的身份转变，需要一定的外力推动或者催化。红色文化的传播应该摒弃"参观—讲解"为主的灌输模式，而是要结合现在的流行思潮，增加时尚元素，采用更容易被年轻人接受的方式。

坚持守正创新　彰显时代价值[*]

——推动"毛泽东号"精神创造性转化、创新性发展的具体实践

2020年9月22日，习近平总书记在教育文化卫生体育领域专家代表座谈会上强调："推动高质量发展，文化是重要支点。"[①]"毛泽东号"作为京津冀地区铁路系统的典型品牌，自1946年解放战争时期诞生以来，始终驰骋在国家建设和人民需要的最前端，被誉为"机车领袖""火车头中的火车头"。

党的十八大以来，"毛泽东号"机车组以习近平新时代中国特色社会主义思想武装头脑，坚持守正创新、文化赋能，在传承"毛泽东号"传统精神文化的基础上总结形成"报效祖国、忠于职守、艰苦奋斗、永当先锋"的新时代"毛泽东号"精神，对于发挥"毛泽东号"的引领示范作用，强化京铁人才队伍建设，提高企业现代化治理水平和推进首善之局建设具有重大现实意义。

---

[*] 作者简介：杜琳琳，中国铁路北京局集团有限公司党校教研室主任、副教授；王振强，党的二十大代表，中国铁路北京局集团有限公司丰台机务段"毛泽东号"班组党支部书记、"毛泽东号"第十三任司机长。

[①] 习近平：《在教育文化卫生体育领域专家代表座谈会上的讲话》，人民出版社2020年版，第5页。

一、主要做法

（一）全面系统梳理

精神所在，就是力量所在；血脉所系，就是动力所系。"毛泽东号"精神源于"毛泽东号"机车，这台从战火纷飞年代一路驶来的火车，自诞生之日便承载着红色基因，体现着工人阶级跟党走的坚定意志。机车组在长期生产实践中积淀形成了"毛泽东号"特有的精神标记，在不同历史时期有着不同的表现形式，具有鲜明的时代特征和行业属性。

1."毛泽东号"精神的历史渊源

抗日战争胜利后的1946年8月，刚刚从日寇奴役下翻身做主人的哈尔滨铁路工人立志要为全国解放和即将诞生的新中国贡献一份力量。为了支援解放战争，需要把急需的战略物资运送到前线，工人们把滨州线肇东车站的一台报废机车拉了回来，随即开展了一场轰轰烈烈的"死车复活"运动。他们四处寻找配件，千方百计地修复机车，在连续奋战了27个昼夜后，赋予了这台已经报废的旧机车以新的生命。1946年10月30日，经过修复后焕然一新的机车被中共中央东北局正式命名为"毛泽东号"，从此，"毛泽东号"这台承载着中国铁路工人梦想与希望的机车，开启了史诗般的伟大征程。

1949年3月21日，"毛泽东号"随解放大军南下进入山海

红色文化

关，3月27日顺利到达丰台火车站，正式落户于丰台机务段（现为中国铁路北京局集团有限公司丰台机务段）。伴随着新中国的诞生与发展，"毛泽东号"的滚滚车轮一路勇往直前，驰骋在京华大地和万里铁道线上，见证了中国铁路的巨大变化，成为引领京津冀乃至全国铁路工人奋勇前进的一面光辉旗帜。

2."毛泽东号"精神的积淀形成与传承发展

早在"毛泽东号"机车诞生初期，就有"顶风上"的精神；解放战争时期，"毛泽东号"踏碎千里雪，勇闯"一面坡"；抗美援朝时期，"毛泽东号"坚持"开革命车不停轮"，星夜兼程地为前线运送军需物资……在武汉，"毛泽东号"三闯武胜关，为恢复北线畅通创奇迹；在徐州，"毛泽东号"排除万难，为矿区人民雪夜送粮；唐山大地震发生后，"毛泽东号"冒着余震和线路损坏的风险，第一时间为灾区送去救援物资……在紧张的铁路运输中，"毛泽东号"形成了一路带头"迎着困难顶风上，永拉上坡车"的革命精神，成为那个火红年代名副其实的"火车头"。

在社会主义建设初期，"毛泽东号"人满怀建设新中国的火热激情，以主人翁的姿态积极开展增产节约劳动竞赛，探索出"锹锹数、两两算"和用小锹添煤的爱煤、省煤的好方法，成为当时全路节约煤炭最多的机车。新时期的"毛泽东号"人在铁路运输实践中不断发扬"锹锹数、两两算，点滴节约汇大川"的勤俭节约精神，提出内燃机车"一滴油不算多，天长日久汇成河"和电力机车"精打细算、节支省电少耗能、多拉车"等不同时期的新的精神。

安全是铁路运输生产的永恒主题。1967年9月,"毛泽东号"机车实现安全走行200万公里,系统地总结出"'严是爱,松是害'抓小防大拿猫当虎斗""执行制度一点也不含糊""坚持自我改造,给个人主义撂死闸""开革命车没有终点站,永不停轮"等独具自身特色的精神,后来又提炼出"责任心＋责任制＋基本功＝安全"的安全生产恒等式。这些精神和经验有着鲜明的时代特征和行业属性,反映了"毛泽东号"人报效祖国、服务人民,把安全挺在首位的价值追求。截至2023年底,"毛泽东号"机车已连续安全走行1227万公里,成为全国铁路机车安全走行公里纪录的领跑者。

2012年,北京铁路局(2017年11月后改制,更名为中国铁路北京局集团有限公司)丰台机务段对"毛泽东号"文化进行了丰富完善和深度挖掘,总结提炼出"爱岗、实干、育人、进取"的新"毛泽东号"精神以及"开领袖车、做领军人"的核心价值观,集体创作了"毛泽东号"之歌,不断赋予"毛泽东号"文化新内涵,使"毛泽东号"精神得到进一步丰富和发展。

(二)挖掘时代内涵

进入新时代,"毛泽东号"接续奋斗,在传承"毛泽东号"优良传统和梳理总结典型文化的基础上,深入挖掘时代内涵,于2013年系统提出了以"报效祖国、忠于职守、艰苦奋斗、永当先锋"为内核的"毛泽东号"精神。

1. "报效祖国"是"毛泽东号"精神的灵魂

中华民族绵延不绝的悠久历史和灿烂文明孕育滋养了中华儿女绵长深厚、历久弥新的家国情怀，历代仁人志士自古便有"先天下之忧而忧，后天下之乐而乐"的理念和"天下兴亡，匹夫有责"的爱国情怀。中国共产党成立以后，将为中国人民谋幸福、为中华民族谋复兴当作初心和使命。"毛泽东号"机车组作为中国共产党领导下的一支产业工人队伍，在祖国和人民需要的关键时刻总是挺身而出。唐山大地震、京九铁路开通、"5·12"汶川特大地震等特殊时期，始终有"毛泽东号"机车呼啸奔驰的身影。

2020年初，新冠肺炎疫情突袭武汉，"毛泽东号"担当的Z1/2次旅客列车每趟都要穿越湖北省，经停武昌站，直接面对疫区。为确保疫情下铁路运输安全畅通，"毛泽东号"机车组全体党员面对党旗庄严宣誓，并在承诺书上郑重地签上名字、摁下手印。疫情最严重时期，"毛泽东号"穿越湖北疫区43次，顺利运送抗疫救援队2次，用坚守搭建起永不停歇的钢铁运输线。

"报效祖国"体现了"毛泽东号"人坚定的政治立场和深切的爱国情怀，是"毛泽东号"最为强大的精神基因和最亮丽的精神底色。

2. "忠于职守"是"毛泽东号"精神的精髓

安全是铁路运输的永恒主题。铁路规章制度大都是经验和教训写成的，凡出事故、必有违章。作为领袖机车组，"毛泽东号"人始终视安全为生命线，把上车当作上战场，铭记"安全生产大如天，安全责任重于山""越熟练越谨慎，事故不照顾先进""安全问题要拿猫当虎斗""别人生病我吃药"等警示。

夜间值乘作业,人特别容易犯困。为了防止因打盹儿而错误操作引发事故,"毛泽东号"机车组有一些与众不同的规定,要求值乘人员值乘时做到:手不离闸把、眼不离前方、背不靠座椅、说话不对脸、吃饭不同时、沏茶不谦让,为的就是保证列车在任何瞬间都有一双警惕的眼睛注视着运行的前方。

"忠于职守"反映了"毛泽东号"人对岗位履职尽责、对标准一丝不苟、对技术精益求精的良好风尚,这是"毛泽东号"最为鲜明的标志。

3. "艰苦奋斗"是"毛泽东号"精神的品质

2019年3月5日,习近平总书记在参加十三届全国人大二次会议内蒙古代表团审议时指出:"过去我们党靠艰苦奋斗、勤俭节约不断成就伟业,现在我们仍然要用这样的思想来指导工作。"[1]不论时代怎样变迁、车型怎样更替、工作条件如何变化,"毛泽东号"人几十年如一日,艰苦奋斗、苦干实干、身体力行、节支降耗。

2014年12月,"毛泽东号"开行于北京至湖南长沙之间,且换型为新型电力机车。第十二任司机长刘钰峰带领大家不断摸索,通过平稳操作、改变制动方法,一趟车可以省电1200元,一年就可以省14万余元。从蒸汽机车的"锹锹数、两两算,点滴节约汇大川",到内燃机车的"一滴油不算多,天长日久汇成

---

[1] 《习近平关于"不忘初心、牢记使命"论述摘编》,党建读物出版社、中央文献出版社2019年版,第245页。

河",再到电力机车"精打细算节支降电,少耗能多拉车","毛泽东号"人始终保持和发扬艰苦奋斗的光荣传统,精打细算,勤俭持家。

"艰苦奋斗"诠释了"毛泽东号"人厉行节约、不惧苦累脏险、埋头实干的优良作风,是"毛泽东号"最为可贵的品格。

4."永当先锋"是"毛泽东号"精神的特征

从蒸汽机车到内燃机车再到电力机车,"毛泽东号"始终驰骋在时代前列,充分代表了中国铁路各时期的先进生产力。"毛泽东号"机车组先后获得全国、地方先进集体荣誉称号150多个,保持着新中国成立以来全路机车组组建时间最长、涌现劳模最多、安全成绩最好、完成任务量最大的优异成绩,成为始终走在时代前沿的"火车头"。

2014年,"毛泽东号"由货运改为客车牵引。为给旅客提供更美好的出行体验,"毛泽东号"人努力提高技术业务,做到对新线路限速、起伏坡道、站场设备熟记于心,达到挂车时钩响车不动、起动时车走人不知、运行中无明显冲动、停车对标丝毫不差的超高水平。就这样,他们把别人的技术比武标准当作日常要求,硬是把普通线路上的快车跑出了高铁一般的舒适度。

"永当先锋"彰显了"毛泽东号"人拼搏进取、争创一流的决心和勇气,是"毛泽东号"最具代表性的精神。

(三)发挥引领价值

伟大时代呼唤伟大的精神,崇高事业需要榜样的引领。丰台机务段"毛泽东号"机车组是中国铁路的先进典型,也是首都工人大军中的一面光辉旗帜。大力学习弘扬"毛泽东号"精神,对于全面提升铁路基层管理水平和业务质量、引领首善之局建设迈上新台阶具有巨大能动作用。

1. 统一的价值理念是企业永续发展的核心要素

价值观是企业文化的重要内容,更是企业发展的核心竞争力。北京局集团公司包含100多个基层单位、17万多名干部职工,要想实现基业长青、永续发展,全局上下必须同心同德,才能战胜各种困难,无往而不胜。"毛泽东号"精神正是京铁人在多年生产实践中形成的统一价值追求,是铁路精神的重要组成部分,是京铁人不懈的奋斗目标,也是推进企业高质量发展的不竭动力。

2. 统一的行为准则是优质推进工作的重要保障

为进一步将"毛泽东号"的文化引领力辐射到更多系统部门,北京局集团公司从"毛泽东号"安全生产基本经验着手,将"责任心+责任制+基本功=安全"恒等式的右侧完善为"安全正点",从"安全"到"安全正点",外延拓展,内涵升华,在认识上有了质的变化:不仅开好车,修好路、服好务、算好账、做好管理等都属于"安全正点"的范畴。这就使基本经验从机车乘务员岗位的特殊性走向适用于铁路各岗位的普遍性,有利于强化干部职工强烈的责任心、严密的责任制、过硬的基本功。鲜明的"安全正点"目标导向,使"毛泽东号"人更好地立足本职、履职尽责、善作善成。

3.鲜明的典型引领是激发奋斗热情的有力举措

铁路职工是一支在党的领导下作风顽强、能打硬仗的先锋力量。但随着时代的发展、环境的变化，有部分职工特别是一些青年职工存在不愿吃苦、不敢担责、应付对付、贪图安逸等消极心态。这些人往往缺乏较强的事业心责任感，缺乏艰苦奋斗的优良作风，缺乏争先创优的拼搏意识，被人称作"佛系职工"。要转变这部分职工的思想认识，引导他们树立正确的世界观、人生观、价值观，需要传承好"毛泽东号"机车组的奋斗精神，用先进事迹感染职工、教育职工、激励职工，激发其奋斗热情。

二、工作成效

（一）精神传承和弘扬

2019年4月30日，习近平总书记在纪念五四运动100周年大会上的讲话中指出："我们要建设的社会主义现代化强国，不仅要在物质上强，更要在精神上强。"[①]"毛泽东号"机车组自1949年扎根京华大地以来，在激情燃烧的建设年代多拉快跑，在改革开放的洪流中破浪前行，在逐梦奔跑的新时代砥砺奋进，体现出首都工人大军强烈的大局意识和奋斗自觉，逐渐成为京铁人共同的价值信仰。

---

① 习近平：《在纪念五四运动100周年大会上的讲话》，人民出版社2019年版，第11页。

1. 升华为"京铁精神"

2014年,"毛泽东号"精神被确定为中国铁路北京局集团公司的企业精神,它是京铁企业文化的重要内容,也是新时期铁路精神的重要组成部分,这对于进一步凝聚激励职工、塑造企业形象、引领和推进京铁企业高质量发展具有重大意义。

集团公司采取举办报告会、宣讲会等多种形式广泛宣传"毛泽东号"精神,使之深入人心;在集团公司机关和丰台机务段建设"毛泽东号"展室,组织广大干部职工进行观摩学习;将"毛泽东号"精神写入局歌,组织干部职工广为传唱,使"毛泽东号"精神响彻京铁大地,成为引领京铁发展的不竭精神动力。

2. 提出京铁员工岗位准则

2020年,北京局集团公司党委把"毛泽东号"安全生产的基本经验进一步总结完善为"责任心+责任制+基本功=安全正点",并将其确定为京铁员工的岗位准则。这是继2014年把"毛泽东号"精神确定升华为"京铁精神"后,集团公司提高现代化治理水平、推进首善之局建设的又一重大决策。京铁员工岗位准则的确定,是京铁优秀传统文化的创造性转化和创新性发展,是京铁精神的进一步拓展和深化,是京铁文化体系的丰富和完善,是新时代确保京铁基业长青的重要举措。

为确保岗位准则落实落地,真正提升基层生产水平和质量,北京局集团公司统一部署,采取多种形式组织学习。一是专题学,将对"京铁精神"的学习纳入党委理论学习中心组学习、党支部"三会一课"、职工政治理论学习内容;二是创新学,通过干部宣讲、座谈交流、演讲比赛、书法绘画等形式，增强学习教育的感染力；三是结合学，与推进标准化规范化建设和诚信管理结合起来，与开展主题宣讲活动结合起来，与推动各项重点工作结合起来，实现干部职工受教育、重点工作有突破、首善之局建设上水平的目标。

3. 被纳入铁路红色基因

2021年，在党的百年华诞之际，国铁集团党组宣传部将十个具有鲜明时代特色和代表性的铁路精神纳入铁路红色基因，以展现党领导下中国铁路走过的光辉历程、取得的突出成就，使其中与生俱来、历久弥坚的红色基因在铁路改革发展的新征程中代代相传。

北京局集团公司"毛泽东号"机车作为唯一以伟大领袖名字命名的机车，从1946年诞生之日起便是铁路红色基因的鲜明载体。当时流传着这样一句话："铁道好比我们党的路线，车头好比共产党，车厢好比人民，毛主席就是这列火车的指挥人。"这句话反映出铁路工人坚定信念跟党走和敢于斗争的革命精神。"毛泽东号"在炮火硝烟的战争中奋勇直前，在激情燃烧的建设中多拉快跑，在改革开放的洪流中破浪前行，在逐梦奔跑的新时代砥砺奋进，历史的功绩承托起"毛泽东号"在新时代的精神分量。

（二）影响由点到面

为全面提升"毛泽东号"的引领示范作用，扩大"毛泽东号"的品牌辐射影响，北京局集团公司开展一系列宣传选树评比建设活动，以"毛泽东号"为标杆，全面提升基层治理能力和业务水平。

1. 面向专业人才，开展争当"毛泽东号"司机活动

2013年8月，北京铁路局党政工团决定继续深入开展学习"毛泽东号"精神，在机车乘务员中开展争当"毛泽东号"司机活动。这一活动旨在教育和引导广大干部职工坚持"人民铁路为人民"的宗旨，牢固树立报效祖国、服务人民的理想信念，践行当代铁路职工核心价值观；加强职工队伍建设，发挥先进典型的引领力，提升职工队伍的整体素质；激发干部职工始终保持良好的精神状态和高昂的工作干劲，积极推进北京局高质量发展。

评选活动以思想品德好、技术业务好、任务完成好、安全成绩好为标准，每年按全局机车乘务员、动车组司机总数的5‰命名表彰一批"毛泽东号"司机，以求真正把政治过硬、技术一流、业绩突出、职工信赖的先进典型评选出来，更多地带动影响身边人。

活动利用京铁企业号、《北京铁道报》、企业官方微信微博等载体，广泛宣传活动的重要意义以及活动的典型经验和特色做法，大力宣扬"毛泽东号"精神的内涵和"毛泽东号"司机的先进事迹，加强对青年司机的引导、培育和典型选树，营造出学习"毛泽东号"精神的浓厚氛围。

2. 面向基层组织，开展"毛泽东号"式班组建设

2020年7月，北京局集团公司党政工团作出深入开展"毛泽东号"式班组建设的决定。该决定旨在深入学习"毛泽东号"精神，扎实推进标准化班组建设，全面落实强基达标、提质增效战略部署，推进首善之局建设。这是集团公司党委、集团公司着眼创新发展提出的战略性任务，是强基固本、守正创新的系统工程，是夯实首善之局建设根基的品牌工程。

此次创建以过硬的政治素质、过硬的班组团队、过硬的业务能力、过硬的工作业绩为基本条件，以提高班组自我管理、自我控制、自我完善、自我发展的能力，真正形成自控、互控、他控、联控的全面管控体系。

为营造良好环境，集团公司上下大力宣传"毛泽东号"精神，推广"毛泽东号"班组管理经验，围绕"学习'毛泽东号'精神我们学什么、怎么学""践行'毛泽东号'班组管理理念我们做什么、怎么做""争创'毛泽东号'式班组我们干什么、怎么干"，组织开展专题讨论，迅速形成宣传学习"毛泽东号"精神的强大合力，为积极争创"毛泽东号"式班组凝聚共识。

3.面向社会大众，开放"毛泽东号"机车展室

2018年10月，"毛泽东号"新展室随丰台机务段搬迁至丰台区丰西北里75号院内，并对外开放。搬迁落成后的"毛泽东号"机车展室建筑面积1200平方米，较原展室增加600平方米。展示内容以时间轴为序，分为"奋勇支前　屡建奇功""艰苦创业　永不停轮""多拉快跑　安全正点""不忘初心　砥砺奋进""旗帜飘扬　永不褪色"和"红色基因　薪火相传"6个部分，展出实物50余件，手稿20余篇，照片百余张，雕塑、沙盘、车模共计12件。

如今，北京局集团公司丰台机务段"毛泽东号"机车展室不

但是丰台机务段进行段内培训、教育新人的阵地，还是部分北京市中小学以及高校进行爱国主义教育的基地，每年接待众多来自路外的参观者，成为宣传展示"毛泽东号"文化内涵的良好平台、全路爱国主义教育基地、铁路总公司党员示范教育基地。参观者在此可以全面领略"毛泽东号"半个多世纪的光辉历程、"毛泽东号"精神和基本经验，由此感受到中国铁路由小到大、从弱到强的发展史，并从铁路的视角感受国家巨大的发展变化。

（三）品牌价值彰显

进入新时代，"毛泽东号"机车组勇担举旗帜、聚民心、育新人、兴文化、展形象的使命任务，以文化赋能建班育人、业务精进、创新攻关、品牌打造等，取得突出成效。

1. 产业工人的代言人

2019年，中华人民共和国成立70周年之际，"毛泽东号"机车组被授予全国"最美奋斗者"集体称号，这是全国22个先进集体中唯一的交通运输战线集体，是几代"毛泽东号"人乃至整个产业大军队伍的无上荣光。

伴随新时代中国铁路事业的发展，"毛泽东号"涌现出一批劳动模范、先进典型。党的十八大以来，机车组有1名全国优秀共产党员、2名全国党代表、1名全国工会代表、2名全国五一劳动奖章获得者、1名全国"最美职工"、2名北京市党代表、2名北京市工会代表、2名首都劳动奖章获得者，1人任中华全国铁路总工会第十五届执行委员会副主席。

2. 安全生产的规矩人

截至2023年底,"毛泽东号"机车实现安全走行1227万公里,约等于绕地球赤道306圈。从货运到客运,从牵引"K"字头列车到"T"字头,再到现在的"Z"字头,从早期平均每十年完成一次百万公里,到现在平均每四年完成一次百万公里,"毛泽东号"运营的时间在缩短、速度在提升、难度也在增加。如今,"毛泽东号"机车组已经成为铁路系统组建时间最长、安全成绩最好、完成任务量最大的一线班组。

党的十八大以来,"毛泽东号"机车组先后荣获全国质量信得过班组、全国"最美奋斗者"等27项集体荣誉,其中省部级及以上集体荣誉9项。"毛泽东号"机车组总结提炼出了一系列先进作业方法,形成了具有时代特点的班组安全文化,有效推动了铁路行业安全生产高质量发展。

3. 创新攻关的领军人

自2012年创新工作室成立以来,"毛泽东号"机车组大力弘扬劳模精神、劳动精神、工匠精神,积极开展课题攻关,推进创新成果转化。工作室先后被北京市总工会批准成为市级职工创新工作室,2015年被集团公司工会命名为首批集团公司级"职工创新工作室",2020年被中华全国总工会授予"全国示范性劳模和工匠人才创新工作室"。

截至2023年底,创新工作室共取得创新成果66项,其中包含省部级2项、集团公司级33项、阶段性成果21项,获得国家专利9项、著作版权1项,成果转化16项,累计经济效益786万元。

三、经验启示

（一）坚持正确方向

方向决定道路，道路决定命运。回顾"毛泽东号"的历史，无论在解放战争时期、社会主义建设时期还是改革开放时期以及新时代，一条红线始终牵引和贯穿着一代代"毛泽东号"人，这条红线就是"听党话、跟党走""为党工作、为党尽责"的红色基因传承。

1.坚决做到对党忠诚

新时代传承弘扬"毛泽东号"精神，就必须坚持把安全作为铁路企业最大的政治、作为做到"两个维护"的根本体现，统筹发展和安全，以一点不含糊的工作作风为标尺，守底线、补缺陷、除隐患、防风险，保持铁路安全稳定，确保旅客和列车安全万无一失，筑牢安全防线，打实各项工作发展的坚强基石。

2.加强党对国有企业文化工作的领导

党的领导是中国铁路文化建设能够取得巨大成就的根本保障，"毛泽东号"文化建设之所以能够取得丰硕的成果，关键在于坚持以马克思主义为理论指导，坚持走中国特色社会主义文化发展道路。"毛泽东号"不断夯实铁路基层党组织建设和思想政治工作，通过强化使命引领、树立崇高理想、表彰先进典型发挥辐射作用，以文化之力凝聚人心、鼓舞干劲，从而为改革发展、安全生产提供强大支撑。

（二）坚持守正创新

"毛泽东号"在当代的价值不仅仅是它所代表的荣誉以及先进的生产力，还在于它具有的文化价值和凝聚人心的力量，不断启示我们只有扎实文化根基、坚定文化自信，才能鼓起奋发进取的勇气，焕发创新创造的热情。

1.彰显中华文明的突出特性

习近平总书记在文化传承发展座谈会上提出了中华文明的五个突出特性——连续性、创新性、统一性、包容性、和平性。"毛泽东号"精神是中华文明在铁路行业的具体体现，这五大特征在"毛泽东号"的发展历程中也得到彰显：其一，连续性。"毛泽东号"诞生于解放战争年代，发展轨迹历经国家发展的各个时期，其精神文化衍生与国家的自立—自强—自信相伴同行。其二，创新性。"毛泽东号"精神紧跟时代步伐，在实践中不断创新发展。"毛泽东号"的八种精神孕育于不同历史时期的实践土壤中，构筑起符合时代特征的"精神长城"。其三，统一性。"毛泽东号"精神虽在各时期表述各有侧重、不尽相同，但基本都是以安全为核心，以严谨为态度，以奋斗为品格。其四，包容性。"毛泽东号"精神并非封闭僵化，而是兼容并包，善于吸收优秀的养分，如"锹锹数、两两算，点滴节约汇大川"的精神就包含了科学管理的影子，对工具的研究、对动作的研究、对数量的研究到了精细的程度。其五，和平性。这种和平体现在"毛泽东号"人在急难险重面前的无畏担当，体现在他们对先进经验的无私分享，体现在他们时刻心怀"国之大者"。

2. 继承性与创新性的统一

"毛泽东号"精神映射中华优秀传统文化。"天行健，君子以自强不息"的奋斗精神、"鞠躬尽瘁，死而后已"的英雄气概、"常思奋不顾身，而殉国家之急"的担当情怀、"与时偕行，革故鼎新"的创新意识、"天下兴亡，匹夫有责"的历史责任感等中华民族爱国奋斗情怀都在"毛泽东号"机车组得以充分展现。

"毛泽东号"精神继承红色革命基因。革命战争时期，"毛泽东号"承担着运输部队和战略物资的光荣任务。"解放军打到哪里，铁路修到哪里，'毛泽东号'就开到哪里"，这种革命英雄气概充分体现了中国产业工人的革命性和进步性。

"毛泽东号"精神彰显社会主义先进文化。"毛泽东号"精神在继承中华优秀传统文化和红色革命文化的基础上，进行了创造性转化和创新性发展，它将爱国、敬业、诚信、友善的社会主义核心价值观与铁路工作实践有机融合，发展了社会主义先进文化，与现代企业制度的建立和企业发展相适应、相协调。

（三）坚持铸魂育人

新时代，发挥精神文化铸魂育人的功能十分重要，需要立足工作岗位，守初心、担使命，使文化之力真正发挥实效、落到实处。

1. 永葆为民服务情怀

"人民铁路为人民"是铁路人的初心。透过"毛泽东号"精神,我们能够看到他们把确保安全不是简单地定位在确保企业和自身利益上,而是定位在确保人民群众的生命和财产上,这不是一个简单的站位问题,而是重大的价值取向问题,"毛泽东号"人正是把"一心为人民"的崇高情怀作为高度负责的职业素养的逻辑原点。

从"毛泽东号"精神凝练出的"责任心+责任制+基本功=安全正点"的基本经验可以看出,其中的"安全正点"就是京铁人对牢记"人民铁路为人民"宗旨、坚持"人民至上、生命至上"的深刻体现。牢牢站稳人民立场,将满足人民对美好出行的需求时时放在心间,是"毛泽东号"人带给人们最大的触动。

2.奋勇担当时代使命

习近平总书记曾在全国劳动模范和先进工作者表彰大会上提到,社会主义是干出来的,新时代是奋斗出来的。作为新中国"最美奋斗者"先进集体,"毛泽东号"的出圈就在于永不停歇、永当先锋。"毛泽东号"人几十年信念不改、本色不变,安全成绩的背后,记述着他们对专业精神的质朴实践,诠释着"毛泽东号"善于担当的奋斗足迹。

近年来,"毛泽东号"涌现出的大批劳模、工匠皆是在自己岗位上兢兢业业、不懈钻研精进的奋斗者。无论是新线路、新规则还是新挑战,"毛泽东号"人即使不眠不休也要在第一时间拿下;无论是抗洪抢险、抗震救灾还是疫情保供,"毛泽东号"从来都是冲在最前端,这就是新时代"火车头"精神的最好诠释。

"三融三创"建强科技创新红色堡垒*

——中国航天科工二院二部指控总体党支部

科技自立自强是国家强盛之基，是建设世界科技强国的必由之路。党的二十大报告明确提出"坚持创新在我国现代化建设全局中的核心地位"。国有企业是中国特色社会主义的重要物质基础和政治基础，是党执政兴国的重要支柱和依靠力量。中国航天科工二院二部指控总体党支部作为首都科技创新型企业的一部分，致力于在科技自立自强上做强做优做大，争当履职尽责担当大任的排头兵，为首都国际科技创新中心建设贡献力量。基层党支部围绕落实国家创新驱动战略实施，梳理"三融三创"基层党支部科技创新战斗堡垒建设做法，为企业发展和首都科技创新发展注入创新动力。

一、主要做法

中国航天科工二院二部指控总体党支部紧密围绕"创新引领

---

* 作者简介：朱奕冰，中共北京市海淀区委党校（海淀区行政学院）教学部副教授；王玫，中国航天科工二院二部指控总体党支部书记、高级政工师。

发展"这个出发点，以建设"科技创新战斗堡垒"为目标，结合企业实际，通过"三个融入"实现"三个创新"，将科学家精神融入思想教育筑牢创新精神根基，将组织力量融入事业发展完善创新制度，将个人追求融入科技强国建设培育创新人才，把党支部建设成为企业有效实现党的领导的科技创新红色战斗堡垒，并因此被评为中央企业先进集体、二院先进基层党支部。

（一）思想为先，以爱国、创新弘扬家国情怀，解决"创新为谁做"

科学成就离不开精神支撑。党的二十大提出，要培育创新文化，弘扬科学家精神。中国航天科工二院二部指控总体党支部以党的二十大精神为指引，大力弘扬以爱国主义为底色、以创新为核心的科学家精神，带动党员群众迎难而上、攻坚克难，激发科研人员实现科技自立自强的勇气。

一是强化政治引领，弘扬以爱国为底色的科学家精神，筑牢科技创新的精神根基。党支部将学习贯彻习近平新时代中国特色社会主义思想作为首要政治任务，专题学习研读习近平总书记关于科技自立自强的重要论述。组织开展"一讲、二考、三实践"破冰行动，"一讲"即讲清楚为什么、是什么、干什么，看清楚机遇与挑战、责任与使命；"二考"指通过组织理论学习闭卷考试，加强学习效果；"三实践"指通过"岗位建功实践行动"，将通过学习汲取的力量用于提高设计水平、努力开拓创新，为实现航天强国做出贡献。通过讲专题党课讲清楚"创新驱动为什么""科技自立自强是什么""科技创新干什么"这三个问题。通过组织专题研讨和规划宣讲，看清楚当前束缚创新驱动的问题，看清楚实现高水平科技自立自强的机遇与挑战，看清楚建设科技强国肩负的使命与任务。党支部实施"科学家精神实践行动"，将科学家精神融入航天科研工作，点亮科技创新的爱国底色，引导广大党员主动作为，聚焦产业发展瓶颈和需求，加强科技创新与开放合作，加快突破受制于人的关键核心技术，形成领域内标志性创新成果；号召党员和干部职工将学习中汲取的力量转化为创新创造的勇气，争做重大科研成果的创造者，努力提高设计水平，努力开拓创新，坚决打赢关键核心技术攻坚战，发挥出推动科技创新的红色力量。

二是坚持创新驱动，弘扬以创新为核心的科学家精神，引领党支部创新文化。实践反复告诫我们，核心技术是要不来、买不来、讨不来的。党支部从国家层面的战略需求角度和企业的高质量发展角度审视自身创新文化建设的现状，开展"3+3"创新文化行动，深入实施集团公司、二院强根、铸魂、深融、固本、育才、正气"六大工程"。党支部从融入国家创新文化、融入区域创新文化、推动企业创新文化三个层级的目标出发，逐一梳理问题，制定实施了创新文化"3+3"行动，以机制创新、载体创新、模式创新为支撑，建立勇攀高峰、敢为人先的党支部创新文化。组织参观科学家精神教育基地，学习老一辈科学家的先进事迹；面向青年科技工作者开展"青年马克思主义者培养工程"，为青年科技人才成长提供精神支撑；将弘扬科学家精神纳入研究室文化体系，提炼科学家精神在科技创新中的现实对照；鼓励创新"冒尖"，通过党支部联建、共建为开展协同创新提供环境，着力促使创新成为企业内部共同的文化追求和行为习惯。

（二）实践为本，以求实、奉献锚定科学态度，解决"创新怎么做"

航天科研工作者创新精神的科学底蕴是弘扬追求真理、严谨治学的求实精神。开展创新工作不是一味地追求"新"，需要秉持科学的态度开展创新，这就需要党支部将党建与科技创新深度融合，将党支部的组织优势转化为推动科技创新发展的动力优势。

一是党支部发挥"两个作用"强化创新引领。科技自立自强是促进发展大局的根本支撑。党支部带领党员和干部职工奋力打好关键核心技术攻坚战，为2035年实现高水平科技自立自强、进入创新型国家前列的目标努力奋斗。党支部紧密结合创新项目立项、技术攻坚任务及时建立党员创新项目攻关团队，实现党建工作与重大工程"卡点"攻关同频共振；针对"桥头堡"项目建立联合攻关团队，聚焦"大国重器"设立关键技术攻关科技创新团队；围绕"预研创新"，鼓励党员"揭榜挂帅"担当创新先锋，带头啃"硬骨头"；党支部聚焦科技创新的薄弱环节和瓶颈问题，包产到户地设立党员责任田，推动创新制度的完善，大力推动科技创新领域专业师和项目师的有效"并轨"；甄选政治硬、业绩优、创新勇的党员创建党员创新岗，激发党员争当科技创新先锋的志气，让党组织的每个"创新细胞"都活起来、强起来，让党支部成为科技创新的战斗堡垒。

二是党支部发挥组织优势推动企业创新发展。对于航天企业来说，科技创新的成果要用完成任务的质量作为检验，要将企业高质量发展作为践行"两个维护"的试金石。推动实现高质量发展，要求以创新为动力提质增效。提质，要求提高精品意识；增效，要求缩短研发周期，这需要通过提高企业的科技创新能力来实现。党支部推动模式创新，以技术骨干党员为核心，成立13个创新技术小组，覆盖全部专业方向，从专业角度帮助创新团队解决技术难题。新模式的实施，让创新力量劲往一处使，起到了"1+1＞2"的效果。此外，党支部还以信息化、数字化与智能化为科技创新赋能，不断提高科技研发效率。党支部通过红色领办项目等多种模式打通协同创新的桥梁，建立融合创新的环境，推动企业充分发挥创新主体作用，实现产学研用融合创新，同时孵化创新平台，加速创新成果应用转化，优化创新资源配置，抢占技术制高点。

（三）人才为基，以协同、育人实现薪火传承，解决"创新谁来做"

党的二十大报告指出，要推动创新链、产业链、资金链、人才链深度融合。党支部坚持人才资源是第一资源，创新是第一动力，持续培育航天科研工作的创新力量，在科研创新实践中发掘和培养人才，激活航天科技创新中的人才要素。

一是党支部开拓"创新资源池",推动协同创新。党支部梳理和管理推动各级创新平台、创新通道。在创新平台资源方面,主要包括国家级重点实验室,省部级重点实验室和工程中心,创新产业联盟,集团级、院级、厂(所)级自主创新基金等,还包括各级"创新特区"、创新团队等。在创新活动资源方面,包括国家级"双创"竞赛和展会,省部级、行业内创新大赛,企业和群团组织举办的创新交流活动。在创新成果资源方面,建立创新成果资源库,形成创新成果"树",为创新成果转化和利用提供基础。"两弹一星功勋奖章"获得者黄纬禄院士提出的有问题共同商量、有困难共同克服、有余量共同掌握、有风险共同承担的"四共同"原则是航天工作的金科玉律,是大力协同的精神体现。党支部通过联建、共建促进创新资源协同,采取"加减融合"法来加强基层党支部协同创新能力建设:其一是在创新聚智上做"加法",发挥业务相近、地域相邻等"联合"优势,在支部共建过程中共享创新资源,取长补短、互相促进;其二是在创新链条上做"减法",通过支部共建搭建沟通的桥梁,建立创新绿色通道,设立创新论坛,开展创新交流,组织开展创新成果竞赛,整合创新团队的力量,集中力量破解创新难题。

二是践行"人才强企"战略,加速推动科技创新人才培养进程。针对当前对创新人才的迫切需求和创新人才成长面临的问题,党支部在"人才强企"战略实施的背景下,明确"两个更加"的人才培养思路:其一是创新人才培养更加精准。对拔尖创新人才定向培养,从创新知识、创新能力、创新素质三个维度为

161

创新人才量身定制培养计划，开设"指控新学堂"前沿创新课程。其二是建立创新人才"四维画像"，让党支部在创新人才培育上有章可循。"四维画像"的四个维度分别是理想信念、技术水平、协同能力、创新激情。党支部选拔培养信念坚定、技术水平高、协同能力强、富有创新激情的科技工作者参与到创新活动中。其三是加强创新团队培育，选优配强创新团队"领头雁"，强调其具备四种能力：需求牵引能力（引）、文化凝聚能力（导）、团队塑造能力（管）、创新攻关能力（创），简称"引导管创"；同时配备创新导师，加强创新方向的引导和过程指导，建设团队创新理念、文化、制度，形成"立体创新矩阵"，持续激励创新正能量。通过创新激励、成就激励多种激励因素有机结合，使创新人才获得荣誉感、成就感、获得感，多措并举激发创新人才的潜能。

二、工作成效

（一）聚焦创新驱动，形成了坚定走中国特色自主创新道路的创新文化

在思想上，通过大力弘扬科学家精神，在基层党支部牢固树立了重视科技创新、敢于创新创造的科研工作导向，强化了勇攀高峰、敢为人先的创新精神，坚定了科技工作者坚持走中国特色自主创新道路的决心，形成了把科技命脉牢牢把握在自己手中的

共识，建立了爱国、创新的精神根基。一线科研人员对新发展理念有了更深入的理解和认识，实现了科研观念的转变，强化了"抢占技术制高点"的意识。在行动上，科研人员时刻牢记实现科技自立自强的使命与担当，牢记作为"国家队"必须心系"国家事"、肩扛"创新责"、胸怀"国之大者"的科技创新使命感，创新的自信不断增强，主动将追求卓越与创新创造相结合，走出了"舒适区"，勇闯"无人区"。党支部形成了科技创新"支部领航、先锋领队、党员领跑"的活跃局面，涌现出一批技术创新小组、党员创新团队，创新工作室获得五星级评价，成为指控专业技术创新孵化的温床，先后获得院级优秀党支部、中央企业政研成果奖等荣誉，为深入推动企业创新驱动发展战略的实施注入了创新文化动力。

（二）聚焦主责主业，打造科技创新红色堡垒的创造活力

党支部作为科技创新战斗堡垒，聚焦主责主业开展科技创新，使得一批"大国重器"在航天科研工作者手中创造出来，一批创新项目孵化出来，一个个竞标项目获得立项。在创新竞赛中，斩获全国兵棋推演大赛专项赛特等奖和一等奖，并先后获得了国家科学技术进步奖、国防科技进步奖多项，连续两年获得总体部"金杯"，创新成果亮相中央企业创新展、珠海航展。"创客空间""指控创新沙龙""未来指挥所"等创新品牌和"创新引领计划""知识共享计划"等系列措施充分激发了基层设计师的创新活力。《指控前沿瞭望》科技创新期刊年发布量达到20期，在创

客银行、创新基金、青年创新奖励等创新评比中获多个奖项。在创新项目涌现的同时，具有自主知识产权的成果不断积累，建立了"云雀"智力成果共享平台，智力成果转化还取得了较好的经济和社会效益，党支部也成为先进防御指挥控制领域的领军者，被授予中央企业先进集体荣誉称号，为首都科技创新中心建设增添光彩。

（三）聚焦人才战略，逐步形成协同、育人的科技创新人才培养模式

党支部对科技创新人才的自主培养能力不断加强。在创新人才培养计划方面，形成了"扬帆行动"创新人才培养品牌，建立了启航、领航、远航三个阶段的培养模式，提供覆盖全周期的优质成长资源和环境，正向促进创新人才成长。在创新人才培养阵地建设方面，形成了以创新工作室、技术创新小组、项目创新团队为支撑的人才培养阵地。在创新人才培养制度保障方面，形成了一套制度七项措施，包括"种子、土壤、成果"三级人才成长管理体系和"聚力、活力、动力"三项人才提升管理措施，固化了"导师带徒、一人一策、创新实战"三项支撑措施，建立了"创新项目重点攻关任务榜"常态化激励措施，在资源和制度上保证了创新人才的培养需求。在这一人才培养模式下，中国航天科工二院二部陆续培养出了一批高站位、宽视野、讲奉献、勇创新、敢担当的优秀创新带头人，包括"首届感动海淀'巾帼榜样'"人物、集团级科技创新拔尖后备人才、优秀后备人才，院

级青年岗位能手、院级优秀主任设计师等一大批科技创新人才和创新团队脱颖而出，创新人才竞相涌现。

三、经验启示

习近平总书记在党的二十大报告中强调，"把基层党组织建设成为有效实现党的领导的坚强战斗堡垒"[①]。这是坚定党建引领、聚焦战略实施、强化基层党支部战斗堡垒建设的实践要求。按照党的二十大的决策部署，党支部要坚持科技是第一生产力、人才是第一资源、创新是第一动力，着力分析自身特点、使命、定位、优势，坚持党建引领，激活创新发展新动能。党支部结合自身实际回答"创新为谁做""创新怎么做""创新谁来做"三个问题。

一是大力弘扬以"爱国为底色，创新为核心"的科学家精神，将科学家精神融入思想教育，筑牢创新精神根基，培育具有企业特色的创新文化，激活"勇攀高峰、敢为人先"的创新精神力量。

二是充分发挥组织优势，将组织力量融入事业发展，完善基层创新制度，将党支部工作与科技创新深度融合，将党支部的组织优势转化为推动科技创新发展的动力优势。

[①] 习近平：《高举中国特色社会主义伟大旗帜　为全面建设社会主义现代化国家而团结奋斗——在中国共产党第二十次全国代表大会上的报告》，人民出版社2022年版，第67页。

三是准确把握科技创新和人才成长的科学规律，将创新人才个人追求融入科技强国建设，多措并举激发人才的创新创造活力，在科研创新实践中发掘和培养高水平人才队伍，为科技创新提供动力之源。

四是把大力弘扬科学家精神作为建强党支部科技创新红色战斗堡垒的精神根基和推动党支部工作的有效途径。中国航天科工二院二部指控总体党支部作为国有企业基层党支部，始终以实现高水平科技自立自强为己任，主动肩负起建设科技强国的重任，把个人追求融入中国特色社会主义现代化强国建设的新征程中。在上级党委的引领下，党支部大力弘扬爱国、创新、求实、奉献、协同、育人的科学家精神，引导广大航天科研工作者为首都科技创新高地建设贡献力量，为新时代建设科技强国注入源源不断的发展动力。

"三融三创"的建设方法打造了党支部科技创新的红色战斗堡垒，在"强根铸魂"引领创新精神、"深度融合"推动企业创新、"科学育人"激发创新动能三个方面推动创新驱动发展战略实施，实现党建工作与科技创新工作的深度融合。

京味文化

"大戏看北京"文化名片建设的实践与思考*

党的十八大以来，以习近平同志为核心的党中央高度重视文艺工作。习近平总书记2014年《在文艺工作座谈会上的讲话》、2016年《在中国文联十大、中国作协九大开幕式上的讲话》、2021年《在中国文联十一大、中国作协十大开幕式上的讲话》等重要论述，为新时代中国特色社会主义文艺工作指明了前进方向，提供了根本遵循。近年来，北京市依托全国文化中心这一得天独厚的演艺资源优势，通过"大戏看北京"文化名片建设，在推进精品创作、打造演艺空间、强化演艺运营、创新演艺业态、活化演出消费和促进行业交流等方面深度发力，致力于形成经典剧目荟萃、国际演艺节展汇集、国际知名大师云集的演艺发展格局。作为贯彻落实习近平总书记关于文艺工作重要论述的首都实践，"大戏看北京"文化名片建设既是深入推动首都文艺精品创作生产、着力打造"演艺之都"的重要举措，也是推动国有文艺院团深化改革发展和支持民营文艺团体改革发展的有力抓手，对繁荣发展首都文艺、服务全国文化中心建设有着突出贡献。

---

* 作者简介：王田，中共北京市委党校（北京行政学院）哲学与文化教研部讲师。

一、主要做法

2021年7月19日，时任北京市委书记蔡奇在北京人艺国际戏剧中心和吉祥戏院调研文艺设施建设并主持召开推进全国文化中心建设领导小组专题会，提出努力创作更多精品力作、打造"大戏看北京"文化名片。打造"大戏看北京"文化名片以来，北京市加强组织领导，整合创作力量，支撑重点剧目演出，培育多元演出空间，加大宣传推介力度，提高市场运营能力，走出了一条北京"有大戏"、北京"演大戏"、大戏"走出去"的首都特色文艺发展之路。

（一）北京"有大戏"

1. 重视题材

按照市推进全国文化中心建设领导小组关于统筹全市优秀舞台艺术创作规划和选题策划的工作原则，北京市主动与中宣部、文旅部、中国文联年度重点工作对表，对接中国当代文学艺术创作工程规划、国家舞台艺术精品创作扶持工程，制定了《关于推动重大主题艺术创作三年行动计划（2022—2024）的工作方案》，着力推动重大题材、现实题材、北京题材等重大主题舞台艺术创作；同时，按照不同剧种和舞台艺术类别，向在京民营文艺院团和文化演艺机构发布戏剧精品工程，并组织遴选其中的精品戏剧。

2. 重视剧本

一是强化文学对于剧本的母体作用，统筹北京剧协、老舍文学院和十月文学社等工作力量，承担服务编剧、小说改编、IP引进、转化对接等服务职能；引导编创人才以文化交流、文艺沙龙等丰富形式开展创作采风，深扎人民现实生活；依托老舍青年戏剧文学奖励扶持计划、北京市文学艺术奖戏剧作品评选和北京文化创意大赛，通过优化奖项设置结构、增设"戏剧剧本"主题赛道的方式，重点奖励戏剧文学和剧本创作优秀人才。二是创新剧本创作模式，广泛采用引进、招标、聘请、委约、联合攻关等社会化运作方式，鼓励和吸引国内外优秀编创人才参与市级重点和重大创作项目。三是加强对重点剧本的长线指导和跟踪扶持，通过专家咨询委员会"一对一"审看和资金倾斜等方式，对重点剧本进行全流程指导和跟踪问效。

3. 重视主创

一是出台编创人才推荐规范并组建涵盖文学、戏剧、音乐、舞蹈、曲艺、杂技六个艺术门类的编创人才库，搭建起覆盖编剧、导表演、制作、评论及媒体5大类近百位戏剧演出领域的"专家库"，舞台领域创作选题"种子库"和"剧本库"，为创作大戏做好各方面准备。二是发挥在京艺术高校和文化机构的人才培养作用，以演员培养班、委培代培联合培养等多样化方式加大对编、导、演人才的培养培训。三是制定并出台《北京市艺术专业人员职称评价基本标准条件》，进一步深化文学创作、演职人员和舞美设计等艺术专业人员职称制度改革。四是打造并上线

"北京文艺家"服务平台，开放身份认证与查询、会员积分、活动签到、创展空间和票务预约等功能，为全市文艺工作者和文艺爱好者提供专业优质的服务。

（二）北京"演大戏"

1. 剧场建设

一是对老旧剧场设施进行改造，用好闲置剧场资源；同时，积极解决市属文艺院团场团融合度不高的突出性问题。目前，市属文艺院团中，北京人民艺术剧院拥有5个剧场，但仍有8家国有文艺院团没有固定演出剧场。针对场团融合率低这一问题，北京市加快推进完成"一团一场"建设任务。2023年底，城市副中心剧院"北京艺术中心"投入使用并对外开放，全国地方戏演出中心维修改造项目正式开工，北方昆曲剧院的北昆国际文化艺术中心建设项目持续推进。未来几年，北京交响乐团将落户台湖演艺小镇，北京歌舞剧院、京南艺术中心和中国杂技艺术中心三大项目也将投入使用。

二是鼓励建设以会馆、古戏楼、文化设施公共空间为核心的"演艺新空间"。2021年下半年，北京市推进全国文化中心建设领导小组研究制定《关于推动文艺院团演出进会馆旧址的工作方案》，旨在打造会馆演艺新空间。东城区颜料会馆、西城区湖广会馆先行先试，将会馆空间与演艺资源对接交融，持续打造"会馆有戏"文化品牌。2022年，拥有百年历史的吉祥大戏院和正乙祠重张启幕，北京国际戏剧中心建成并正式投入使用。2023年五一前夕，东城区授牌了首批5处"小而精、小而美"的演艺新空间，分别为大麦新空间——当然有戏沉浸式剧场、笑果工厂隆福寺店、颜料会馆、77剧场和南阳共享际，这也是北京市首次试点为演艺新空间授牌。

三是针对现有专业剧场总量居全国首位，但分布比较分散，无法形成类似"百老汇""伦敦西区"等有影响力的演出品牌这一现状，北京市结合国际消费中心城市建设，积极培育王府井、前门、三里屯、隆福寺等重点商圈，打造前门京味文化体验区、天桥现代演艺群落、三里屯时尚演艺街区等演艺聚集区；发挥国家大剧院、天桥艺术中心、首都剧场、保利剧院等文化地标的辐射带动作用，形成话剧、歌剧等多样态的演艺功能区；利用环球主题公园的演艺溢出效应，打造台湖特色演艺小镇等演艺群落。

2.展演平台

一是积极与国家级展演项目和中央在京文化机构对接，与文旅部共同主办了"新时代舞台艺术优秀剧目展演"，十三届中国艺术节、中国儿童戏剧节、中国戏曲文化周等高规格的国家级文艺盛会相继在京开幕，为来自全国各地的优秀舞台艺术作品提供了展演平台。

二是发挥北京作为国际交往中心的作用，相继举办"相约北京"国际艺术节、中国（北京）演艺博览会、北京国际青年戏剧节、国家大剧院国际戏剧季"柏林戏剧节在中国"、"首都剧场精品剧目邀请展演"子品牌"中外艺术家高端对话"、海峡两岸暨港澳地区校园戏剧展演、国际大学生演出季等多种类型的戏剧节庆活动，持续为海内外优秀剧目搭建交流平台。

三是市级层面相继策划并主办了"大戏看北京"展演季、"北京故事"优秀小剧场剧目展演、老舍戏剧节等，营造了浓厚的戏剧文化氛围。拥有大量优质戏剧资源的东城区，基于"戏剧东城"的发展定位，举办"好戏东望·南锣鼓巷戏剧展演季"。西城区也依托天桥艺术中心，举办"天桥春至·北京（演艺）文化创新发展论坛"和"天桥·华人春天艺术节"，展现了各区对于繁荣舞台艺术的决心和行动。繁星戏剧村的"当代小剧场戏曲艺术节"、鼓楼西剧场的"独角戏剧节"等，观众反响强烈，同样是"大戏看北京"的重要品牌资源。

（三）大戏"走出去"

1. 全链条扶持

近年来，北京市陆续打出了成立剧本创作及选题孵化平台、北京文化艺术基金、剧目排练中心、北京市剧院运营服务平台（后提升为北京市演艺服务平台），出台《北京市演艺服务平台项目资助管理办法》等政策"组合拳"，全链条式扶持精品艺术生产。其中，全市剧本创作及选题孵化平台从戏剧创作源头剧本抓起，开展全国范围的剧本征集，组织剧本选题策划和深扎采风活动，夯实艺术创作的基础；北京文化艺术基金是2016年发起设立的全国首支省（市）级文化艺术基金，重点围绕舞台艺术创作、文化传播交流、艺术人才培养三大领域展开资助；北京剧目排练中心是全国首个公共排练服务平台，通过政府购买服务的方式，整体租赁并改造老旧厂房，以解决各类艺术团体排练难、排练贵的实际问题；北京市演艺服务平台则是全国首家剧院运营服务平台，通过政府采购剧场资源演出场次的方式，以零场租或低场租提供给剧团，被称为"文化供给侧结构性改革的一次崭新尝试"。

2. 多渠道融资

一是统筹使用北京市宣传文化引导基金、北京文化艺术基金、中轴线保护公益基金等保障性基金。二是在北京文化发展基金会设立了"大戏看北京"创作扶持专项基金及其管委会，积极调动社会力量、募集社会资金，作为政府类扶持基金的有力补充。三是针对民营文艺院团起步资金短缺的现状，北京市创新金融资本、社会资本与文化资源相结合的方式，以北京银行文创支行为代表的金融机构积极探索版权质押担保的增信方式。同时，由于文学作品、音乐、剧本等无形文化资产的版权评估模式各有不同、价值认定相对困难，北京市依托北京文化产权交易中心为文艺作品知识产权的质押、评估和定价拓宽了渠道。

二、经验启示

（一）强化精品创作导向，打造京制精品

"大戏看北京"中的"大戏"所涵盖的艺术门类重点指戏

剧，也包括音乐剧、舞剧、相声剧和杂技剧等在内的舞台艺术；"大戏"所涉及的过程环节包括从剧本创意、项目孵化、排练打磨到表演展演的全产业链条；"大戏"所体现的内容质量必须是精品好戏，不仅制作精良、艺术精湛、思想精深，还要为广大群众所喜闻乐见。

一是坚持主题规划和精品遴选相结合，实现重大主题题材策划和商业戏剧、先锋实验戏剧等舞台艺术精品的百花齐放；二是坚持广泛培育和重点扶持相结合，不仅在创作阶段建立了剧本原创生产和剧目引进转化工作机制，还在项目孵化阶段建立了长线指导和重点剧本的扶持机制，全方位支持和加强优秀剧本建设，为推出有潜力冲击国家大奖的精品剧目奠定基础；三是整合以编剧、导演和演员为核心的创作力量，调动主创主演们的积极性、主动性和创造性，切实发挥市属文艺院团精品创作的主力军作用和民营文艺院团的"文化湿地"作用。

（二）拓宽表演展演平台，形成京演机制

剧场是落实以演出为中心环节的重要文艺设施。在一体化推进剧场建设方面，北京市统筹了"新"与"旧"、分散的公共文化服务和聚集的文化产业发展等关系，不仅盘活现有的存量剧场，积极拓展演艺新空间和新建剧场剧院的增量，更在产业聚集上下功夫，打造聚集式演艺群落。

精品剧目常演、多演才有生命力。在立体化打造展演平台方面，北京市统筹了"都"与"城"、国内与国际、市级与区级、

市属与民营等多种关系，不仅积极争取国家级展演资源，还把市级、区级文化力量充分调动起来，实现国、市、区三级共同搭建演出平台的联动机制，同时形成了国际精品在京交流、国内精品在京会演的良好局面。

（三）统筹协调资源配置，助力京作发展

一是强化组织领导。北京市制定出台了《推进"大戏看北京"工作方案（36条）》，设置由市委宣传部、市文旅局和市文联组成的"大戏看北京"工作专项推进组，将推进全市文化艺术特别是精品文艺创作生产纳入市推进全国文化中心建设领导小组框架，并在市委层面议事协调、统筹调度，为解决事关"大戏看北京"的体制机制和政策条件约束提供了高位推动的组织领导和制度框架，确保全市精品文艺创作生产能够"一张蓝图绘到底"。同时，制定并出台了推进"大戏看北京"工作重点任务清单（60项），提出了事关大戏生产、发布、表演、布局、宣推等关键环节的具体任务，并匹配了相应的工作责任单位和完成时限，形成了比较周密的工作逻辑。二是加强资金支持。北京市不仅出台政策组合拳，全链条式扶持精品艺术生产，还集成各类资金，引导多渠道融资，更对基金资助结构和资助方式进行优化调整，引导基金倾斜重点剧目的同时对其进行分阶段滚动扶持，加大了事后奖励力度，注重艺术呈现效果的评价作用。

三、问题反思

（一）进一步做好文艺人才资源的专业布局和层次梯队，防止人才外流

北京作为全国文化中心，汇聚了全国80%以上的顶尖文艺人才，但目前出现了文艺人才资源挖掘利用不足、文人资源流向全国各地的问题。例如，近年来各地涌现出一批具有影响力的戏剧节，幕后团队大多来自北京：濮存昕发起的四川大凉山国际戏剧节、孟京辉担任艺术总监的河北阿那亚戏剧节、黄磊发起的浙江乌镇戏剧节，影响力都超过了北京的老舍戏剧节、北京国际青年戏剧节。

文艺人才资源流向全国，究其原因，一是被各地的创作项目所吸引，一些艺术家认为外地的创作机会多、劳务高、题材丰富，同时，北京的艺术家在地方院团可以得到充分尊重，获得更多的创作话语权；二是被各地的待遇环境所吸引，全国多地相继出台人才引进政策，不仅为人才提供重要工作岗位、给予更高的专业技术职称，还配套落实安家费、科研经费等奖励措施。

除了人才外流，文艺人才的专业布局和梯队建设也迫在眉睫。戏剧创作首先需要剧作家，而现状是年轻一代中能够创作戏剧文本的编剧很少，既懂商业运营又懂演出质量的执行制作人也少。下一步应该合理配置各专业门类的创作人才，尤其是重视培养业界"大腕"和复合型人才。此外,目前首都文艺界的中坚力量主要是"50后""60后""70后",相比曹禺20多岁写作《雷雨》、焦菊隐不满30岁便开始发布作品,推进"大戏看北京"更应该给年轻创作者更大空间,将人才培养重点放在可塑性较强的中青年群体上,形成以"50后"—"70后"为保障、"80后"—"90后"为中坚、"00后"为储备的人才结构体系。

(二)进一步畅通首都文艺院团之间的合作渠道,创新运营模式

截至2022年7月,北京共有745家表演艺术团体,其中民营院团占比超过九成。2021年6月,文化和旅游部、民政部、财政部、人力资源和社会保障部、税务总局、市场监管总局六部门联合公布《关于营造更好发展环境支持民营文艺表演团体改革发展的实施意见》,意见指出,要为民营文艺团体进一步提供公平公正的发展环境以及更加广阔的发展空间。民营院团自力更生、视野宽阔、做戏投入且行动力强,是北京演出市场票房收入的主要贡献者,因此应对他们给予足够关注,多一些政策帮扶。

一方面,市属文艺院团与民营文艺团体之间的合作运营存在阻碍,二者各有优势各有特色,但合作渠道目前尚未打开。民营演出机构具备灵活性和市场运作能力,市属文艺院团则专业人才济济,如果能够展开稳定合作,联合复排经典剧目或者共同创排兼具社会效益和经济效益的新作品,定会实现共赢。另一方面,民营文艺院团与文化主管部门之间也缺少沟通渠道,更多靠的是人际关系而不是机制保障,因此应进一步有效调动民营文艺团体的活力,增进市属文艺院团和民营院团两股力量的紧密合作,推动首都文艺朝着更高层面发展。

(三)进一步促进文化、科技、旅游深度融合,提升品牌影响

2021年4月,文旅部印发《"十四五"文化和旅游科技创新规划》,要求充分践行科技为文化和旅游赋能的理念。北京既是科技创新中心,又是世界文化旅游名城,应当在"文化+科技""文化+旅游"方面大胆探索尝试,力争打造在国内外具有影响力的驻场演出、实景演出品牌。目前,"大戏看北京"作为一个公共文化品牌,还处在品牌形成期,不仅戏剧节品牌的全国影响力不足,而且也缺乏现象级驻场演出和实景演艺品牌。在此背景下,首先应多维推动演艺与科技融合发展,持续做好"上云用数赋智"①,打造类似《唐宫夜宴》等出圈的文艺节目;同时探索文化旅游融合发展,结合首都"四个文化"发展主题,基于《茶馆》《雷雨》等经典剧目,打造类似于《印象刘三姐》《长恨歌》《又见平遥》《只有河南·戏剧幻城》等具有北京特色的实景演出

---

① "上云用数赋智"行动是指通过构建"政府引导—平台赋能—龙头引领—协会服务—机构支撑"的联合推进机制,带动中小微企业数字化转型,具体而言,"上云"重点是推行普惠性云服务支持政策,"用数"重点是更深层次推进大数据融合应用,"赋智"重点是支持企业智能化改造。"上云用数赋智"行动为企业数字化转型提供能力扶持、普惠服务、生态构建,有助于解决企业数字化转型中"不会转""没钱转""不敢转"等问题,降低转型门槛。

品牌。其次，北京演出市场的宣传营销力度不够、方法不足，普遍缺乏有效新颖的深度宣传营销，缺少从消费者需求角度开展的服务式营销，新媒体营销阵地有待拓展发掘。

传承"京作"非遗文化
推动"老字号"转型升级*

——金隅龙顺成文化创意产业园改造的实践与启示

党的十八大以来,习近平总书记先后11次考察北京,21次对北京工作发表重要讲话,深刻回答了"建设一个什么样的首都,怎样建设首都"这一重大时代课题,为做好新时代首都工作提供了根本遵循。特别是2014年2月,习近平总书记考察北京时,对北京的核心功能进行了明确定位,即全国政治中心、文化中心、国际交往中心、科技创新中心,要求努力把北京建设成为国际一流的和谐宜居之都。从此,北京开启了新时代全新的城市格局重塑。

在文化中心建设上,北京努力践行总书记指示要求,陆续出台了《北京市推进全国文化中心建设中长期规划(2019年—2035年)》等一系列规划、政策,形成了古都文化、红色文化、京味文化、创新文化的基本格局和"一核一城三带两区"的总体框架,各项建设工作加速推进并初见成效。

---

* 作者简介:朱岩,北京金隅新型建材产业化集团有限公司党委书记、董事长。

金隅集团是北京市属一级企业，前身是北京市建材局，目前已成为总资产近3000亿元、年营业收入超过1200亿元的"A+H"上市公司，主营业务为绿色建材制造销售和房地产开发运营。金隅集团坚决贯彻党中央和北京市委的各项决策部署，在北京"四个中心"建设上，利用疏解非首都功能腾退出的国土空间，先后建成金隅智造工场、龙顺成"京作"非遗文化创意产业园、琉璃文化产业园、怀柔丘成桐数学研究院等科技创新和文化创意项目，实现了既"腾笼"又"换鸟"，多次得到市委、市政府主要领导的肯定。同时，作为国企，金隅集团在积极助力"四个中心"建设的同时，在以科创和文化项目带动自身产业发展和动能转换上持续用力，不断探索新的商业模式和盈利模式，力求实现项目的可持续发展和自身传统产业的赋能升级，做到"好看又好吃"。

本文以金隅集团旗下天坛家具股份公司的龙顺成"京作"非遗文化创意产业园项目为例，介绍金隅集团在北京文化中心建设和传统"老字号"产业转型升级上的一些经验和思考。

一、产业背景

（一）龙顺成公司及"京作"非遗概述

北京龙顺成中式家具有限公司（以下简称龙顺成）是金隅集团下属的百年老字号企业，其历史可追溯到1862年（清同治元年），由清宫造办处匠师王永顺在北京创立，至今已有160余年历史。1956年，龙顺成与兴隆木厂、广兴桌椅铺等34家其他造办处匠人商号公私合营，成立龙顺成木器厂（北京市硬木家具厂），由此，造办处京作家具传承技艺全部汇聚于龙顺成，龙顺成成为中国中式硬木家具行业代表性企业。1993年，龙顺成被认定为"中华老字号"。2008年，龙顺成"京作硬木家具制作技艺"被文化部（现文化和旅游部）列入"国家级非物质文化遗产名录"。龙顺成也成为家具行业中唯一的"国家级非物质文化遗产"技艺传承单位、唯一的"中华老字号"、传统古典家具行业中唯一的国企。非遗传承人刘更生（现为龙顺成总经理助理）获评2021年"全国大工匠年度人物"。

龙顺成硬木家具的"京作"技艺是中国三大家具制作流派之一。在历史上，京作家具制作流派是由于北京皇宫建设需要，将苏州和广州两地匠人汇集于京城，根据皇家生活需求形成的。京作家具在三大家具流派中也有"官造"家具之称，是传统家具文化中的"集大成者"，代表着具有中国哲学思想、中国人文道德、中国样式、中国营造的生活文化和美学表达。

京作家具是基于北京皇家生活起居的特殊要求而制作的，原料使用紫檀、黄花梨、红酸枝等名贵木材；制作技法上采用榫卯斗合的方式，控制木材变形、缩胀，经久耐用；造型上具有体态豪华、凝重宽大、雍容华贵的特点，是明清历史文化的重要载体，也是古都文化和京味文化的重要组成部分。

（二）发展过程中所面临的问题

龙顺成作为传统制造型企业，虽然在历史上取得过一些业绩，但随着时代的发展，企业经营也面临着一些新的问题：

1. 厂房设备陈旧老化

龙顺成厂区位于永定门外大街64号，占地9564.68平方米，厂区内设有办公楼、生产厂房、库房和食堂、宿舍、电力室等配套设施。随着北京市疏解腾退工作的开展，龙顺成的生产厂房、库房搬迁至郊区和京外，厂区内仅存办公、古旧家具修复和销售展厅功能，部分房屋空置。由于厂区内的建筑主要在20世纪80年代建成，房屋多为砖混结构，有少许房屋外立面存在剥落现象，内部装修陈旧，设备设施老化严重，时至今日，园区基础设施已经无法与龙顺成京作硬木家具的产品形象相匹配。

2. 产能难以实现较大增长

龙顺成作为依托传统非遗技艺传承发展的企业，一直秉承"京作"传统技法和真材实料，产品基本利用名贵木材采用纯手工制作，无法实施机械化生产。受技术工人人力限制，硬木家具产量很难取得较大突破。

3. 供应客户群体受限

硬木家具整体价格较高、样式传统、客户群体较小，虽然在业内享有盛誉，但也很难扩大客户范围。龙顺成营业收入规模一直在6000万元左右徘徊，虽然收益率可观，但经营规模的持续增长陷入瓶颈。

（三）发展转机——产业园区的由来

1. 龙顺成转型升级的需求

龙顺成为顺应市场变化，统筹"京作"非遗技艺的保护传承和产业持续发展，提出以非遗文化为核心，打造产品、收藏、文化、服务四大业务板块，构建具有龙顺成特质的产品业务生态圈。龙顺成力求以文化传播的形式创新广告宣传模式，提升硬木家具的市场份额，以文玩产品、文化活动为非遗载体，创造新的盈利模式，不断提升龙顺成的品牌影响力和盈利能力。

基于上述战略安排，龙顺成原有的生产基地已经不能满足未来发展的需要，需要重新进行布局和调整。

2. 冬奥会文化交流的需求

2021年，天坛家具公司和龙顺成共同成为冬奥会和冬残奥会官方生活家居供应商，龙顺成提供了冬奥会中国传统文化展陈空间、重要领导接待空间的全部中式家具。在与冬奥组委的业务接触中，龙顺成非遗技法的内涵、产品品质、历史传承受到冬奥组委相关部门的极高评价。双方经过进一步协商，拟将龙顺成永外厂区进行改造，作为冬奥会官方系列文化交流指定场所。

二、主要做法

（一）金隅龙顺成"京作"非遗文化创意产业园的改造思路

以北京市"四个中心"城市战略定位发展要求以及南中轴的

规划为遵循，金隅集团将原厂区打造成为金隅龙顺成"京作"非遗文化创意产业园。新园区设计紧紧围绕"京作"非遗文化产业生态新发展定位，打造以龙顺成文化承载为核心、京作家具展销为支撑、文创产品开发和活动组织为特色的非遗文化传承创意园区，打造以购、礼、游、教为一体的文化生活空间。

在这一改造思路下，园区建筑外立面采用灰砖和榫卯的主题元素以体现中国传统大木作风格，在突出自身特点的同时，与古都皇城的环境融为一体。园区内利用原有建筑，改造建设北京龙顺成"京作"非遗博物馆、古旧家具文物修复中心、家具销售展厅、鲁班学堂、文创办公楼及配套设施等功能空间。

（二）金隅龙顺成"京作"非遗博物馆的改造内容

园区中的"京作"非遗博物馆充分展示了龙顺成京作硬木家具制作技艺的保护与传承，弘扬了中国非物质文化遗产，展现了中国生活文化内涵，彰显了中国气韵、中国审美，传递了大国工匠的文化精神，是园区的核心。

"京作"龙顺成博物馆的功能是研究、收藏、收购、展览、修复保护明清时期的硬木家具，研究、保护、传播京作制作技艺和文化内涵。博物馆对公众开放，讲述明清宫廷家具发展史、中国硬木宫廷家具艺术，以及中国传统的生活方式。博物馆通过京作硬木家具发展史、京作硬木家具制作技艺展示京作硬木家具从样式设计到生产制造的全过程；通过考古文献的研究整理复原展示清末民国的街巷，系统梳理京作技艺的发展历程；通过藏品展览呈现明清的家具文物和为国家重要历史事件定制的大国器物，主要有金丝楠满雕云龙纹顶箱柜、新中国成立20周年国庆天安门城楼黄花梨木电视柜、APEC会议主会场元首座椅等，这些展品完整地展现了"京作"的历史发展和传承。

其他主要改造内容：

硬木家具展厅：主要对室内装饰及各系统设备设施进行提升改造，并对家具展售的参观流线重新梳理并合理布局，展示目前经营的家具产品。

鲁班学堂：作为非遗文化教育服务项目的承载空间，提供以"京作"非遗文化科普及启蒙为目的，以互动体验、培训课程为形式，培养动手能力及创造力，面向公众的非遗技艺体验服务。鲁班学堂聘请故宫博物院研究员周京南、山东省鲁班研究会秘书长尹方红为顾问专家和荣誉讲师。

古旧家具文物修复中心：2012年，龙顺成取得可移动文物一级修复资质。2013年，龙顺成开始与故宫博物院建立长期合作关系，成功修复了包括故宫、颐和园等收藏的木器文物。本次园区改造建立了古旧家具文物修复中心，作为深度开发家具类文物修复产业的承载空间。

四合院文创空间：拟利用园区东南角现有的四合院格局，打造高品质、有特色的中式院落，提供高端会议、商业拍卖、展览、沙龙等活动。改造后，院落整体为北京传统建造风格，充分体现皇家匠作气质，彰显龙顺成品牌形象，与鲁班学堂一起成为文创活动的空间载体。

文创办公及青年公寓：园区西侧建筑群紧邻永定门外大街，空间布局开阔，屋面平整，可眺望永定门城楼。本次改造主要对建筑外立面进行提升，内部按照服务式共享办公的方式进行装修改造。

（三）文化传播模式以及文创产业的打造

依托园区整体的引流功能，利用新媒体矩阵，以文化传播的形式开拓品牌宣传的新模式。新媒体矩阵是指一种多元化的媒体形式，包括传统媒体和新兴媒体两大部分，其中新兴媒体主要是指互联网上的新兴平台，如博客、微博、微信、论坛、YouTube、游戏、小视频等。文化传播是通过园区到访的各种团体、人群以及举办的各种文化活动，以社交的形式进行传播，达到裂变的效应。

园区以非遗文化为基础，以博物馆为文化业态内核，形成以京作家具产品、非遗文创产品、品牌IP运营、古旧家具文物修复、非遗文化体验、非遗文化教育为内容的文化产业生态。其中，以冬奥会官方商务礼品的开发为契机，进一步开发具有龙顺成特色的文玩产品、伴手礼产品体系，有效利用品牌价值，开拓新的盈利增长点。开展典藏产品的展示、交流、拍卖活动，提升龙顺成在家具收藏市场的品牌影响力。策划开展文化艺术节、非遗创新计划、非遗教育、非遗在社区、非遗数字计划等文化活动，建立与客户连接的有效通路。通过丰富的课程、讲座、论坛、展览、体验、直播等活动，在厚植全社会文化基础的同时培育自身的客户基础。

三、主要成效

金隅龙顺成文化创意产业园的改造建设不仅从硬件上对龙顺成进行了改造升级，同时使龙顺成从生产制造型企业转型为具有文化特质的新型企业。

（一）改造工作有序开展

2021年7月，博物馆项目正式开工建设。为使园区在冬奥会前具备接待服务条件（后由于冬奥会闭环举行，实际未接待外宾），本次改造采取整体规划设计、分两期推进实施的方式。

项目一期：2021年底前已经完成"京作"非遗博物馆、家具展厅、园区东南小院、鲁班学堂、文物修复中心等场所的建设以及市政管线铺设和园林景观施工，2021年12月正式开始运营。

项目二期：在冬奥会之后，开始推进文创办公楼、青年公寓改造工程。二期侧重于提升和挖掘园区的功能和服务属性，吸引文化推广、出版及传媒、艺术类、文化产品交易等头部企业进驻，共同打造文化生态。项目二期于2023年5月18日竣工验收，于2023年6月29日正式开园运营。

（二）品牌传播成效显著

2022年，龙顺成"京作"非遗博物馆被认定为市级博物馆，成为国内首个系统研究、展示"京作"非遗文化的专题博物馆。开馆以来，陆续接待商务部、北京冬奥组委、全国总工会、市政府、市政协、市文物局、市国资委等主要领导，开国元勋与老一辈革命家后代多次，与中轴线申遗办公室、国家大剧院等积极开展文化交流活动，"金名片"效应逐步显现。

龙顺成"京作"非遗博物馆充分借势冬奥会、"京作"非遗博物馆、大国工匠、160周年等IP，持续宣传造势，在官方媒体与新媒体矩阵的共同发力下，实现了龙顺成品牌良好的传播效果。截至2023年底，北京龙顺成京作非遗博物馆共开放357天，被新华网、央视网、搜狐网、《北京日报》、北京新闻等多家媒体采访，发布相关报道60余篇。品牌线上触达1200余万人次，接待各类企事业单位140余家，累计参观人数超过3.8万人次，"京作"非遗博物馆已初步成为东城区小有名气的网红博物馆，"京作"非遗文化创意产业园也成为网红打卡地、文化新地标。

（三）新业态打造与社会效益初显成效

在非遗创新计划方面：龙顺成对接国内工艺美术院校资源，成为清华美院、北京服装学院、北京林业大学、东北林业大学等各大院校的实践教学基地，为产学研搭建桥梁，为实现非遗跨界融合、深入开发文创产品打下坚实基础。

在古旧家具修复方面：2023年1月，龙顺成与北京市文物局交流中心签署古旧家具修复项目战略合作，双方将开展深度合作，联合打造木质文物修复行业品牌，共同开展古旧文物家具木质残损文物修复、研究、展览及出版，文物藏品复刻销售，古旧家具修复人才培养等项目。

在非遗教育方面：面向研学游学机构和中小学生开展了以非遗文化兴趣培养为核心的传统文化启蒙。开发了以传统文化知识及木作技艺为核心的系列多元化课程，通过课堂＋手作体验＋N（博物馆、文化故事、VR、动画、智慧游戏、画图、手作）的形式，培养公众的非遗文化感受力。鲁班学堂成为国家文旅部"非遗在社区"项目在北京东城区的试点，并与北京教育频道《时代少年行》栏目组合作拍摄了青少年非遗专题。

在木局文化空间方面：以非遗为内核，打造集时尚手作体验、文化沙龙及非遗文化于一体的休闲空间。公众在木局文化空间内可以体验手作，参加主题活动。经过一年的运营，木局文化空间在美团东城区兴趣生活好评榜排名第2。

（四）经济效益有效提升

通过上述措施，2022年，龙顺成实现产品销售增量2400余万元，文化新业态实现营业收入1400万元，有效减少了疫情带来的影响，收入规模和盈利能力不降反升。截至2023年底，园区二期投入运营，已引入文化类、专业服务类、手工创意类等与龙顺成文化结合紧密的企业5家，公寓出租率达91.67%，贡献现金流500多万元。

四、经验与启示

随着北京非首都功能疏解腾退工作的开展，企业腾出的国土空间也建设了很多科创、文化产业园区，为"四个中心"建设做出了很大贡献，但也普遍存在着同质化程度高、园区内容与企业情况不符、"造血"能力不强的问题。对于这些问题，龙顺成重点关注，着力规避，取得了不错的效果，主要的经验启示是：

（一）传统"老字号"的升级提升需要统筹守正与创新

一方面，企业创新层面要把握好"变"与"不变"的关系。"老字号"创新的本质是适应时代的发展，满足客户的新需求；是创新企业的经营机制和市场营销方式，开发新的产品套系，创造以"老字号"传统文化为核心的新业态；是充分发挥品牌优势，打造发展新活力，但传统的工艺、技法、品牌内涵、市场定位不能轻易改变。龙顺成正是一直坚守传承"京作"技艺，才有了目前的发展局面，而三大流派中的"苏作"和"广作"，由于过度追求眼前利益，传统技法已经断代，传承企业也消失在历史长河中。

另一方面，政府治理层面要把握好"为"与"不为"的关系。"老字号"企业身处不同的行业领域，有不同的市场定位，对于他们的保护和支持，也应尊重市场规律。相关部门应该在政策引导、城市规划、知识产权保护、激励机制改革上多下功夫，对"老字号"加强保护，为企业注入活力。对于每个企业具体的创新实践，相关部门尤其是国资主管部门，应该顺应其自身的发展规律，分企施策，建立精准、适合的评价体系，给予企业自主决策的空间，尽量避免"一刀切"。

（二）文创产业的开发与文创园区的建设需要把握好"主"与"次"的关系

从企业经营发展的角度来看，文创园区的建设只是一种手段和载体。建设企业必须首先对自身文创产业的开发有深入的理解和整体的策划，在此基础上明确园区的功能，合理规划建设内容，引入合适的业态，才能使文创园区发挥助力文创产业发展的作用，并实现自身的良性运转。

同时，文创产业作为"新赛道"，企业需要予以高度重视，除了精心谋划、找准定位，还要根据产业特点改变传统思维，调整内部机构，改革激励机制，引入专业人才，增强战略规划的系统性，这样才能真正实现经营转型。

（三）文创园区的建设需要融入整体环境

"老字号"企业打造文创园区，需要与周边地标性建筑统筹考虑，力求完美结合，在实现自身形象提升的同时，打造和谐的社区氛围，带动周边整体环境的提升，在北京"四个中心"建设中发挥更大作用。龙顺成文创园区紧邻中轴线，南起点永定门，与永定门外的燕墩[①]遥相呼应,与永定门城楼一起有效提升了区域内的历史记忆和文化情怀,改善了永外大街原有的形象,完美融入"一轴两带五区"新空间格局,也为北京中轴线申遗工作做出了贡献。

(四)提升城市空间的利用效率,实现高质量发展

龙顺成文创园区的打造,既改善了城市环境,又传承和弘扬了非遗文化,是多元化利用城市空间的范例。文创园区本身集产品经营、文化交流、旅游、教育、文创办公等多种功能于一身,通过传统文化的挖掘和加成,实现了有限空间的"溢价",为北京"减量"发展做出了贡献。

---

① 又称"烟墩",是一座上窄下宽、平面呈正方形的墩台,位于北京市东城区永定门外铁路桥南侧。燕墩始建于元代,据文献记载,元、明两代北京有五镇之说,南方之镇即为燕墩。燕墩上竖有清乾隆皇帝御制碑一座,是北京著名碑刻之一,1984年被列为市级文物保护单位。

以产业融合发展助推西山永定河文化带建设[*]

——基于石景山区的实践与探索

西山永定河文化带石景山段历史文化深厚、自然生态优势突出，是西山永定河连接北京城的重要门户，是山水文化精髓汇聚地。在习近平新时代中国特色社会主义思想的指导下，传承好、保护好、利用好西山永定河文化带的绿水青山和历史文化遗产，是石景山区主动融入全国文化中心建设、提升城市文化品质、助力首都高质量发展的一项重大使命。石景山区委、区政府从全区战略高度出发，将建设西山永定河文化带作为推动全区经济社会发展的重要内容，以文化传承为抓手，以产业融合聚活力，最终实现区域整体复兴。

本文以石景山区近年来的实践为例，对西山永定河文化带石景山段的建设工作进行了一系列调查研究，并进行了深入思考与经验总结。

---

[*] 作者简介：王子霞，北京市石景山区人大常委会教科文卫办公室主任；张岩，北京市石景山区人大常委会教科文卫办公室一级主任科员。

一、背景介绍

西山永定河文化带位于北京西侧，北起昌平区，西至北京市界，东临北京小平原，东南到大兴区。"永定河，出西山，碧水环绕北京湾"[1]，西山永定河世代滋养着北京城，见证了北京城的发展历史。作为连接西北的大通道，永定河在很长的历史时期内是向北京输入秦晋文化的大动脉，也是京城文化向京畿地区扩散的示范地，对中华文明历史长河的起源、发展、兴盛、繁荣起到重要作用。

通过初步统计，西山永定河文化带覆盖了从史前至当代漫长的历史时期，文化遗产和风景名胜区众多，文物保护单位级别高，包括世界文化遗产、国家级和市级等各级文物400余处[2]，如以万寿山、香山、玉泉山及颐和园、静宜园、静明园、畅春园、圆明园"三山五园"为代表的皇家文化，以大觉寺、卧佛寺、潭柘寺、灵光寺等为代表的寺庙文化，以京西古道为代表的传统民俗文化；此外，还有见证新中国诞生的红色文化、新时代展现首都经济发展的首钢工业文化、历千年风霜依旧山明水秀的山水生态文化，等等。在多种文化的滋养下，西山永定河文化带被称为

---

① 出自歌曲《卢沟谣》，李明圣作词，鄂矛作曲，收录于2011年发行的专辑《唱响中国》。

② 《西山永定河文化带：山奇寺幽园林荟萃》，北京旅游网，http://www.visitbeijing.com.cn/article/47QIXhvQaj2.

北京的文明之源、历史之根、文化之魂。

西山永定河文化带石景山段规划范围为石景山全区域，全长12.9千米，约占北京境内永定河平原段1/5；太行山余脉形成的西北部山地约占全区面积的1/3，山水特色明显。经过文物部门的初步统计，整个区域区内拥有四级不可移动文物共110处，其中，国家级重点文保单位3处（法海寺、承恩寺、八宝山革命公墓），市级文保单位14处，区级文保单位19处，普查登记文物74处；此外，还有非物质文化遗产27项，包括国家级代表性项目2项，市级代表性项目8项，区级代表性项目17项，文物资源高度聚集、历史文化底蕴深厚。区域内比较有代表性的文化景点有：以佛教文化、皇家园林文化为代表的八大处、天泰山；以工业文化为代表的首钢工业遗产；以永定河流域文化为代表的莲石湖水岸经济休闲带；以民间民俗文化为代表的模式口历史街区……其中，"新晋网红"千年文化古街模式口地处山隘，坐落于驼铃古道通往塞外的咽喉之地，是古都北京与塞外进行商贸往来的交通要道，这条驼铃古道融汇了军事文化、塞外文化、寺庙文化、商贸文化、村落文化，是京西多元文化汇聚之地，保留着深刻的历史记忆。

除了上述文化资源，西山永定河文化带石景山段拥有登记注册公园9处、古树1546株，还形成了以天泰山、石景山、翠微山为代表的名山文化，以永定河起源、变迁、治理为代表的水文化。石景山区是永定河水利建设遗迹最集中的地区，戾陵堰、车箱渠距今已1700多年，是北京最早的大型水利工程；金口河水利遗址见证了元朝都水少监郭守敬在此凿金口，导卢沟水，灌溉土地；明清时期修建的庞村古堤"十八蹬"，见证了古人治理永定河的辉煌业绩，这些都具有很高的历史文化研究价值。

二、工作成效

作为首都中心城区，石景山区经过多年的发展，已实现从传统重工业区向高端绿色之城的成功转型。在推动高质量发展的过程中，石景山区委、区政府充分认识到文化建设在经济社会发展中的重要作用，坚持传承好、保护好、利用好的"三个好"原则，通过建立专门领导小组、挂牌责任单位，进一步完善体制机制，形成党委引方向、统全局，政府定举措、抓落实的良好局面，在系统梳理文化遗产遗迹、深入挖掘历史文脉内涵和精神价值的同时，加大生态文化建设力度，打造山水融城的城市风貌，高标准做好山水文化融合文章，让西山永定河文化带石景山段亮起来、活起来。

一是坚持高位统筹，高起点谋篇布局。石景山区将西山永定河文化带建设作为实现高端绿色发展、融入全国文化中心建设的重要战略支撑，先后制定出台《石景山区西山永定河文化带保护发展规划》《石景山区西山永定河文化带保护传承发展五年行动计划》(以下简称《保护传承发展规划》《五年行动计划》)等文件，认真落实市级各项支持政策，构建政府主导、部门协同、社会参与的责任体系，充分发挥西山永定河文化带管委会的重要作用，切实承担起统筹规划、开发建设、运营管理等组织协调工作，健全各项制度和议事规则，调动各方资源力量，确保重点难点问题及时解决，重点规划、行动计划有序推进，高标准推进西山永定河沿线重点项目实施。

二是打造文化标识，树立区域特色品牌。系统打造"六张文化名片"（永定河生态文化名片、模式口历史文化名片、八宝山红色文化名片、八大处传统文化名片、首钢工业文化名片、创新及冬奥文化名片），加强文脉梳理，不断丰富文化内容、拓展文化内涵。通过编辑出版石景山文化书系、创编原创文艺作品、举办主题文化活动等多种形式，打造精品力作，充分展示石景山区深厚的文化底蕴，讲好石景山故事。进一步挖掘法海寺明代壁画等的文化艺术价值和以驼铃古道为代表的古商道文化内涵，使模式口文保区成为紧抓冬奥机遇展示石景山区历史文化街区风貌的重要窗口。保护延续好首钢老工业文化脉络，协助国家、北京市、首钢集团高标准建设首钢工业遗址公园，提炼形成标志性文化符号，塑造特色更加突出的石景山文化品牌，提升石景山区文化资源的影响力，彰显区域文化魅力。

三是深化区企合作，加快西部地区开发建设。制定实施"十四五"时期西部地区发展规划，全面落实区级统筹、部门联动、区企合作工作机制，发挥中交集团的央企资源优势和城市更新公司作用，统筹抓好规划实施、项目策划、资源整合，探索区域型城市更新模式，推动西部地区转型升级、均衡发展。落实区西部建设办公室与广宁街道、五里坨街道统筹协调、合力推动的工作机制，加强与区级各部门、农工商公司、新首钢地区企业、驻区部队等的沟通协调，鼓励其广泛参与西部地区的开发建设，着力提升地区的生态环境品质，做好历史文化资源的保护和利用，夯实生态基底，打造西山永定河文化带新名片。

四是整合区域资源，以产业融合推动文化带建设。大力发展动漫游戏、数字传媒、创意设计、虚拟现实、文化体育等新兴产业，依托法海寺壁画、燕京八绝、首钢工业遗址、本地非物质文化遗产等多种类型的文化资源，将中华优秀传统文化与新兴文化产业互动融合，对传统文化进行活化利用和传承，推动传统文化的创造性转化与创新性发展。牢牢把握服务保障冬奥会和打造新时代首都城市复兴新地标的契机，做好顶层设计，统筹规划，借力服贸会、中国科幻大会等大型活动，丰富宣传手段，加大宣传力度，提振文旅消费活力，拓展石景山文化"走出去"的途径，与永定河流域沿线文化开展深入交流，实现优势互补、共同发展，不断增强文化自信，提升西山永定河文化带石景山段的建设水平。

三、主要成就

石景山区坚持以"十四五"规划为引领，牢牢把握三区定位，围绕地区城市更新和产业转型两大战略，认真制定并实施西山永定河文化带《保护传承发展规划》和《五年行动计划》，理顺体制机制，紧抓历史机遇，加强"三道五区"建设，打造"六张文化名片",多措并举推进文化遗产保护传承,使西山永定河文化带石景山段建设工作取得显著成效。

(一)借力冬奥会,成功打造"六张文化名片"

西山永定河文化带石景山段文化资源丰富,"六张文化名片"最能代表石景山的资源特质,体现文化传承与创新。这六张文化名片是承载驼铃古道记忆的模式口历史文化名片,依托灵光寺佛牙舍利彰显巨大影响力的八大处传统文化名片,展现首都近现代工业文明的首钢工业文化名片,水清林茂、蓝绿交织的西山永定河生态文化名片,寄托哀思、缅怀革命烈士的八宝山红色文化名片,朝气蓬勃、极具运动魅力的创新及冬奥冰雪文化名片。作为北京冬奥组委总部驻地和首钢滑雪大跳台所在地,石景山区紧抓冬奥会契机,以重点打造首钢园区为切入点,深入落实城市更新计划,推动商旅文化融合发展,成功建设和改造模式口历史文化街区、北京冬奥公园等一批重点项目,实现成功办奥和区域发展双丰收。截至2023年底,"六张文化名片"项目成果持续优化,全区生态环境品质稳步提升,特色文化资源融合发展,充分彰显西山永定河的自然之美、历史之美、人文之美、和谐之美。

(二)多方联动,推进"三道五区"文物修缮利用

"三道"即永定河古河道、京西古商道、西山古香道,集中展现了西山永定河文化带山水文化、商业文化、民俗文化特色。

"五区"即在"三道"上逐步形成的以八大处、模式口、永定河、首钢、八宝山为中心的五个文物集中区，基本覆盖石景山区绝大部分文化文物资源和文化遗产。

2021年至2023年中，石景山区共争取国家和市级资金6200余万元，完成法海寺、龙泉寺、显应寺、承恩寺、慈善寺、古建群元君庙等多处文保单位的37项修缮工程。与首钢集团协作完成4件可移动文物及1件不可移动文物的移交，全区不可移动文物达到110处，并开展石景山古建群移交后文物保护、基础设施建设、展览展示等相关项目，推进模式口文保区整治提升工程、八大处环境综合整治项目，为"三道五区"的有效保护和合理利用打下了基础。

（三）潜心挖掘，加大非遗传承力度

深挖资源内涵，出版《文史专家说石景山》《京西论"道"》，编印《新首钢的中国梦》《石景山下永定河》等文史资料集，推进"西山永定河文化带"系列丛书《首钢工业文化》《永定河生态文化》等书籍的编撰工作。石景山区非遗中心实现常态化开放，以"非遗+数字"实现非遗文化活态传承。市级非遗项目与搜狐畅游开展合作，在全市范围内率先将非遗技艺与在线游戏深度融合。流传久远的民间文学"八大处传说"成功入选第五批国家级非物质文化遗产代表性项目名录，"和香制作技艺"和"京韵大鼓'少白派'"入选北京市第五批非物质文化遗产代表性项目名录。这一系列措施，使西山永定河文化带的非物质文化遗产资源

得到全面传承。

（四）紧抓机遇，公共文化服务体系创新发展

自全面启动古街修缮保护利用以来，截至2024年4月，模式口历史文化街区已实现15景29院100铺运营，成为城市旅游微度假目的地。全区初步形成以7家博物馆为主脉络，以其他小微展馆、特色展馆为补充的博物馆矩阵，助力首都"博物馆之城"建设。4.1万平方米石景山区文化中心建成开放后，常年位居全市公共文化设施好评榜前列。"'文化+'智慧社区管理系统助力构建社区治理新模式"入选全国基层公共文化服务高质量发展典型案例。"石景山文化E站"平台及"石景山文E"App用户增长至54.6万，数字资源累计达到50TB，公共文化服务体系进入创新发展阶段。

（五）文旅融合，展现西山永定河文化带别样风采

首钢园作为新时代首都城市复兴新地标，开拓了文、商、旅、体、娱多业态融合发展的新局面，入选"夜京城"特色消费地标。模式口历史文化街区焕发新的生机和活力，荣获"北京十大最美街巷"和"北京城市更新最佳项目"。首钢滑雪大跳台、瞭仓沉浸式数字艺术中心、法海寺壁画艺术馆、重美术馆、京西大悦城、首钢六工汇等一大批新型文商旅体融合的空间场地建成开放，冬奥公园、模式口历史文化街区等10家单位获评2022年北京网红打卡地，名列城区第一。打造"漫游石景山"线路品牌，

对博物馆、景区、文化中心、书店、文创园区、商业综合体等进行串联营销，开发主题线路16条，石景山游乐园、京西五里坨民俗陈列馆、郎园Park等文旅点位入选"漫步北京"市级主题旅游线路。与门头沟区、内蒙古莫力达瓦达斡尔族自治旗、内蒙古呼伦贝尔市、河北涿鹿等地跨区联动开展主题游线路和旅游推广活动，推动文旅投融资重点项目联动发展。与北京动漫产业协会、北京交通广播等单位签署战略合作协议，扩大文旅发展"朋友圈"，增强地区产业发展合力，充分展现西山永定河文化带的文化底蕴和精彩活力。

四、经验启示

石景山区借助冬奥会机遇，加大对西山永定河文化带石景山段建设工作的政策扶持力度，重点项目实现多点开花，文旅产业实现相互融合，取得长足进展。通过招商引资、进一步盘活资源、打造地区IP，推动了石景山区城市更新和产业转型升级。无论是从落实规划指标方面，还是实际效果方面，市民和游客对石景山区文旅产品的满意度愈发提升。聚焦全国文化中心建设，石景山区在全市文旅产业的综合竞争力明显增强，文旅消费拉动经济的作用不断显现，西山永定河文化带石景山段建设成果迈上了新台阶。

（一）加强科学规划，完善组织保障

石景山区从全区战略高度来建设西山永定河文化带，制定出

台《保护传承发展规划》《五年行动计划》，在文化遗产传承、环境保护、文化建设、生态旅游、市政基础设施等方面规划一批重点项目，突出规划引领和项目支撑作用。落实市级支持西山永定河文化带发展的一系列政策措施，注重市区政策的协同衔接，制定发挥市场作用、展示西山永定河文化特色的区级配套政策，构建系统完备的文化政策支撑体系。积极争取市政府固定资产投资和市财政转移支付资金对西山永定河文化带石景山段建设项目和重点任务的支持，加大区级财政资金投入，用于历史文脉挖掘、文艺创作、文化传播、宣传展示、文化品牌打造等工作。

（二）聚焦资源优势，培育产业载体

石景山区坚持开渠引水，搭建发展平台，加大重点产业的招商引资力度，引进龙头企业投资兴业，探索区企合作新方向。为加快西部地区发展，石景山区与中交集团先后签订了广宁、五里坨等西部地区合作开发协议，通过基建升级、住区更新，将西部地区打造成绿色低碳、产城相融、山水交融、区域协同的生态宜居宜业典范[①]，逐步带动西山永定河文化带沿线产业发展升级。

在文化产业发展方面，石景山区积极引导、支持民营资本进入文化领域，通过充分激发民营资本的创造活力，调动全社会参与文化产业发展的积极性，为文化产业提供基本力量和基础要素。在市、区两级政府的指导帮助下，秉承清宫造物技巧的民营

[①] 中交投资有限公司城市更新课题组：《"全域型"城市更新模式的北京实践》，《中国房地产报》2022年7月17日。

场馆——北京燕京八绝博物馆在千年古刹承恩寺建成，开创了非遗保护与创新发展相结合的新发展模式，成为石景山区第一家非国有博物馆。在馆长柏群及各艺技传承人的努力下，北京燕京八绝博物馆已经成为首都打造博物馆之城的排头兵和西山永定河文化带上的一张金名片，为民营资本服务西山永定河文化带建设做出了很好的榜样。

（三）树立文化标识，打造文化符号

石景山区以重大项目为抓手，坚持规划引领、保护优先，以点带面树立文化标识。模式口历史文化街区作为京西古商道的一部分，是西山永定河文化带的重要节点。石景山区以政府主导、国企运作、专业化团队运营的新模式开展旧街搬迁改造，推动保护区逐步恢复文化价值。专业团队按照"在保护中发展，在发展中保护"的要求，构建包括老墙、过街楼、文保单位、历史建筑在内的保护与传承体系，实现从单体保护向体系化保护传承的转变。[1] 政府、企业、居民共同挖掘历史文化记忆，推动地区文化价值认同和文物保护活化利用，打造若干小微展馆、小微公共空间及精品院落，形成网红街区商业模式，吸引消费，提升商业氛围，树立地区文化标识。改造后的模式口历史文化街区入选2021年十大"北京最美街巷"，重现驼铃古道往昔商旅纵横、人声鼎

---

[1] 市委城市工作办、北京城市规划学会：《北京城市更新"最佳实践"系列③：石景山区模式口历史文化街区保护更新项目》，澎湃新闻网，http://www.thepaper.cn/newsDetail_forward_19098529，2022年7月20日。

沸、摩肩接踵之盛况，成为近年来历史街区改造的成功案例。

通过落实规划项目，石景山区重点打造具有区域特色的"六张文化名片"IP，其中含金量和知名度最高的莫过于首钢园这一承载首都城市复兴新地标重任的工业文化IP。首钢园是北京工业辉煌历史的见证者，北京冬奥会期间，它助力国家奥运健儿夺金，如今，它已成为集文化、体育、科创于一体的地标性符号。首钢园在更新改造过程中，注重建筑风貌的整体塑造，西十筒仓、一号和三号锅炉、六工汇、首钢园香格里拉酒店等标志性建筑都具有鲜明的工业风格，使老工业厂区与长安街风貌相匹配，同时将永定河流域的生态功能向园区延伸，打造新时代工业文化景观。从文化建设角度看，尊重和弘扬首钢园区的非物质文化遗产，包括尊重和弘扬首钢的发展历程、精神文化、工艺流程、典型人物等。在新建公共文化机构设立展示中心，对非物质文化资源进行传播和展示，打造出工业文化大IP形象。通过不断探索挖掘，首钢园抓住冬奥文化与文旅产业发展腾飞的最佳时机，进一步优化产业布局，引导科幻产业等高端要素有序集聚，充分发挥工业园区的特色优势，释放冬奥会带动效应，持续书写"城园融合"大文章，对首都工业遗产改造起到重要的示范引领作用。

石景山区注重新兴文化产业与传统文化产业的结合，发挥政府在产业导向和专项资金方面的杠杆作用，推动数字科技、文化创意产业与历史文化融合，通过数字博物馆等形式传承、活化非物质文化遗产，实现文化遗产的永久保存和永续传承。法海寺壁画艺术馆通过应用新型的数字技术，突破了空间、时间维度上的限制，完成了法海寺明代壁画这一不可移动文物的数字化转型，让壁画动起来、活起来，进一步扩大了壁画展示的内涵和外延。当前，法海寺壁画的历史价值得到有效保护，文化价值得以深入挖掘，审美价值进一步凸显，展现出极高的时代价值及科技价值，正在成为扩大中华传统文化国际影响力的一张重要名片。

（四）强化互融互通，助推高质量发展

石景山区充分发挥科技创意产业优势，创新发展"数字+文旅"、文化创意、数字娱乐、沉浸式体验等文化产业新业态，支持科技、文化企业在园区实现人工智能、虚拟现实（VR）、增强现实（AR）等新技术的场景应用，推进园区与文化场景、商业经营、教育研学融合发展。一系列举措下，一批科技赋能文旅产业项目相继落地，如由首钢园一号高炉改造而成的"超体空间"，不仅定位于华北最大的虚拟现实体验中心，也是一个将VR、AR技术和工业遗存结合的国际文化科技乐园，为游客沉浸式体验潮流科幻产品提供机会[1]，引领科技创意产业新风潮。

2023年是石景山区连续承办服贸会、中国科幻大会和西山永定河文化节的第三个年头，搭建好这些"国"字头品牌活动平台，不仅能够为北京、为石景山区带来直接经济效益，同时也可以通过文化交流合作，让全国乃至世界了解石景山，发现西山永定河深厚的文化底蕴，使石景山文化、北京文化真正走出去，实

---

[1] 王景曦、周思雅、陈晓舒、周怀宗、郭薇、张树婧：《老地标更新包容滋养"文创之城"》，《北京日报》2023年4月6日。

现文化自信自强。

我们应着眼西山永定河文化带全域发展，把文化资源优势更好地转化为发展优势，以产业融合发展助推西山永定河文化带建设，赓续历史文脉，写好山水文化融合大文章，全面提升城市文化品质，推进全国文化中心建设，助力首都高质量发展。

乡村振兴背景下门头沟区农村公共文化服务体系建设研究*

乡村振兴战略的实施，促使农村公共文化服务体系建设迈出更大一步。为满足人民日益增长的文化生活需要，解决城乡发展不平衡、城乡公共文化服务不均等问题，门头沟区围绕北京市公共文化服务体系示范区建设的部署和要求，以山区村（居）为重点，从统筹文化资源、完善硬件设施、丰富文化产品、创新服务机制等方面推进示范区创建，推动城乡公共文化服务一体化发展。

一、案例背景

农村公共文化服务体系的建设与发展是乡村文化振兴的内在要求，是乡村振兴战略的重要组成部分。党和政府高度重视公共文化服务体系建设，自党的十六届五中全会提出建成覆盖全社会的公共文化服务体系以来，国家制定了一系列相关政策。党的

---

* 作者简介：王华玉，中共北京市门头沟区委党校（门头沟区行政学院）教科研室讲师。

十八大以来，公共文化服务体系建设被纳入"四个全面"战略布局。2014年，国家层面公共文化服务体系建设协调组正式组建。2015年，《关于加快构建现代公共文化服务体系的意见》印发，提出"到2020年，基本建成覆盖城乡、便捷高效、保基本、促公平的现代公共文化服务体系"的主要目标和"推进公共文化服务与科技融合发展""创新公共文化管理体制和运行机制"的要求。[①]2016年，第一部文化领域的基础性法律《中华人民共和国公共文化服务保障法》颁布实施，至此，我国公共文化服务制度体系从无到有、从起步到基本成型。在之后的五年时间里，对这一体系的认识不断深化、政策逐步落地。2021年，文化和旅游部发布《"十四五"公共文化服务体系建设规划》（以下简称《规划》），为当前和之后一段时期的公共文化服务体系建设明确了时间表和路线图。《规划》提出，以文化繁荣助力乡村振兴，全面落实乡村振兴战略，按照"四有"标准健全乡村公共文化服务体系。2022年，党的二十大提出要实施国家文化数字化战略，健全现代公共文化服务体系，创新实施文化惠民工程。

党中央赋予北京全国政治中心、文化中心、国际交往中心、科技创新中心的城市战略地位，加强公共文化服务体系示范区建设，是推进首都全国文化中心建设、建设国际一流的和谐宜居之都的重要任务。为深入贯彻落实中共中央办公厅、国务院办公厅《关于加快构建现代公共文化服务体系的意见》，2015年，北京市

---

① 《关于加快构建现代公共文化服务体系的意见》，人民出版社2015年版，第4、1页。

在全国各省（区、市）率先出台了"1+3"公共文化政策文件，即《北京市人民政府关于进一步加强基层公共文化建设的意见》和《首都公共文化服务示范区创建方案》《北京市基层公共文化设施建设标准》《北京市基层公共文化设施服务规范》，这成为首都公共文化领域的重要指导性文件。这些文件对加快构建北京市现代公共文化服务体系，推动基本公共文化服务实现标准化、均等化、社会化和数字化，保障人民群众的基本文化权益作出了全面部署。2020年，《北京市公共文化服务体系示范区建设中长期规划（2019年—2035年）》出台，规划站在"两个一百年"奋斗目标的历史交汇期，对未来一个时期首都文化发展作出全面、系统的顶层设计，其中要求要围绕乡村振兴要求，面向城乡基层，为农村地区提供丰富且高质量的公共文化服务和产品。

近年来，门头沟区不断完善全区公共文化服务，努力建设京西特色文化发展新高地。2016年，门头沟区第十二次党代会提出全面启动首都公共文化服务示范区创建工作，以解决公共文化服务体系建设面临的突出矛盾和问题，打造"八大文化功能区"和三级公共文化服务网络，并对辖区内的闲置文化资源实行再利用，着力打造文体活动圈，为公众提供更加优质的公共文化服务。2017年，出台了《门头沟区关于加快推进公共文化服务体系示范区建设的实施意见》，进一步明确了公共文化服务的政府责任、重点任务和保障措施。2018年，门头沟区"公共文化服务配送机制建设"获批第四批国家文化服务体系示范项目创建资格，自此，门头沟区成立了由主管副区长牵头，发改、财政、人事、文化等部门及各镇（街）参加的示范项目创建工作领导小组，领导小组将该创建工作列为年度重点，写进政府工作报告。2021年，"公共文化服务配送机制建设"创建成功，形成了具有门头沟特色的公共文化服务标准化配送机制。2022年，为不断深化完善全区公共文化服务体系，门头沟区出台《关于推进北京市公共文化服务体系示范区建设的实施意见》，提出到2024年，创建成公共文化服务设施覆盖身边化、公共文化供给主体多元化、公共文化服务方式智能化的现代公共文化服务体系。

二、主要做法与成效

门头沟区位于北京正西偏南，为北京市生态涵养区，总面积1455平方千米，山区面积占98.5%，是北京市唯一的纯山区。下辖13个镇（街），255个村（居），常住人口34.4万人，其中约20万人口居住在占地面积1.5%的门城地区，其余约10万人分布在山区。2016年，门头沟区全面启动首都公共文化服务示范区创建工作。多年来，门头沟区立足北京生态涵养区的功能定位与群众日益增长的精神文化需求，以北京市公共文化服务体系示范区创建为统领，努力突破公共文化服务发展不平衡不充分的瓶颈，以基层特别是山区村（居）为重点，统筹文化资源、完善配送体系、创新服务机制、拓展服务内容、提升服务质量，初步形成了具有区域特色的公共文化服务体系，为城乡公共文化服务一体建设奠定了良好的基础。

（一）健全领导机制，构建上下左右联动的运行机构

目前，门头沟区正在全力创建北京市公共文化服务体系示范区，成立工作领导小组全面统筹公共文化服务体系的建设和完善。领导小组组长由区委、区政府主要领导担任，副组长由区委、区政府主管领导担任。领导小组下设办公室，办公室设在区文化和旅游局，办公室主任由区委常委、宣传部部长和区政府主管副部长担任，副主任由区委宣传部常务副部长和文旅局局长担任；成员单位由30个职能部门构成，各镇（街）成立创建工作机构。领导小组通过联席会议的方式调度和推进各项工作，主要职责包括：贯彻落实市委、市政府的决策和部署；组织制定推进全区公共文化服务体系示范区创建的总体战略和规划计划；研究审议重大举措、重点项目，尤其是农村项目；协调解决统筹城乡公共文化服务一体化建设中跨部门、跨领域的重点难点问题。

关于农村公共文化服务体系的构建，门头沟区已经建成区、镇、村上下联动机制，全区共同参与、密切配合、通力协作。30个职能部门和各镇、村之间也联动畅通、互通有无、合力推进，强化了农村公共文化服务的组织保障。各镇（街）之间共建文化场地等空间资源，推进资源联享、文化环境共治，实现活动联办。如斋堂镇整合文化服务中心、妇联、团委、工会等单位的设施资源，积极推进文化、旅游一体化建设，实现大文化体系的构建。

（二）创新供给管理运营方式，促进公共文化服务品质化

1. 引入社会力量，实施社会化运营

2017年，门头沟区出台了《鼓励社会力量参与公共文化设施运营的方案》和《社会力量参与公共文化设施运营的考核方案》，积极引导和支持行业协会、文化企业、文化类民办非企业等社会力量参与公共文化服务，采用政府购买社会服务方式运营，推动政府由"办文化"向"管文化"转变。社会化运营以城子街道文化中心为试点，之后又在东辛房街道、大峪街道推广。在城区探索的基础之上，社会化运营管理开始向浅山区和深山区迈进，进行有选择的推广实践：2019年，浅山区王平镇、龙泉镇、潭柘寺镇启动社会化运营工作；2020年，深山区雁翅镇第一个社会化运营的独立文化综合服务空间形成。

截至目前，门头沟区已有12个镇（街）综合文化中心实施了社会化运营管理，其中山区有3个（雁翅镇、王平镇、潭柘寺镇），正在建设中的有3个（清水镇、斋堂镇、永定镇）。政府引入社会化力量开展专业化运营，一方面，保障文化中心设施一周56小时免费开放；另一方面，满足示范区的标准，一年开展不低于95场的各类文化活动（如讲座、演出、培训、节庆活动等），丰富了老百姓的文化生活。社会化运营促进公共文化服务精细化、品质化，带动公共文化服务效能整体提升，一定程度上也解决了农村人员专业性不强、管理人员力量不够、公共文化设施建设相对滞后、服务形式不多、品级层次不高等问题。

2.建立需求导向的公共文化服务配送机制

门头沟区城乡差异明显，特殊的地理环境和人口分布特点导致公共文化服务发展水平极不均衡，公共文化服务配送机制建设的内生需求非常大。为促进公共文化服务均等化，门头沟区申请创建专门针对农村山区的配送机制，满足山区老百姓的精神文化需求。2021年7月，门头沟区"公共文化服务配送机制建设"创建成功，之后被正式命名为国家公共文化服务体系示范项目。公共文化配送机制以区文化云平台为载体，提供"菜单式"配送服务，建立文艺演出、文艺辅导、文化讲座等5大类500余项公共文化服务配送目录。区别于传统的政府单项供给模式，村民充分发挥主观能动性，以村（居）为单位表达需求，通过目录"菜单"点取所需要的文化产品和服务（如文化讲座、文艺辅导培训、传统文化演出活动等）。政府有求必应，根据下单情况，将区、北京市甚至津冀地区的高品质文化资源精准、有效地配送到基层特别是欠发达农村地区。以需求为导向的配送机制将公共文化服务由"政府下单"转变为"群众点单"，提高了文化服务的效果。

（三）强化公共文化基础设施建设，提升"硬件"服务能力

1.构建文化设施服务体系

门头沟区已基本形成了区级文化场馆、镇（街）级文化中心和社区（村）文化室三级公共文化设施服务体系和网络。近年来，以创建公共文化服务体系示范区为统领，门头沟区有序推进

基层综合文化中心、文化室建设。截至2023年底，全区13个镇（街）均建有综合文化中心，建有率为100%，255个村（居）文化室的建有率从2017年的62.7%提升至100%。依据《北京市基层公共文化设施建设标准》中的"2+X"模式，门头沟区根据区域特点，结合自身实际，逐步探索建设区域公共服务基层文化设施的"2+X"模式，其中"2"是指基层文化设施设有1个多功能活动厅和1个户外文化广场。全区现有210个多功能厅，184个文化广场，各村（居）多是将会议室作为多功能厅，用于开会、讲座、培训和电影放映等；"X"是指设有图书室、电影厅和健身室等。全区现设有181个数字影厅，179个益民书屋，普及率较高。基层文化设施"2+X"模式虽然没有全域达标覆盖，但是随着模式的推广，门头沟区将不断提高区域文化设施的利用水平。

2.同步打造数字化平台

结合线下文化设施的建设，门头沟区还充分利用"互联网+"，打造线上文化设施平台，以丰富文化服务的内容、拓展公共文化服务的传播渠道。为了解决公共服务知晓度低、参与率低等问题，门头沟区利用互联网平台，将区域内的各种公共文化服务资源和有关设施予以整合上线。2018年，门头沟区推出"门头沟文化云"App，该平台整合了区文化馆、图书馆、博物馆、影剧院等机构的相关文化活动和资源，实现了全区范围内文化资源的共建共享。通过该平台，村民足不出户便可以在线了解并预约全区所有公共文化场馆的最新活动，如演出、培训、展览等。

未来,"门头沟文化云"还将向上接入国家文化云,与全国各级各类公共文化机构互联互通,共建共享资源和服务。

(四)不断丰富和完善文化产品,提供多元化的惠民服务

1. 塑造永定河文化品牌

门头沟区着眼于永定河流域,塑造特色文化品牌。门头沟区连续16年举办北京西山永定河文化节,以文化活动的形式彰显永定河流域的文化特色。推出了永定河流域文化形象视觉系统,艺术化地再现了永定河流域从源头到入海口的山川地貌与历史文化留存。依托永定河文化,打造了《永定河秘境之旅》系列片、京西太平鼓舞剧、大型永定河民乐组曲、永定河文化主题微动画、西山雅集文化沙龙、戒台梵音实景音乐舞台剧等产品,通过专业化的原创作品,全方位展现了永定河文化与京西门头沟的深厚魅力,提升了永定河文化品牌的影响力。

2. 打造非遗文化产品

截至2023年底,门头沟区共计拥有非物质文化遗产项目75项,其中国家级5项,市级10项。不断完善的非遗名录为文化产品的创新塑造提供了支撑,注入了动力,借助区域丰富的非物质文化遗产,门头沟区打造了一系列非遗文化创意产品:通过舞台剧、纪录片、微视频、数字化工程、实景体验等现代化的方式将非遗融入生活中,创作了大型舞剧《太平鼓声声》;制作了《京西斋堂话》《京西拾遗》纪录片和《京西拾遗》画册;利用数字化雕刻工艺,基于国家级非遗潭柘紫石砚,创作了《西清砚普》系列文化产品，以琉璃烧制技艺为基础，探索非遗与文化旅游产业的契合点，开发了一系列的文创产品。这些非遗文化产品艺术化地呈现了门头沟区非物质文化遗产的各种面貌，记录了门头沟区农村的乡音乡情。

3. 实施文化惠民工程

在品牌活动方面，门头沟区挖掘乡村特色，因地制宜举办乡村文化品牌活动，其中比较有影响力的有：特色丰收节（如雁翅镇的"梦圆小康　礼赞丰收"、王平镇的京白梨"赶秋"大会、斋堂镇马栏村的金秋旅游活动月）、斋堂镇柏峪燕歌戏文化艺术节、雁翅镇淤白村民俗文化节。

在文艺下乡方面，门头沟区每年都组织村（居）文艺辅导、讲座、演出、电影放映等文艺下乡活动。2022年，在推进"星火工程"的过程中，门头沟区为农村送去包括歌曲、戏曲等在内的556场星火演出。相较于以往的文艺下乡演出，目前门头沟区越来越考虑农村当地的需求，越来越注重村民的参与度，不仅单向下乡送去演出活动，还逐渐鼓励农村表演当地自有的节目，如区公共文化中心主动融入农村，挖掘农村的文艺活动，并与村民进行联合共演，既让当地村民充分参与和享受活动，为活动增添了许多乐趣，还调动了村民为自己提供文化产品与服务的内生动力。

在数字化供给方面，门头沟区通过"门头沟文旅"公众号、抖音等数字平台免费向公众提供线上数字图书10余万册、有声资源65万集、名家精品课100多万集，各类数字资源达到4T以上。截至2024年4月，"门头沟文旅"共发布382篇原创内容，抖音发布原创网络视频440余条，总点击量90.5万余次。

（五）提升文化服务保障能力，为持续完善服务体系筑牢基石

1. 政策保障

门头沟区将公共文化服务体系示范区创建工作纳入重要几年规划和政府工作报告，成立了以区委书记和区长为组长的领导小组，区文旅局先后制订了《门头沟区关于进一步加强基层公共文化建设的实施意见》《门头沟区创建首都公共文化服务示范区实施方案》《门头沟区公共设施空间布局专项规划》，通过加强顶层设计、完善制度建设，推进公共文化体系建设，保障公共文化服务高质量发展。

2. 资金保障

资金投入是基石，也是文化体系建设的重要保障。近年来，门头沟区加大投入资金，公共文化服务保障能力大幅跃升。2018年至2022年，门头沟区投入约1.7亿元，从三级公共文化设施网络、文化组织队伍、公共服务配送机制等方面支持公共文化服务建设。2022年，门头沟区投资1100万元对清水镇、军庄镇、王平镇等农村地区实施2个综合文化中心提升改造、5个文化室改造扩建、4个文化室装修改造以及文化设备配备项目。

3. 人才保障

门头沟区较注重对文化工作人员进行培训，针对150名基层文化工作者每年举办2期8天专题培训班，提升其工作素养和工作能力。但目前门头沟区农村人才供给不足，村级没有配备专职

文化人员，大多由村委会干部成员兼职文化建设工作，人员保障还有待进一步提升。

三、经验启示

经过几年的建设与发展，门头沟区农村公共文化服务体系建设已取得一些成就，但在一定范围内也存在农村公共文化服务供需错位、基层文化人才队伍薄弱、监督与反馈机制不健全等实际问题，在示范区创建过程中，应进一步推进农村公共文化服务高质量发展，推动公共文化服务全面均衡发展，强化首都文化中心建设，助力乡村振兴战略。

（一）提高战略定位，统一思想共识

《中共中央关于制定国民经济和社会发展第十三个五年规划的建议》指出，坚持以人民为中心的发展思想，把增进人民福祉、促进人的全面发展作为发展的出发点和落脚点。公共文化服务的供给贯彻了以人民为中心的发展理念，旨在满足人民日益增长的精神文化生活需求，因此，农村公共文化服务体系建设对乡村振兴的作用不言而喻。门头沟区虽然已将示范区创建工作纳入"十四五"时期全区经济社会发展的目标任务，要求各镇（街）主要领导亲自参与谋划地区年度文化工作计划，但是还应进一步统一思想，提高认识，加强组织领导，从思想上予以重视。各级领导干部要提高战略定位，各级政府和相关单位领导、工作人员

要形成农村公共文化大力发展的战略共识，打破长期以来以经济建设为中心的惯性思维，应将公共文化服务建设作为门头沟区重要战略部署，将农村公共文化建设情况纳入党政领导干部的绩效考核内容。根据《中华人民共和国公共文化服务保障法》《关于加快构建现代公共文化服务体系的意见》《北京市人民政府关于进一步加强基层公共文化建设的意见》精神和北京市"1+3"公共文化政策文件及《首都公共文化服务示范区创建标准》，门头沟区要加强对各镇（街）主要负责人的培训，相关部门的工作人员应对标对表，强化责任意识，不断加强专业知识学习，提高业务水平和能力；同时，门头沟区要扩大宣传，提升舆论关注度，让整个社会都重视起来，意识到农村文化事业发展的重要性和紧迫性，实现全区自上而下统一思想、凝聚共识，扎实有效地推进农村公共文化服务体系建设。

（二）坚持需求导向，创新文化服务内容

农村公共文化服务以标准化、均等化、社会化、数字化为标准，其中最重要的目标就是均等化，重点是"硬件"（基础设施）和"软件"（文化服务输送、供给）的提升。促进公共服务均等化，要坚持以农民需求为导向，实现供需有效对接，提升公共文化服务水平。

第一，完善需求表达和反馈渠道。构建双向交流平台，积极鼓励群众表达自身文化需求。利用国家级示范项目公共文化服务配送机制，根据文化服务"菜单"资源，村（居）可以通过线上

平台预约点单，也可以通过推荐出有德行、有能力的人为代表，与相关文化部门负责人面对面沟通交流，表达需求。另外，公共文化服务配送机制所提供的文化产品活动要设置打分、评价等栏目，相关部门在接收到群众的需求信息及反馈后，应及时梳理，积极给予回应，注重供需双向互动，满足村民的个性化需求。

第二，打造本土特色文化品牌。农村地区到底需要什么样的文化？区域现有的本土文化是否可以包装打造？这是坚持需求导向需要思考的问题。根据调研发现，农村地区优秀的、具有鲜明地方特色的文化更加容易得到村民的青睐和认可，因此应培育特色品牌，打造多元本土文化产品，比如，清水镇、斋堂镇的民间戏团比较多，可以对其加以包装改造，并通过节庆日展演等形式把山乡戏曲带动发展起来；军庄镇利用本地在古代为军事要塞的历史文化打造"一镇一品"军庄大鼓；斋堂镇打造柏峪燕歌戏文化艺术节。

第三，配送精品文化。供需错位的一个重要原因就是政府提供的文化服务内容单一，吸引力不够。以需求为导向的重点是文化服务内容应丰富多彩，具有创新性，符合老百姓日益增长的文化需求。除配送基本公共文化服务外，更为重要的是提供老百姓平时难以享受到的高品质的文化演出、精品文化活动，比如，北京交响乐团、中国杂技团进山区演绎，提升山区文化服务的品质和格调；人民艺术家进农村到群众身边表演，利用名人效应调动群众的参与积极性；3D电影进入深山区播映，满足深山区群众观看3D电影的需求。

第四，探索数字化体验模式。文化和科技的融合是必然趋势，加强公共文化数字化建设是发展方向。在山区打造数字化文化中心试点，通过元宇宙概念，将传统文化融入虚拟空间，将各个村的非遗文化整合到一起，为山区群众创造沉浸式体验空间，让老百姓感受数字科技与文化的时尚结合。

（三）构建政府主导、多元主体协同的供给模式

在构建现代公共文化服务体系的过程中，政府、市场和社会三者缺一不可。政府的作用是保基本、促公平；市场的作用是提供多样化的产品和服务；社会的作用在于激发各类社会主体参与公共文化服务的积极性，创造良好的社会环境。政府、市场和社会之间应互补互助，如此才能保持良好的发展态势，提供优质的文化服务。

第一，坚持政府的主导地位。公共文化服务从根本上说是政府向老百姓提供基本公共服务，政府主导是大原则。农村公共文化服务必须由政府主导，不能完全交给市场和社会，因此，政府应做好顶层设计，把握正确的方向和原则，发挥指导与规划作用，提供资金和技术支持，促进城乡资源合理配置。

第二，全方位鼓励和引导社会力量参与。社会主体、文化企业往往拥有先进的技术和专业的人才团队，是农村文化供给不可或缺的参与主体。目前，门头沟区各镇（街）虽积极探索实践社会化运营模式，但机制不够健全，渠道不够畅通，社会力量的投入动力不足。有效对接农民群体多样且复杂的文化需求，应大力

鼓励支持社会力量的参与，鼓励社会资本参与农村地区设施建设，鼓励社会团体和机构参与提供公共文化服务，进一步探索推广政府和社会资本合作（PPP）的模式实践。

第三，发挥群众主体性。是否以人民为中心是检验农村公共文化服务成效的重要标准。公共文化服务的最终受益者是人民群众，因此群众有权利享受公共服务，也有权利为自己创造和提供公共服务。群众自身的主体力量也是公共文化服务体系建设中强有力的力量，因此应充分激发当地村民对乡村文化的认同感，强化群众自觉参与文化活动的意识，唤起村民取材本土文化投身文化生产创作的热情。例如，门头沟区文化馆下乡辅导演出重在培育基层团队和演员，依托当地特色文化，与山区村民一同改编创新文化产品，并进行联合共演，这种方式调动了群众参与文化服务的能动性。

（四）加强人才队伍建设，强化人才支撑

人才队伍建设是农村公共文化发展的关键，目前，门头沟区大部分农村地区面临公共文化服务人才短缺问题，因此要加快补齐短板，为农村公共文化服务体系建设提供必要的人才保障和支撑。

第一，建立人才引进机制。针对当前门头沟多数村（居）缺少专职文化工作者的现状，应采取针对性的人才引进举措，尽快配齐人员，条件欠缺的村（居）可以通过人才返乡创业计划或城市文化人才选派、挂职等形式进行人员补充，还可利用北京市区

丰富的教育资源，与高校进行合作，建立"大学—乡村"联系机制，引进优秀大学生到村，补充高素质人才力量。

第二，加强基层工作人员培训。提供平台和渠道对现有基层工作人员进行培训，通过举办文化专题培训班、岗位练兵、骨干深造等方式，提高基层文化工作者的业务能力和综合素质，在农村培育打造出既有专业知识又懂文化管理的复合型人才队伍。

第三，挖掘民间文化艺人。各个农村都有大量的文艺爱好者，应充分挖掘基层文化艺人，培养农村本地人才，鼓励组建发展农村群众文化艺术团体，促进基层公共文化活动的开展，确保农村文化人才队伍的多样性。

（五）健全绩效考评机制，加强监督管理

完善考核评估机制是提升公共文化服务供给质量的关键，目前，门头沟区农村公共文化服务在考评方面尚有较大的提升改进空间，应尽快建立政府监督、第三方测评、群众评议相结合的多元监督和反馈体系，提升文化服务供给的效率和质量：一方面，根据农村实际情况，完善相关管理制度，建立一套操作性强的监督和管理体系，指导考评工作开展；另一方面，建立一套高质量的评估机制，形成内外相结合的监督形式。在评估指标上，注重全面性，将资金使用情况、设施利用率、服务效能、服务对象满意度等作为评估项目，综合考虑。在评估主体上，要保证多元化的主体共同参与，防止片面性，具体而言：首先，政府应深化内部自我绩效评估，将考评结果与奖惩、职位晋升直接挂钩；其

次，引入第三方机构，针对农村地区公共文化服务供给情况进行动态评估，对255个村（居）的工作推动情况、重点问题解决情况以及群众满意度等方面进行每月一次的全覆盖检查，对照系数标准，将评估结果进行整合汇总；最后，倡导群众与民间团体参与考评，可设置积分奖励、众筹评价信息等评价反馈平台，激励群众积极对公共文化活动进行打分、评价，提升群众的参与感。

文化铸魂、以文塑旅，建设和美乡村[*]

——古北口村发展乡村旅游推动物质精神双富裕实践案例

古北口村地处素有"京师锁钥、燕京门户"之称的密云区古北口镇境内，是古北口镇中心所在地。村域面积11.33平方千米，有村民386户、1060人，是北京市少数民族民俗村之一。古北口村在历史长河的发展、衍变过程中，为后人留下了极其丰富的历史文化财富，是一个集长城体系、自然风光、人文景观、历史古迹、红色爱国等多元文化于一身的历史文化名村。近年来，古北口村接连荣获"北京最美乡村"、北京市爱国主义教育基地示范单位、中国少数民族特色村寨、中国传统村落、全国乡村旅游重点村等荣誉称号。

为扎实推进宜居宜业的和美乡村建设，古北口村以镇规划为引领，围绕"文化立镇、旅游强镇、生态富民"的工作目标，树立文化铸魂理念，以把握乡村意识形态主动权为抓手，在建筑文化保护、传统文化溯源和利用、红色基因传承、理论宣传教育等

---

[*] 作者简介：叶燕梅，中共北京市委农工委党校学员管理科副研究员；梁秀文，中共北京市委农工委党校工作部主任、研究员。

方面下功夫，确立了打造"长城文化带及爱国主义教育基地旅游路线生态休闲旅游村"的发展目标，借力乡村振兴的战略机遇，持续朝着文化旅游、生态旅游和休闲旅游的方向发展，使文化在传承中转变成促进乡村和谐发展的精神力量，推动文旅产业持续发展。

一、主要做法

（一）坚持规划引领，文化铸魂，促进和美乡村建设提质增效

一是挖掘历史文化资源，用文化故事增进文化认同。在探访城墙、城堡、庙宇、抗战遗址等丰富多彩的长城文化资源的基础上，古北口村对名人文化、诗词文化、民俗文化进行分类梳理，同时积极联系市委党史研究室、中国长城文化研究中心、密云党史办等单位的近百名专家学者挖掘整理村庄历史，出版发行了《古北口史话》《浴血古北口》《古北口传说故事》等书籍；利用北京电视台等媒体，通过"古韵千年，印记古北"旅游宣传片宣传古北口村的文化活动，报道村庄的文化故事；邀请画家、摄影师等驻村写生、创作，制作"原味长城"旅游摄影集；建立中国书画珍藏馆、古北口村史展览馆，展示村庄的历史、特色和传统文化。

二是加强宣传教育培训，培育乡村文化自觉。村"两委"提出若干通过教育提升村民文化自觉的重要举措：首先，开放乡村

文化角、图书室、书画室，为村民学习提供环境，也可组织村民集体看电影、戏曲，参与关于乡村文化的有奖竞答等，让村民在参与活动的过程中既学习到文化知识又培育起文化自觉；其次，将党群活动中心作为党员、群众的教育培训基地，用历史文化背后的精神内涵定期对村民进行思想政治教育，通过宣讲来提高村民辨别不同性质文化的能力，鼓足村民的精神力量；再次，以本土旅游人才培养为重点，定期开展旅游接待、烹饪等方面的培训活动，不断提高古北口村的旅游接待水平。结合古北口村传统村落保护发展需要，定期举办专题讲座，积极鼓励本村从事建筑业、手工业的老师傅向年轻人传承技艺；依托本村的文化底蕴和现有资源，积极引进高校、企业和相关研究机构的专家入驻，搭建多级人才梯队，以孵化本村人才，让人才留在本村，并利用村内优质的旅游资源在古北口村创业发展。

三是发挥文化活动载体作用，焕发传统文化新活力。古北口村以打造"一村一品"为契机，深度挖掘民俗、民间节庆、非遗项目、名人典故等历史文化资源，寻找会传统节目的艺人，打造旱船、跑驴、大头娃娃、扇子舞、大秧歌、巴山舞、满汉兄弟是一家等七支品牌文化队伍，结合长城庙会、农民丰收节、端午节、旅游季等时间节点，开展跑旱船、大秧歌、轧鼓等传统文化表演，进行《千秋古北口》古韵文化演出，展现古北口人民对长城的守护、对乡土的热爱、对乡愁的理解、对传统技艺的传承。同时，古北口村推出古御道扇文化节、善缘街展示、风情摄影展等一批特色活动，挖掘传统满蒙宴席"二八席"和特色小吃，每周六、周日设置御道小吃摊，组织村民进行民俗表演，聘请京韵大鼓表演者进行现场演唱。邀请民间艺人教授太极拳、宫灯制作等传统文化技艺，一批民间传统文化得到了传承和推广，古北口村厚重的历史文化韵味得到了充分展现。

（二）凝聚合力，以长城红色文化为底色，打造实景文化体验区

一是打造"学党史·寻民族魂·再走胜利之路——古北口红色文化主题区"。为了弘扬伟大的长城抗战精神，古北口村积极推进红色遗址项目的改造提升：重修了古北口长城抗战七勇士纪念碑，对古北口长城抗战纪念馆进行了展陈提升，整修了侵华日军投降地，推动古北口战役阵亡将士公墓列入第二批国家级抗战纪念设施遗址名录。打造"胜利之旅""国歌长城""壮美河山"3条红色研学旅游线路，对现有的森林嘉年华园区进行提质升级，推动"红色长城文化体验园"项目建设。二是聚焦研学旅行方向，让"行走的课堂"持续升温。古北口村围绕镇级政府打造"长城古镇"的发展目标，深挖长城文化、红色文化和民俗文化等资源，聚焦研学旅行方向，目前推出了"大城小匠"主题亲子营、"长城脚下"研学营等丰富的研学旅行活动。让孩子们走出校园、亲近自然、寓游于学的"研+学"旅行学习模式备受学校与家长的推崇和孩子们的喜爱。2023年六七月间，已吸引34所机构团体6200余人前来参观探访，直接带动旅游消费90余万元。

（三）着眼发展动能，文化赋能，打造本土特色文化品牌

古北口村不仅是中国首批文化和旅游重点传统村落，也是潮河之畔的"中国最美乡村"。一直以来，乡村旅游产业是古北口村的主产业，但乡村旅游的运营模式单一，缺少新途径新路径，主要依靠村内文物文化资源、发动村民开办民俗饭庄和提供旅游服务，方式传统，吸引人群有限。为推动乡村文化建设，带动旅游产业发展，古北口村引入中央美术学院美丽乡村帮扶社会实践项目，通过专业院校对红色之旅、民俗文化发展状况的调研考察，梳理可持续发展的自然资源和人文基因，利用中央美院的设计资源优势，以"古韵承千年，文化古北口"品牌为引领，设计古北口村ID标识、特色Logo、"印象古北"宣传手册，统一农产品包装设计标识、统一宣传口号、统一旅游宣传标准色，使传统文化与现代设计有效融合；同时，古北口村引入社会资本打造兼具民俗文化元素和北方传统民居风格的特色民宿，全面打造彰显地域文化特色、传承当地文化精华、呈现文化创新的新乡村。

（四）聚焦乡村风貌，实现文化元素与美丽乡村建设有效融合

乡村是传统文化的重要载体，是乡村文化建设的重要基础。古北口村突出历史挖掘和文化引领作用，抓住农村风貌建设这个关键，突出京北民居特点、地域文化特色和现代文明特质，严格把控民居建设风格和样式，落实《古北口镇长城村落民居风貌引导办法（试行）》。2008年，古北口村首次出台民俗院落改造政策，对改造标准、补贴标准等进行了规定。此后，村庄又于

2012年、2014年、2023年多次出台改造政策，逐步提高对民俗院落改造户的补贴力度，补贴标准由2000元提高至6万元。截至2023年底，古北口村共对109家完成房屋改造的民俗户进行了补贴。修缮后的民宿配置了手冲式厕所、太阳能热水器、无线网、清洁取暖等现代设施，建筑样式采用仿古三合院、四合院设计，配有仿古檐、仿古门窗、户外牌匾和对联，山墙沿用了村庄独有的两边青砖、中央河卵石结构的三花山墙、五花山墙，颜色是一水儿的仿古青灰色，与村内古民居风貌完美融合，使得古村落气息扑面而来，有效保护了中国传统古村落的整体风貌。

二、工作成效

（一）文化建设与产业发展相结合，促进乡村旅游可持续发展

古北口村"一张蓝图绘到底，撸起袖子加油干"，引导村民新建、翻建具有古民居特色及古北口村特色的房舍院落，推动民俗旅游提档升级，传承历史文化，展现京味乡韵。统筹保护利用蟠龙山长城、令公庙、药王庙、长城抗战纪念馆、历史文化馆、古御道等历史文化遗存及村内山水林田河，大力推进古御道景区建设。全村275个农户院落有150户经营民俗旅游，2020年，全村经济收入4060万元，人均年收入25300元。2022年，全村经济总收入4570万元，人均年收入26745元，旅游综合收入2910万元，全年接待游客15.5万人次，带动就业323人。2018年，古

北口村被评为北京市充分就业村，仅民俗旅游方面全村人均增收近万元，年收入最高的民俗户达到50多万元，村内百姓端上了"文化碗"，吃上了"旅游饭"，民俗旅游收入已逐渐成为该村村民的主要收入来源。

（二）加强基础设施建设，提升村民生活福祉

古北口村在文化旅游建设工程的带动下，把农村环境整治作为推进和美乡村建设的重要抓手，加强生态管护，夯实河长制度，使用清洁能源，加强对村容风貌、建筑风格特色的管控与引导。一系列措施下，古北口村的基础设施和生态环境得到明显改善：村庄道路实现路灯照明，村民出行更加便捷。自来水集中供水，污水集中处理，从根本上解决了村民污水乱排问题。配套建设了停车场、公共卫生间、健身广场、森林嘉年华休闲公园等场所设施，极大地满足了游客和村民的生活需求。古北口村在全镇率先推行煤改电，村庄环境得到极大改善。在全村安装网络服务器，实现了Wi-Fi全覆盖……乡村旅游发展产生的巨大成效不仅带给村民更好的居住环境与人文环境，也使得村民的经济水平大幅度提升。如今的古北口村，空气质量优、水体质量优，绿化覆盖率在75%以上，"村在长城下，屋在树林间，人在画中游"的美丽乡村梦想成为现实。

（三）丰富乡村文化活动，促进村民精神富裕

一是乡村的和谐发展，离不开乡村的文化建设，而乡村的文

化建设则离不开乡村的文化活动。古北口村开展形式多样的新时代文明实践活动，以健康、文明、大众的活动丰富群众的精神文化生活，采用群众喜欢的漫画、顺口溜等图文并茂的形式，营造出浓厚的文化熏陶和道德滋养的氛围，潜移默化地在千家万户播下新思想、新时尚的种子，提升村民的文化获得感幸福感，为村民的精神文化生活增添乐趣。二是和美乡村建设需要大力弘扬"和善有爱"的道德观。2019年开始，古北口村以礼、信、孝、德、美为主题，深入开展"孝贤"评选工程，每季度评选尊老爱幼星、美丽家庭星、遵纪守法星，将社会主义核心价值观和中华优秀传统文化相融合，让上慈下孝、守望相助、诚实守信、遵纪守法、与人为善等传统美德在乡村建设中发扬光大，力求达到物质文明与精神文明的高度统一。

（四）搭建民族沟通文化桥梁，增进民族团结

古北口村是北京市少数民族村，居住有汉族、满族、回族、蒙古族等七个民族。村党支部为促进各民族间的团结进步，一是将民族团结元素注入古北口长城抗战纪念馆、红色长城文化体验园、古北口村历史展馆、文化大院等历史文化资源中，通过深挖文物背后的故事，将民族团结进步教育巧妙融入讲解环节和展示环境中，打造展示各民族休戚与共的教育展示基地。二是发掘古北口村悠久的中华民族共同体历史文化底蕴，开展"民族大家庭 浓情过端午"、中秋佳节话团圆、旅游季系列"民族节庆"主题活动。2023年5月，在北京市铸牢中华民族共同体意识宣传月

期间，古北口村借京玉民族团结"一村一街一校一企"携手共建交流活动之机，邀请玉树交流团参观村情展史馆，使他们了解了村容村史，同时开展了"京玉两地乡村共建对接座谈"，有效增进了各族群众对中华民族共同体的认同。

三、经验与启示

（一）坚持党建引领，推动文旅产业融合发展

古北口村党支部抓住"两委"班子这个关键，在班子建设上始终以习近平新时代中国特色社会主义思想和党的二十大精神为指引。遵照习近平总书记"我们要加强对历史的学习，特别是对中国古代史、中国近现代史、中国共产党党史的学习"的指示，利用本土历史文化资源向党员干部群众开展历史，特别是党史的宣传教育，切实将红色文化精髓融入精神血脉，筑牢文化的"根"与"魂"。同时，党支部把学习活动与实践工作相结合，推动优秀传统文化创造性转化、创新性发展，引领古北口文化自信自强新局面。

村党支部按照"党建＋企业＋合作社＋民俗户"的发展模式，引导民俗户规范化服务，成立了古御道生态旅游开发有限公司、古北口红色（北京）教育咨询有限公司，村委会还成立了古北口村民俗旅游经济合作社，把更多的村民组织了起来。建立起统一策划、统一宣传、统一接待、统一培训、统一配送、统一价

格的"六统一"管理模式，与民俗户签订《规范经营协议》，形成公平、规范、文明的良性营商环境，实现民俗户"从有到强、从各自为政到形成合力"，有力确保了古北口村民俗旅游的质量，使村主导产业得到了极大发展，带动村民增收致富效益更加凸显。

（二）激发村民主体意识，建立乡村文化自信

村民是乡村各个方面建设的主体力量，村民的主体意识是进行各项建设的内在驱动力。激发村民主体意识的主要方式就是要让村民在乡村建设中有参与感。

古北口村始终以村民为核心，维护村民的根本利益。村内的改造与重建工程都从村民的角度出发，充分尊重了村民的意愿，激发了村民的主人翁意识；此外，还邀请村民参加文化讲座，与企业家、艺术家座谈，观摩以村庄文化为主题的艺术写生、书画展览，让村民在耳濡目染中增强对传统文化的认同感和归属感。通过在村的老年人将信息传递给在外的年轻人，众多有志青年开始回乡创业谋发展。

村民还直接参与长城保护巡查、学生研学导游、节庆庙会传统技艺表演、传统小吃制作等活动。在村民与乡村文化的触碰过程中，古北口村发掘村民所认可的价值观念、行为规范、文化意义，找到维系人与人、人与社会的精神纽带，强化村民对传统文化的价值共识，作出对传统文化的正确判断与评价，最终形成理性的文化态度和文化认同，在此基础上逐步建立起乡村文化自信。

京味文化

（三）切实保护历史文物资源，守护好乡村旅游发展的根基

在规划建设中，古北口村对历史文物古迹也实行最严格的保护措施。近年来，村庄积极争取市、区两级支持，以"北京长城文化带工程"建设为契机，制定文物保护中长期发展规划，秉持修旧如旧的原则，累计投入5000余万元分期分批进行古迹修缮，重点实施了蟠龙山长城将军楼、杨令公庙、长城抗战纪念馆等修复保护工程。除此之外，还先后修缮了古御道、娘娘庙、药王庙古建筑群、北门城楼七勇士墓、古北口保卫战纪念碑等古迹。目前，古御道景区（分为古镇和蟠龙山长城两部分）被评为国家AAA级景区，长城抗战纪念馆成为密云区唯一入选的国家级抗战纪念馆。2021年，古北口村被中组部确定为"红色美丽村庄试点村"，红色精神进一步扎根生长。

（四）聚焦本乡本土特质，构建多元化场景体系

和美乡村建设要遵循"和而不同"的社会观。在进行乡村文化建设时，古北口村根据自身的特质和优势，因地制宜，结合地域特色及文化特色进行整体打造，紧抓旅游市场热点，针对不同游客群体营造多种体验方式，演绎多维场景，并通过建筑语言（精美砖雕、石雕装饰的传统四合院独具北方村落风情）、景观环境（御道时光）、文化雕塑（红色景观大道）、文化创意产品等载体进行表达，形成文化教育、休闲娱乐、旅游观光等多种场景，满足了不同人群的需求，实现了民俗文化和旅游的深度融合发展。通过深挖乡村文化的内涵和物质载体，整合、开发有吸引力

的旅游产品和服务，古北口村拉动了节庆消费，增强了乡村的文化深度，提升了乡村的吸引力。

（五）发挥结对帮扶政策对旅游品牌的塑造和带动作用

2022年初，古北口村与北京市文学艺术界联合会、中央美术学院、北京舞蹈学院、北京快手科技有限公司、密云区农业农村局等单位签订了《古北口村红色美丽乡村建设"1+4"对口帮扶战略合作协议》，力求通过互带互动、优势互补、资源共享、共同发展，为古北口村的组织建设、集体经济壮大、产业发展、乡村振兴等方面提供有力支持，增强古北口村的知名度和品牌竞争力，打造新时代文娱教育为一体的多元化旅游品牌。

未来，古北口村将继续挖掘文化内涵，促进文旅融合。积极盘活闲置民居资源，实施精品民宿改造，成立河东村民俗旅游联盟，统一打造高端民宿品牌；在繁荣高海拔山区民族民俗文化的基础上，突出"天人合一"的传统生态价值观，以民族民俗文化活动、高山运动文化活动、养生健身文化活动、家庭休闲文化活动、艺术创意文化活动为支撑，形成地域特征明显的高山生态休闲文化。

文旅融合赋能美丽乡村建设[*]

——以门头沟区潭柘寺镇为例

潭柘寺镇位于北京市门头沟区东南部,拥有丰富且类型多样的生态、文化及旅游资源,其镇名缘起于北京著名佛教寺院之一——潭柘寺。北京谚语道:"先有潭柘寺,后有北京城。"除了潭柘寺,镇域内还有天门山国家森林公园、定都峰等景区。潭柘寺镇境内林木覆盖率达到79.5%,植被大部分为黄栌、侧柏等,是名副其实的"天然氧吧"。

近年来,随着国家乡村振兴战略的提出与实施,潭柘寺镇利用丰富的自然资源和历史文化资源,因地制宜地发展旅游产业,将生态文化和传统文化赋能旅游产业,通过生态旅游、文化旅游、休闲康养等多种旅游形式,不断推动旅游业态转型升级与创新发展,提升旅游产品以及旅游服务质量,推进全域美丽乡村建设。

---

[*] 作者简介:张峰溟,中共北京市委党校(北京行政学院)哲学与文化教研部硕士研究生。

一、主要做法

（一）发展全域旅游，规划精品旅游路线

2022年8月15日，北京市门头沟区政府发布了《北京市门头沟区"十四五"时期休闲农业发展规划》，提出打造西山永定河休闲农业精品线路以及西山永定河农学教育休闲农业精品路段。休闲农业精品线路主要以赵家台美丽休闲乡村及潭柘厚院、赵家台休闲农业园、王坡市民菜园、华严小镇、桑峪樱桃园、平原禅农休闲农业园、草甸水休闲农业园、北村生态观光园8个休闲农业园和沿线阳坡园紫旸山庄民宿集群、乡村民宿等休闲农业节点为依托，以古御道为脉络，着力发展观光采摘、市民菜园、健康养生、禅食作坊等业态，与沿线的古御道、潭柘寺4A级景区、八奇洞4A级景区、定都峰3A级景区、天门山森林公园、中国中医药健康旅游基地5个乡村旅游景点实现融合发展。该线路充分利用了潭柘寺镇境内所蕴含的文化、生态等丰富的旅游资源，并将之放在全域旅游规划的视角内与多种旅游形式和资源进行融合。项目没有简单地以潭柘寺等知名景点为中心，而是整合镇域文旅资源，将多处景点纳入其中，大大丰富了文旅项目的内容含量。

在2023年中秋、国庆双节来临之际，潭柘寺镇以"亲近自然，探索田园乐趣""闲逛民俗村，享受微时光"以及"迎向星

空，拥抱自然"为主题，发布了三条门头沟秋季微度假旅游精品线路，线路串联了潭柘寺、一岁农庄、一农休闲农庄以及赵家台民俗旅游村等潭柘寺镇农林旅融合典型点位，以期为游客提供远离城市的喧嚣与浮躁、亲近自然、放松身心、感受悠闲时光的美好体验。这不仅拓展了潭柘寺文旅品牌的广度，也为城市游客的节假日出行提供了便捷清晰的选择。

（二）打造特色文化民宿，打造"小院+"定制游

近年来，民宿行业大火，作为文旅市场的接待和独特承载区，民宿以其精致独特的文化氛围为游客提供舒适的文化体验。民宿提供了重要的休憩场所和文化体验空间，是一项重要的旅游产品，是旅游产业转型升级不可缺少的重要环节，同时也是实施乡村振兴战略、推进美丽乡村建设的重要抓手。

为加快推进"民宿+"产业的发展，充分将富有镇域特色的传统文化、名胜古迹等特色资源与文旅多业态纵深融合，潭柘寺镇旅游工作中心依托门头沟区"文化有约，乐享京西"高质量公共文化服务配送活动，邀请专家学者开展文化故事讲坛等讲座，将文化送进民宿，将京西故事带进小院，更好地帮助潭柘寺镇民宿主和游客开阔视野，了解当地文化，加深文化认同。同时，潭柘寺镇利用特色传统文化鼓励民宿实现差异化发展，通过"小院+"定制，依照细分市场兴趣爱好，开发了四种个性化的民宿模式："小院+红色""小院+研学""小院+创客""小院+农耕"，不仅满足了游客对于文化体验的需求，同时

也为民宿高质量建设与特色化创新发展探索了新方向。

（三）加强环境整治，推动美丽乡村建设

环境的保护与治理不仅是发展森林康养旅游的需要，更是推进乡村振兴的重要手段。近年来，潭柘寺镇持续推动美丽乡村建设，精心打造"一村一景"，深入开展人居环境整治和村庄清洁行动，完善建设人居环境长效管护机制；同时，将人居环境整治工作融入日常工作，依托"镇—村—网格"三级包保制度，将人居环境整治工作抓在日常、抓在经常。环境的好坏直接关系到游客对于旅游目的地的第一印象以及旅游体验感，尤其是对于以"生态立区"的潭柘寺镇来说，这一点更为重要。在旅游旺季到来之际，潭柘寺镇全力做好环境服务保障工作，加强对重点区域的巡检清理频次。2023年2月13日，北京市文化和旅游局公示了《2022年北京市森林康养旅游示范基地名单》，门头沟区潭柘寺镇榜上有名，足见加强环境整治对于促进文旅繁荣发展的成效。

（四）鼓励首店经济发展，吸引城市游客

随着消费需求的多元化、个性化，首店经济逐渐成为引领城市商业换新升级的重要手段。当下，一批深受年轻人喜爱的首店、潮店、旗舰店落户门头沟区檀谷商圈，有力地带动了潭柘寺及周边地区的商业经济发展；同时，借助潭柘寺镇内的特色文化民宿，一批又一批的年轻游客前来打卡，为地区绿色高质量转型发展增添了新动能、注入了新活力。位于潭柘寺镇紫旸山庄二期

三区的户外品牌"雪峰（Snow Peak）"作为区域首店，包含展示接待、陈列零售、休闲餐饮等诸多功能区域，吸引了众多户外运动爱好者以及山居体验者，他们一边享受宁静美丽的自然风光，一边品味香醇的咖啡，完美诠释了当代年轻人小资的生活情调。首店经济模式以及大型商圈的搭建为潭柘寺镇的传统文化更好地与大众消费文化相结合以及实现创新发展搭建了平台，再加之潭柘寺镇内丰富的生态资源，使游客在光顾首店的同时，还能欣赏到绿水青山的生态美景，享受休闲时光。2023年9月29日，TANKO檀谷商圈正式开放迎客，随着更多新企业、新商户的入驻，商圈有望借助流量经济的力量更有效地带动旅游等周边产业的发展。

二、困难与问题

（一）基础设施建设有待进一步加强

尽管近年来潭柘寺镇已经在基础设施建设上做了很多工作，但仍存在一些难题和问题，比如，潭柘寺景区及周边交通拥堵和停车困难的问题仍然需要与区相关部门深入研究，加强交通管理，不断对道路设施、停车设施进行科学合理的设计，为游客营造有序便捷的交通环境。此外，还需要进一步提高游客到潭柘寺镇的便利程度，从公共设施方面发力，重视公共交通的配置和提升，开发和推广旅游专线公交、旅游观光车等，让游客可以轻松、快速地到达潭柘寺景区，减少私家车对道路的压力。同时，通过智能化手段，比如，建立智能停车系统、智能导航系统等，提高道路和停车场的使用效率，完善停车收费制度，引导游客合理停车。

（二）镇内居民参与度不高

潭柘寺镇在发展文旅项目的过程中，本地居民的参与度不高。本地居民对自身文化资源的理解和认知更加深入与透彻，在文化资源的保护、整理、传承和利用上可发挥重要作用。缺少本地居民的深度参与，文化资源的价值就可能无法得到充分的挖掘和利用，甚至会出现资源的损坏或遗失。同时，本地居民是旅游服务的主要提供者，其服务态度、专业技能和行业素养直接影响游客的旅游体验。可将本地居民纳入文创产品开发、旅游产品设计建设等环节中，这样不仅有助于因地制宜地开发旅游产业，还能促进乡村振兴在潭柘寺镇的落实。

（三）镇内景区经营管理水平有待提高

因自身知名度以及历史文化等原因，潭柘寺景区得到了相关部门的保护与开发，并且具备了系统的经营管理机制，但是镇内全部景区的整体经营管理水平有待进一步提高。对此，可以在发展区域旅游的基础上，引进专业管理团队提供智慧服务，推动景区实现智慧管理。同时，由于镇内蕴含着丰富的历史文化遗产，要在智慧管理的基础上，利用先进技术手段做好对文物的鉴定、修复和陈列等工作。除引入专业的景区经营管理团队，文创研发团队也需要做好文化挖掘、产品研发和宣传营销等工作，实现与其他景区文创品牌的差异化竞争，并且将文创产品的范围扩展到潭柘寺之外的景区，全方位转化旅游资源，提升潭柘寺镇的整体知名度。

三、经验与启示

（一）保护潭柘寺镇内优秀历史文化，推动文化资源创新转化

要加大对镇内历史文化资源的保护力度。首先，对潭柘寺镇内的历史建筑、古村落、传统工艺等进行全面的登记，建立保护名录，以便进行有效的管理和保护。其次，倡导全社会尊重和保护历史文化资源，营造良好的文化保护氛围。最后，利用现代科技手段，如数字化技术等对文化资源进行数字化保护和展示，使其更加生动、形象，增强其传播力和影响力。

推动文化资源的创新转化。积极探索文化资源的创新利用方式。继续深入挖掘文化遗产背后的历史故事，加大对文创产品的研发和推广，实现历史文化和现代生活的有机结合。还可对潭柘寺镇的历史建筑和古村落进行适当的文化创新设计，结合当前的生活需求和趋势，将其发展成为文化创意产业园区，吸引更多的年轻人和游客来此体验和感受历史文化。此外，除了关注物质文化遗产，在非物质文化遗产方面，京西民俗文化资源丰富多彩，

在对其进行系统保护的基础上，将之融入旅游产业链中，不仅做到了保护，也推动了文旅融合进程，促进了非遗创新发展。

（二）丰富产品类型，打造特色文创品牌

潭柘寺镇文化融合产业的打造没有仅仅局限于对潭柘寺单一景区的开发，而是将视角放进了整体旅游的产业链之中，从引入首店经济吸引城市游客，到通过打造"小院+"的定制文化民宿，等等，不仅实现了旅游产业的转型升级，扩大了旅游产品的种类和维度，而且为地区特色文化更好地融入旅游产品搭建了合适的平台。此外，针对现如今年轻人对寺庙文化的喜好，潭柘寺镇打造专业的文创品牌，开发各类符合市场需求的文创产品，有效活化了区域内的历史文化资源，下一步，潭柘寺镇的目标是如何在保留特色文化的基础上与其他景区展开差异化竞争，吸引更多年轻人。

（三）重视生态保护，打造绿色生态文化

作为森林康养旅游示范基地，同时也是首都的天然氧吧，潭柘寺镇拥有丰富的生态森林资源，对于北京市的环境保护事业有着重大意义。镇内有国家级森林公园——北京天门山国家森林公园，这也对潭柘寺镇的生态保护与治理工作提出了更高要求。为此，潭柘寺镇持续加大对镇内环境的巡查监督工作，做好镇域环境整治与维护，同时不断加强公共卫生间、供水与污水处理等方面的建设。这不仅有助于为潭柘寺镇甚至门头沟旅游打造响亮的生态名片，同时可开展多样的生态文化旅游项目，如森林漫步、

农林融合生态项目、森林康养旅游等，更契合当代年轻人回归自然、休闲游憩的生活理念。

（四）深入发掘文化，推进本土文化推广与普及

习近平总书记指出："中华优秀传统文化是中华文明的智慧结晶和精华所在，是中华民族的根和魂，是我们在世界文化激荡中站稳脚跟的根基。"[①] 乡村振兴是实现中华民族伟大复兴的一项重大而紧迫的任务，而文化振兴是实施乡村振兴的重要内容和力量源泉。发展乡村旅游正是为区域特色文化搭建发展与传承的平台。潭柘寺镇依据自身的历史文化与生态文化，不断开发满足游客需求的文创产品与旅游产品，在关注文化背后的故事讲解与输出的同时，为民宿主和村民举办相应的文化讲座，用文化赋能当地旅游产业，在普及地区文化上不断做贡献。

深厚的文化积淀是激发潭柘寺镇旅游产业活力的重要抓手。潭柘寺镇在发展文旅融合相关产业方面拥有得天独厚的资源禀赋，未来将持续加大对镇内文化遗产的保护力度，同时讲好文化遗产背后的历史故事；此外，要盘活实体资源，打造创意精品民宿，依托大型商圈的集聚功能，拓展首店经济辐射范围，满足游客更多多样化、个性化的需求。借助文化赋能旅游发展大方向，可有效带动潭柘寺镇居民建设美丽乡村的积极性和镇经济发展，落实乡村振兴战略。

---

① 《习近平关于社会主义精神文明建设论述摘编》，中央文献出版社2022年版，第236页。

创新文化

改革创新融合发展，不断提升媒体传播力和影响力*

——北京广播电视台深化改革工作的实践与探索

近年来，随着新媒体的快速崛起，传统广播电视行业再次面临互联网挑战后的第二次"革命"。在媒体重构和融合发展的时代浪潮下，传统广播电视机构的改革也势不可当。国内众多省市广播电视机构纷纷出台不同的改革策略，致力于推动广播电视行业的媒体融合发展。在此过程中，北京广播电视台按照市委、市政府有关工作部署和市委宣传部工作要求，积极投身改革浪潮，集中力量推动"三台合一"改革工作，努力探索广播电视行业的改革创新和融合发展之路。

一、北京广播电视台推动深化改革工作的主要原因

（一）外部环境

技术变革带来舆论生态、媒体格局和传播方式的深刻变化，

---

* 作者简介：孟庆存，北京广播电视台人力资源部主任。

广播电视等传统媒体面临严峻复杂的挑战和生存发展压力，需要通过改革来进一步提升媒体的传播力、引导力、影响力和公信力。

数字技术、移动互联网技术的快速发展和应用改变了传媒行业的发展趋势，媒体格局转变为新媒体和全媒体时代。全程媒体、全息媒体、全效媒体、全员媒体的快速发展，改变了舆论生态、媒体格局和传播方式，使传统以报纸、广播电视等为主的主流媒体在内容生产、用户份额、盈利模式、广告收入、人才队伍等方面遭遇严峻挑战，传统媒体面临巨大的竞争和发展压力。全媒体时代打破了电台、电视台等传统主流媒体对信息聚合与传播的垄断地位，削弱了其作为信息中介的作用，造成了媒体传播力、竞争力、公信力的下降。

（二）内部环境

节目"结构性过剩"和"实质性短缺"并存，传统的管理体制机制导致管理效能不足，需要通过改革促进媒体融合创新发展，提升管理效能。

原北京人民广播电台（以下简称原电台）和原北京电视台（以下简称原电视台）分别从事广播、电视节目采编制作等内容生产，并建有各自的新媒体平台。但是无论是广播还是电视，大众节目的"结构性过剩"与优质精品节目的"实质性短缺"存在并存现象，优质精品节目有效供给和自主原创生产后劲不足，与人民群众对美好生活的需要存在差距。从体制机制上看，原电台和原电视台市场化程度不一，在内部管理和绩效、薪酬制度等方面，传统人事管理印记明显，管理层级较多，存在编内用工、编外劳动合同和劳务派遣用工等多种形式，管理不统一，人才队伍活力不足，管理效能呈现下降趋势。从创收营销上看，原电台和原电视台长期以来以广告收入为主要收入来源，但在新媒体快速崛起和媒体快速融合发展的背景下，广告收入逐年下降，二者的生存发展面临压力，难以形成事业创新发展的有力支撑。

二、北京广播电视台深化改革工作的主要做法

2018年8月21日，习近平总书记在全国宣传思想工作会议上指出："做好新形势下宣传思想工作，必须自觉承担起举旗帜、聚民心、育新人、兴文化、展形象的使命任务。"[1]之后，又在其他场合说："我们推动媒体融合发展，是要做大做强主流舆论，巩固全党全国人民团结奋斗的共同思想基础，为实现'两个一百年'奋斗目标、实现中华民族伟大复兴的中国梦提供强大精神力量和舆论支持。"[2]党的二十大报告也提出，加强全媒体传播体系建设，塑造主流舆论新格局。这些都对北京广播电视台改革创新和媒体融合发展提出了明确要求，指明了改革方向。

---

　①《举旗帜聚民心育新人兴文化展形象　更好完成新形势下宣传思想工作使命任务》，《人民日报》2018年8月23日。
　②《习近平总书记关于网络强国的重要思想概论》，人民出版社2023年版，第65—66页。

北京广播电视台是市委、市政府直属事业单位，下辖原电台和原电视台等独立法人单位，分别承担广播、电视等节目采编播内容生产等工作。2019年起，北京广播电视台着眼于打造新时代首都新型主流媒体，着眼于不断提升媒体的传播力和影响力，注销了原电台和原电视台事业单位法人，集中力量推进"三台合一"改革和创新融合发展工作，开展了一系列改革实践和有益探索，主要是：

（一）整合调整组织架构，优化内部职责划分

结合自身的职责定位和媒体深度融合发展的要求，北京广播电视台采取"三步走"的方式，完成职能部室、事业中心和原广播电视台所属事业单位改革，构建了扁平化的组织结构。

一是整合调整职能部室，优化人岗配置。整合原三台职能部室，压缩管理层级，设置统一的行政、人事、财务、技术、宣传、运营管理等职能部室，同步做好内部科室设置、职责划分等工作，并在实际运行过程中进一步调整优化，更好地支持和服务一线业务部门，服务媒体深度融合发展。同时，压缩职能部室工作人员编制，精简优化人员配置，进一步促进人岗匹配。

二是有序完成频道频率改革，构建传播新格局。以专业广播频率和电视频道以及配套的技术服务保障等部门为主体，设置不同的事业中心，分别承担广播电视节目制作、播出、技术保障、节目传输等职责，构建与媒体融合发展相适应、更加符合媒体传播规律的节目生产、技术保障等组织架构。

三是稳妥完成台属事业单位改革，实现全台一体化管理。稳妥推进台属事业单位改革工作，注销原广播电视台所属2个事业单位独立法人，将相应职能分别划入新成立的事业中心，并根据全台职能部室、事业中心职能职责进行优化调整，同步完成科室设置和人员分流等工作，实现了职能部室和其他事业中心的一体化管理。

（二）实施人事制度改革，激发人才队伍活力

北京广播电视台着眼于构建支撑和服务媒体深度融合发展的人才队伍，更大程度地激发人才队伍活力，实施人事制度改革，做好岗位设置和聘用工作，统一规范劳动用工，并在深入总结原三台绩效管理和薪酬管理实践的基础上，重塑绩效考核和薪酬分配体系。

一是实施劳动用工改革，统一规范人员管理。实施编外人员劳动关系转换，分两批将原电台和原电视台劳务派遣等间接用工转换为北京广播电视台直接用工，将编外人员和编内人员纳入统一的管理体系并实行同工同酬，建立稳定的劳动关系，进一步增强人才队伍的凝聚力、归属感和忠诚度，为坚持正确的舆论导向夯实人才队伍基础。实施聘用合同主体变更，服务深化改革和融合发展，将原电台、原电视台编内工作人员用人单位统一变更为北京广播电视台，实现全台工作人员统一管理。规范临时劳务人员管理，对相关部门申请使用临时劳务人员的情形进行严格限定，建立从用人申请到劳务费发放的闭环管理链条，并由相关部

门分工负责劳务用工监督、劳务费管理、协议管理等具体工作；同时，依托内部信息平台，在技术层面阻断劳务费无序发放，彻底扭转临时劳务人员管理无序的状况，在满足一线业务用人需求的同时切实防范用工风险。

二是有序实施岗位设置和聘用工作，打通职业发展通道。落实岗位设置工作有关政策精神，在做好岗位分析和岗位评价等工作的基础上，推行和实施岗位设置聘用工作，构建管理岗位、专业技术岗位、工勤技能岗位之间的转换机制和更为灵活的用人机制，打通管理人员和专业技术人才的职业发展通道，并为改进和优化绩效体系、薪酬体系奠定基础。逐步弱化传统的人事管理模式，实现工作人员由身份管理向岗位管理转变，大力营造讲能力、讲业绩的工作氛围。

三是重塑并优化绩效考核和薪酬分配体系，激发人才队伍活力。在总结原三台绩效考核和薪酬管理实践经验的基础上，着眼于员工成长和媒体融合发展，重点从考核指标、考核方式、考核结果运用等方面进行再设计，重新构建并持续优化绩效考核体系。在考核指标上，兼顾社会效益和经济效益，突出媒体融合发展指标，引导全台为融合发展服务；在考核方式上，构建台、部门和员工三级绩效考核体系，形成全台绩效、部门绩效和个人绩效的联动，为进一步激发人才队伍活力、更好地营造干事创业的良好氛围提供助力；在考核结果运用上，赋予各部室、中心绩效工资分配的自主权，强化个人薪酬与个人绩效、部门绩效和全台绩效的联动关系，并将绩效考核结果用于评奖推优、人才发展等方面。

四是搭建统一的考勤管理平台,规范假勤管理。依托钉钉智能化考勤平台搭建北京广播电视台考勤管理体系,将全台职能部室、事业中心纳入钉钉考勤系统实行一体化管理。规范长期病假、事假人员管理,健全完善医疗期管理办法,理顺管理流程,依法依规做好医疗期相关手续和劳动(聘用)关系处理工作。

(三)实施供给侧结构性改革,推动内容生产提质升级

推动供给侧结构性改革,优化频道频率资源配置,发挥广播电视媒体的内容生产优势,打造更多精品力作,为助推全国文化中心建设不断做出新贡献。

一是精简精办频道频率,推动供给侧结构性改革。创新资源配置方式,缩减过剩产能,对定位不准、传播力影响力小、社会效益和经济效益差的频道频率等实行关停并转,调整优化冬奥纪实频道等电视频道,撤销七套有线调频广播,合并重组城市广播"副中心之声"与"京津冀之声"等广播频率,稳妥完成故事广播、青年广播、外语广播和青年频道关停并转等工作,将相关资源向优势频道频率和栏目转移。

二是推动节目内容提质升级,提升传播力影响力。建立优秀节目宣传推广机制,创新节目点评、经验分享等工作方式,邀请经验丰富的专业技术人员和相关专家学者对节目进行点评和总结,互帮互学;及时分享新闻宣传、节栏目创作以及专项活动等经验,为不断提升节目的整体质量提供借鉴。服务全国文化

中心和科技创新中心建设，集中优势力量做大做强品牌节目和优质IP，不断做实《养生堂》《向前一步》《我是大医生》等品牌节目。

（四）强化技术应用，构建一体化发展格局

着眼提升媒体传播力、影响力，加快推进"5G+"高新视频关键技术、人工智能、虚拟现实技术等技术在广播、电视和融媒节目制播及新媒体平台建设中的运用，推动构建媒体融合发展新格局。

一是强化技术赋能，以技术促发展。围绕首都"全国科技创新中心"的功能定位，大力推进5G、人工智能、AR/VR等技术在节目采、编、播等工作和融媒体平台中的运用，启动全国首个8K超高清电视试验频道建设工作，实施并完成录音制播区域工艺系统、智能化系统、配电系统的升级改造，持续推进全台基础技术体系向云化、IP化、IT化发展。"新闻云""讯听云"等融合媒体指挥系统和融合媒体云平台先后建成并投入使用，促进了制播安全和制播效率同步提升。聚焦5G+高新视频关键技术，加快推进5G高新视频台建设，不断丰富超高清、沉浸式、互动式全数字化高新视频内容供给。

二是构建一体化格局，持续推动媒体融合发展。编制并实施《关于加快推进北京市广播电视媒体深度融合发展的三年行动计划（2021—2023）》；实施"移动优先"战略，建立"移动端首发"工作机制，推动"北京时间"客户端与新闻频道中心实行业

务全流程一体运行，"听听FM"客户端与各频率实现内容生产协调深度对接；做强做优"北京时间"和"听听FM"两个新媒体客户端，一体推进信息内容、技术应用、平台终端、管理手段的共融互通。

（五）推动体制机制创新，强化融媒体发展导向

在推进组织机构重组、人事制度改革等工作的同时，推动体制机制创新，不断深化媒体融合发展格局，强化融媒体发展导向，服务构建新型主流媒体。

一是突破传统模式，全力推动工作室建设。突破传统管理模式，创新人员管理、薪酬管理、财务管理等机制，探索建立工作室，赋予工作室独立的用人权、资金使用权、分配权与行政权，工作室享有独立的署名权、著作权、收益权。通过放权赋能，在台内建立新型生产关系，全方位释放节目创新、经营创收、提质增效、融媒建设等方面的活力，充分发挥工作室创新试验田和实战训练营的作用。通过工作室建设工作出精品、出人才、出效益，推动全台深化改革和融合发展工作不断迈上新台阶。

二是整合资源，大力推动媒体融合。突破传统媒体生产的界限，整合相关资源和力量组建融媒体中心，建设融媒体演播室和以"新闻演播室＋融合新闻云＋指挥调度系统"为核心的媒体融合业务平台，不断深化全媒体生产格局。实行并逐步优化全媒体考核机制和频道频率考核机制，推动广播电视资源向新媒体平台转移转化，推动全员全媒体转型，并不断探索与头条、阿里、腾

讯等新媒体平台的深度合作。

三、北京广播电视台深化改革工作取得的主要成效

北京广播电视台深化改革工作过程中，在保持员工队伍稳定、保证节目内容正常生产的前提下，通过组织结构、人事制度、技术应用、平台建设等方面改革的实践和探索，管理效能逐步增强，媒体融合发展格局不断深化，宣传工作亮点频出，媒体传播力与影响力得到了不断的提升。

（一）管理效能逐步提升

北京广播电视台通过组织架构的优化调整，构建了扁平化的组织机构和管理体系，在机构设置上实现了对媒体融合发展的有效支撑。从改革后的机构设置来看，全台职能部室从40个压减为16个，科室设置数和科级干部数实现双下降；事业中心人员编制数压减22%，科室和栏目压减18%，科级干部职数压减6%。机构改革过程中，全台修订完善了100余项规章制度，涉及人财物管理、广告管理、产业管理、媒体融合等多方面，为全台规范化、制度化运行提供了有力保障。经过3年多的运行磨合，全台内部管理效率、管理效能等有了明显改善，各部门、各中心的成本意识、利润意识和"以收定支、收支平衡"的意识明显增强，服务改革和深度融合发展的能力明显提升。

（二）人才队伍活力进一步增强

人事制度改革转换了劳务派遣人员的劳动关系，实现了编外人员和编内人员一体化管理；实行同一套绩效考核和绩效分配体系，有效增强了编外人员的认同感和归属感，人才队伍的稳定性和工作积极性大大增强。重塑后的绩效考核体系和薪酬分配体系落地实施并在运行过程中逐步优化，使员工个人的工作目标更为清晰，绩效考核的指挥棒作用更加凸显，有效调动和激发了工作人员的热情。第一批挂牌成立的工作室发挥了明显的示范和带动作用，不仅有力支撑了内容生产、媒体融合、新闻宣传等中心工作，还取得了良好的经济效益，为进一步创新体制机制提供了借鉴。

（三）新闻宣传展现责任担当

"政治家办台""新闻立台"得以进一步强化，新闻采、制、播、发能力和主流舆论引导水平不断提升，构建了以新闻频道中心和新闻广播中心为主力，以"北京时间""听听FM"为联动平台的新闻宣传工作机制，形成了覆盖全时段、贯通全媒体的新闻传播体系。在新冠疫情防控、党的二十大、北京冬奥会、全国两会、北京市党代会以及市两会等重大宣传报道中出色地完成各项任务。围绕加强"四个中心"功能、提高"四个服务"水平，坚持"五子"联动服务和融入新发展格局等全市中心工作，北京广播电视台策划推出一系列有高度、有深度、有温度的新闻报道和专题节目，充分展现了全市贯彻新发展理念、推动高质量发展的举措和成效。《向前一步》等栏目和"问北京"等公众号成为推动政民互动、社会共治，宣扬主旋律、传播正能量的重要平台。

（四）精品力作彰显首都特色

北京广播电视台推出了一大批思想性、艺术性和欣赏性有机统一的精品力作，形成了健康、文化、教育、冬奥等不同类型的节目矩阵。深挖首都健康资源，构建了由《活过100岁》《养生堂》《我是大医生》等健康栏目组成的新矩阵，形成了具有竞争力的强势内容IP。《上新了·故宫》《遇见天坛》等栏目不断开拓文化综艺节目的新样态，树立起"全国文化高地"的标杆。推出《科技创新小达人》《创新北京》等一系列兼具科学性与趣味性的科普节目，为充分激发全社会的科技创新热情营造良好氛围。通俗理论电视节目、广播剧、纪录片等创新呈现、别具匠心，受到业界的充分肯定，多部作品荣获省部级以上奖项和荣誉。

（五）一体格局持续深化

融媒体中心与频道频率融媒生产机制持续深化，频道频率、栏目和主持人入驻自有新媒体平台账号并在"北京时间"开办垂类频道，为矩阵化、规模化运营奠定了坚实基础。"北京时间"和"听听FM"客户端累计下载量均较三年前有大幅增长，经营创收能力显著增强，传播力、影响力不断提升。"新闻+"模式不断拓展，"北京时间"在市属媒体中率先推出了接诉即办网络服务，成为"新闻+政务服务"媒体融合发展模式的代表性应用成果，荣获第32届中国新闻奖一等奖，北京广播电视台也因此被国家广播电视总局评为媒体融合先导单位。加强与相关政府机构的合作，持续放大"互联网+"的宣传效果，深度参与智慧城市建设，助力首都高质量发展。各频道频率继续立足自有平台，主动用好商业平台，加快打造新媒体账号和融媒品牌产品。

四、北京广播电视台深化改革工作对广播电视行业改革工作的启示

北京广播电视台改革和推动媒体融合发展的实践和探索有以下几点启示：

（一）妥善处理坚持守正与锐意创新的关系

守正，是要牢记党媒姓党的属性，牢记主流媒体的责任和担当。只有守正，才能坚持正确的舆论导向，在受众需求、传播渠道、表达方式等变化中唱响主旋律、壮大正能量，奏响时代最强音。创新，是要适应媒体融合趋势，适应技术发展要求，在精品创作、运营管理、传播渠道等方面寻求突破。只有创新，才能更好地适应时代、引领时代，扩大媒体的传播力、引导力、影响力、公信力。

广播电视行业改革过程中妥善处理坚持守正与锐意创新的关系，既不能墨守成规，也不能偏离方向，只有在创新基础上的守正，以创新为守正注入活力，才能做到与时俱进、推陈出新，

才能不忘媒体的初心使命，履行好新时代新闻宣传工作的使命任务；只有在坚持守正的基础上进行创新，以守正为创新凝心铸魂，着眼发展新闻生产力，破除制约媒体融合发展的体制机制壁垒，提高管理科学化水平，才能行稳致远，创造出更多为广大群众喜闻乐见的精品力作。

（二）妥善处理深度融合发展与打造现有平台的关系

媒体深度融合发展，要求传统广播电视媒体将移动优先作为深度融合的重要原则，通过制度创新、新技术运用、内容革新、渠道优化等路径，实现向全媒体转型升级，进一步激发创新活力、拓展多元模式、强化造血功能。但这种转型升级不是对传统媒体现有模式的全盘抛弃或对现有平台的推翻重组，而是在发挥传统媒体内容优势的基础上，通过强化技术赋能，实现对现有平台的创新。

广播电视行业要在改革过程中稳妥处理深度融合发展和打造现有平台的关系，就要立足提升媒体传播力、影响力的要求，把平台化发展作为媒体融合向纵深推进的重点突破口，拓展现有新闻平台的边界。一方面，构建"新闻＋政务服务""新闻＋综合服务"等平台，由单纯的生产者转型为整合者，把更多的内容生产者汇聚过来，实现新闻生产方式的"开源"；另一方面，洞察用户在政务、商业、生活等不同场景中的心理需求，实现各种信息、应用、服务等功能的整合，推动媒体与智能技术的融合，形成集不同场景于一体的综合平台。

(三)妥善处理媒体责任担当与市场生存发展的关系

媒体深度融合发展，改变的是传播的形式、载体和平台，不变的是媒体的责任和担当。无论改革如何深入，媒体融合发展的程度如何加深，作为党的媒体，广播电视台的首要职责还是"围绕中心、服务大局，弘扬主旋律，传播正能量"，因此必须牢牢坚持政治家办台，坚持正确的舆论导向，宣传好党的理论、路线、方针、政策，切实肩负起"举旗帜、聚民心、育新人、兴文化、展形象"的使命任务。但同时也要清醒地认识到，广播电视行业推动媒体深度融合发展目前普遍面临资金压力逐步增加、自我造血功能不足等问题，必须通过改革创新提升经济效益，寻求新的经济增长点。

广播电视行业要在改革过程中妥善处理媒体责任担当与市场生存发展的关系，就要在坚守媒体责任担当、履行好新闻宣传和舆论监督职责的前提下，坚持以市场和以客户价值为导向，创新经营模式和营销方式，破解面临的收入来源单一、广告收入下滑、生存发展压力增大等现实问题，形成有力的产业支撑，实现社会效益与经济效益相统一。

(四)妥善处理解决现实问题与化解历史矛盾的关系

构建新型主流媒体，提升媒体的传播力影响力，必然要通过改革对组织机构、管理体制机制等进行调整和完善。这一过程中，不仅要处理其中不适应媒体融合发展规律、阻碍媒体深度融合发展的现实问题，还要妥善处理历史遗留问题，如此才能真正激发人才队伍的活力，持续推动媒体融合发展。

广播电视行业要在改革过程中妥善处理解决现实问题和化解历史矛盾的关系，就要做到因地制宜、因事制宜、因时制宜，具体问题具体分析，在处理好改革、发展、稳定三者的关系中推进媒体深度融合发展；要把改革作为破解难题、化解矛盾、实现发展的有利契机，在改革创新中发现和培育新的增长点，形成新模式，谋求新作为；要把稳定作为改革的助推器，在改革发展中化解历史问题、解决现实矛盾并避免产生新的问题和矛盾，通过基层员工的认同、理解和支持来切实推动改革工作。

新媒体视角下科学传播的实践与启示*

——以北京科学传播融媒体平台为例

随着现代社会的数字化变革,我们处在一个信息无处不在、无所不及、无人不用的时代。当前,舆论生态、媒体格局、传播方式发生了深刻变化。据统计,我国网民中使用手机上网的人占比高达99.8%,移动互联网已经成为信息传播的主渠道、新空间。网络空间具有虚拟性、自由性、交互性、开放性和全球性等特点,特别是由于在自媒体领域缺乏有效、成体系的监管和监督,网络上出现了各种伪科学、反科学的内容,使人真假难辨。科协组织的主要业务包括科学普及、学术交流、人才成长、建言资政等方面,这些工作都是属于"大传播"的范畴,换句话说,都是在公众中开展科学知识、科学方法、科学思想、科学精神的传播工作,因此,科协组织必须适应时代发展要求,调整方式方法,走网上群众路线,在网络空间发出正能量,发挥宣传群众、引导群众、教育群众的功能和作用,助力营造清朗的网络空间。《北京市全民科学素质行动规划纲要(2021—2035年)》提

---

* 作者简介:王立新,北京市科技教育中心(科协党校)主任、常务副校长。

出，到2025年，北京市公民具备科学素质的比例要由2020年的24.07%达到28%；到2035年，北京市公民具备科学素质的比例要达到国际创新型城市同等水平。实践表明，传统的科学传播方式已经不能满足人民群众对美好生活的诉求。为探索新媒体时代科协组织进一步发挥作用的方式，推动建立网络生态治理模式，北京市科学技术协会（以下简称北京市科协）2022年推出建立"北京科学传播融媒体平台"，旨在通过构建多主体、多渠道、多内容、立体式的大宣传格局，统筹运用各类传播平台，树立大宣传理念，提升北京市科协系统的舆论引导力、信息聚合力、服务供给力、科学传播力，服务全民科学素质建设，服务高水平科技自立自强，服务国际科技创新中心建设，服务国家治理体系和治理能力现代化，为中国式现代化贡献力量。

一、主要做法

（一）找准定位，明确目标

2019年1月25日，中共中央政治局在人民日报社就全媒体时代和媒体融合发展举行第十二次集体学习，习近平总书记指出："推动媒体融合发展，要坚持一体化发展方向，通过流程优先、平台再造，实现各种媒介资源、生产要素有效整合，实现信息内容、技术应用、平台终端、管理手段共融互通，催化融合质变，放大一体效能，打造一批具有强大影响力、竞争力的新型主流媒体。"①

北京科学传播融媒体平台是落实习近平总书记要求的具体载体，该平台面向科技工作者，以服务社会大众为导向，注重舆论引导和价值引领，通过"内容＋技术＋传播"的方式，整合首都科普资源，发挥舆论引导、科技服务、科学普及、科学教育等功能，将科技科普工作者、媒体工作者等组织发动起来，发挥政府部门、学会、高校院所、科技园区、企业和新闻媒体的合力，形成一次采集、分类加工、多元生产、分众传播的机制，最终成为具有较强内容生产能力、信息聚合能力和技术引领能力的新型的科学传播公共平台，达到了资源整合、能量聚合、工作融合、扩大传播的目的。该平台一方面坚持以人民为中心的工作导向，顺应广大科技工作者多样化的信息需求，按照"媒体＋科技＋服务"的功能，打造综合信息服务平台，服务科技工作者在科学传播、科技创新、学术交流、组织人才、政务服务等方面的实际应用，为科技工作者提供干事创业的舞台；另一方面立足首都发展战略，构建市科协系统全媒体工作体系，联通各级组织，统筹运用各类传播平台，推动北京地区科技、科普资源开发和整合能力持续提升，构建科学传播新格局。通过该平台，北京市力争到2025年打造"10＋"科学传播品牌，构建"100＋"媒体传播核心矩阵，联动"1000＋"自媒体传播外围阵地，使北京市科协系统的新闻宣传始终走在全国科协系统前列。

---

① 《习近平在中共中央政治局第十二次集体学习时强调　推动媒体融合向纵深发展　巩固全党全国人民共同思想基础》，《人民日报》2019年1月26日。

（二）开展广泛调研，强化顶层设计

2022年以来，北京市科协领导带队深入新华网、人民网、《新京报》等主流媒体以及抖音、知乎、爱奇艺等商业媒体进行广泛调研走访，加强顶层设计，先后制定《北京市全民科学素质纲要实施办公室关于推动北京科学传播融媒体平台建设实施方案》《北京市科学技术协会关于加快全媒体传播工作的实施意见》《北京市科协科学传播融媒体中心建设方案》三个文件，从市纲要办成员单位、市科协系统和市科协三个层次明确融媒体工作的指导思想、建设理念、总体要求、建设目标、组织实施和保障措施等内容，为下一步工作提供理论思考和实践指导，擘画融媒体平台发展的新蓝图。

（三）树立大宣传理念，建成科学传播融媒体平台

北京市科协坚持以习近平新时代中国特色社会主义思想为指导，树立大宣传理念，推动构建以"全程、全息、全员、全效"为特征的全媒体传播体系，建设"网上网下一体、内宣外宣联动"的全媒体传播格局，依托数字科协的平台底座建成了北京科学传播融媒体平台。该平台建设的原则是资源集约、结构合理、差异发展、协同高效，它以北京市科协科学传播融媒体平台为依托，通过引入专业媒体力量，进行流程优化、平台再造，构建了总编室和内容中心、数据中心、品牌中心、技术中心的"1+4"组织体系，建立了"中央厨房"和内容管理系统、技术支撑系统、监测反馈系统的"1+3"运行机制，有效整合各种媒介资源

和生产要素，发挥"中央厨房"的枢纽作用，集聚各单位和社会力量，形成具有较强内容生产能力、信息聚合能力和技术引领能力的新型科学传播公共平台。

（四）坚持"一主强"，建好意识形态主阵地

北京科学传播融媒体平台的建设遵循"谁主办、谁负责"原则，纲要办各成员单位和科协系统严格落实意识形态主体责任，提高政治鉴别力和政治敏锐性，加强舆情引导，强化信息审核和意识形态审查。坚持"一主强"，建好科学传播融媒体平台，发挥平台作用，开展网络舆情监测，及时回应社会关切，努力营造积极向上的舆论环境。各单位之间加强舆情协作和沟通协调，将负面舆情消灭在萌芽状态，将正面舆情进一步扩大传播面。

例如，建好北京市科协官微官网平台。该平台以聚焦习近平新时代中国特色社会主义思想、聚焦科学精神和科学家精神、聚焦科技先进人物、聚焦树立科协形象为主要内容，立足科学传播热点话题，对新闻素材进行二次开发和形式创新，取得了不错的效果：官微的总阅读量从2022年1月的6万+达到12月的50万+，其中7月和9月的阅读量分别为64万+和70万+；头条的阅读量也呈现逐月增加的趋势，从1月的3万+达到12月的80万+。从热门文章看，当月最热门事项都在官微上取得了很好的传播效果，如科协十大召开、北京科学嘉年华举办、公民科学素质纲要发布、北京"最美科技工作者"宣传活动等，这些都充分体现了新媒体的强大传播力。从粉丝数量来看，11月初粉丝数量超

过10万+，呈现向好趋势。从传播效果来看，3月的WCI值[①]为735.26，12月达到878.78，呈现显著上升趋势。1月至12月，市科协新媒体矩阵总发文近16万篇，阅读量10亿次+。

在关注传播效果的同时，北京市科协也注重加强意识形态责任制，制定发布《北京市科学技术协会舆情管理办法》和《北京市科学技术协会舆情管理应急预案》，形成北京市科协融媒体中心月报、季报，及科学跨年系列活动、北京公民科学素质行动计划实施纲要宣传、"最美科技工作者"、科学嘉年华等专报。

（五）坚持共建共享，形成科学传播大格局

充分发挥组织平台作用，与各区全民科学素质工作信息系统和公共数据互联共享。对接科研院所、企事业单位、学校、科技园区、学（协）会等，链接全国科普教育基地、市科普基地、科文旅基地等，联动中国科协科普中国和中国科学院科学传播融媒体中心等平台，联合商业互联网平台，实现与主流媒体和商业媒体的高效信息互通，形成大开放、大协作的科学传播格局。

2022年，通过召开北京市科学技术协会第十次代表大会和开展北京科学嘉年华的有利契机，积极推进科协系统联动机制建设。首先，通过科协机关、事业单位和科协系统单位建立科协系统宣传员队伍，提升科协系统宣传工作的主动性。其次，通过科

[①] 指微信传播力指数，即根据公众平台的原始数据来源，计算推导出的标准量化数值。通常用于衡量计算WCI指数的数据包括总体阅读数、最高阅读数、总点赞数、平均点赞数、最高点赞数等。

协"1+4"网络矩阵,即科协官网和蝌蚪五线谱、科学中心、科协频道、《科技报》四个科协事业单位管理的网站,平台联动,共同发声,扩大传播声量。再次,与16区和开发区的科协,200多家科技社团、企业科协、高校科协、园区科协以及纲要办成员单位,以及900余家科文旅单位建立联系,与110家科文旅单位开设白名单,与科协机关、事业单位、科文旅、纲要办等建立微信群,及时转发科协十大和科学嘉年华等信息,扩大了传播范围和效果。最后,通过开展科学跨年、科协十大、"最美科技工作者"、云端科学嘉年华等工作,与新华网、光明网、人民数字、北京广播电视台、《新京报》《北京日报》《中国青年报》以及歌华有线等主流媒体矩阵建立微信群,并通过"1+16+1+N"[①]广电局渠道,与抖音、微博、知乎等新媒体平台合作,扩大传播覆盖率,提升社会影响力。

(六)坚持内容为王,生产精品内容

各纲要办成员单位和科协系统单位结合本单位实际,坚持内容为王,加大内容创作和生产力度,强化精品意识,体现"移动优先",增强权威性,提高实效性。利用各单位已有的网上平台,加强主题统筹策划,聚焦国际科技创新中心建设和全民科学素质提升,推动科技资源科普化,讲好科技创新和科学文化故

---

① 指北京市广播电视系统成员单位,"1"即北京市广播电视局,"16"即北京市所辖16区广播电视局,"1"即北京经济技术开发区广播电视局,"N"即以上单位联系的相关单位。

事。汇聚优质科普资源，建设融媒体资源库，建立各单位之间科学合理的资源汇集、生产及分发机制。用好科普中国资源库，结合大众需求和渠道特征，联动融媒体平台和相关单位，用好资源库进行二次开发，打造融媒体产品。

例如，北京市科协与有关单位合作共同打造了"1+7"品牌栏目，其中"1"是指与北京卫视联合打造1个科学教育文化项目《大先生》，"7"是指与《中国青年报》《新京报》、北京广播电视台、火星演讲会、腾讯、抖音、知乎7个媒体渠道和知名组织深度合作，打造"青年问青年说""科学家口述史""创新人物访谈""向上的力量—科技之光""脑洞研究室""十万个为什么""致敬科学"7个融媒体品牌项目。

其中，《大先生》节目在市委、市政府的领导下，由北京市科协、北京市科委、北京市教委、北京市广播电视局等单位联合出品，于2023年1月31日首播，截至2024年3月已播出24期。该节目以有理性信念、有道德情操、有扎实学识、有仁爱之心的现象级"大先生"为核心，对由高校学生、中小学学生组成的"未来团"言传身教，彰显"大先生"为学、为事、为人的师范，展现"大先生""经师"与"人师"两方面风采，传递治学精神和育人理念，以广大观众尤其是青少年喜闻乐见的视角和形式讲述科学家爱国创新、协同攻关的精神。截至2024年3月，节目全网视频播放量超4亿，微博话题阅读量超8亿，抖音粉丝量达7.2万+。该节目心怀"国之大者"，将科技、科学、科普深度结合，抢救性挖掘人物素材，故事性呈现大师人生，情感性表达育人精神，真实性致敬科学前辈，深刻诠释了伟大的科学家精神。此外，该节目还对往年获得"茅以升北京青年科技奖""最美科技工作者"等荣誉的42位优秀科技人物事迹进行了二次开发，播出后收到了良好效果。

（七）大力推动实施品牌战略

纲要办各成员单位和科协系统各单位结合本单位本系统实际，聚焦科学家精神、科技自立自强、创新实践等，推动平台栏目品牌化、专题化、系列化发展，合力打造一批具有一定社会影响力和传播力的一流品牌。创新科学传播形式，增强全国科普日、全国科技周、全国科技工作者日、北京科学嘉年华、科学跨年夜等重大节点科普活动的传播效果，深入宣传"千人进千企""科技馆之城"等品牌活动，大力宣传"最美科技工作者""北京榜样"等新时代科技楷模，大力打造"1+7"品牌栏目，以点带面，形成以品牌带动传播、科学传播工作高质量发展的新局面，推动形成尊重科学、崇尚创新的氛围。

（八）加强复合型人才队伍培养

纲要办各成员单位和科协系统各单位加强科学传播人才队伍建设，通过专题培训、座谈交流、岗位轮换等方式全面提升人才队伍的政治素养、理论水平和业务能力。这里的人才队伍涵盖了科技科普工作者、媒体工作者等由不同群体构成的科学传播人才队伍。全面提升人才队伍的技能素养，包括提高科研人员的科普技能，提高媒体工作者的科学素养。另外，探索建立多平台参与、多元化体系的融媒体传播人才孵化和评价机制，建立一支既懂技术、又懂媒体，结构合理、素质过硬的融媒体人才队伍。

二、工作成效

2022年，北京科学传播融媒体平台结合市科协系统重点工作，围绕贯彻全国两会、市第十三次党代会和市科协十大精神，以及科技工作者日、"千人进千企"、科技馆之城、科学跨年活动等重要任务，逐渐理顺了工作机制，掌握了传播规律，锻炼了干部队伍，形成了广泛的传播矩阵。同时，各相关部门和单位的宣传意识也明显增强，"宣传也是生产力"的理念逐步深入人心，初步建成了上下联通、联系广泛的全媒体工作体系，提升了科协工作的影响力、传播力，科协宣传工作正在蓬勃发展。

从传播曲线上看科协宣传工作可以分为三个阶段，第一阶段是从年初到科协十大召开前，通过科学跨年活动、纲要宣传、"最美科技工作者"、全国科技工作者日等主题宣传，形成一系列宣传小高潮，这个阶段是建立机制、摸索经验的阶段，效果初步显现。第二阶段是从科协十大召开到胜利闭幕，形成了一次市科协系统全网开展传播的热潮。这个阶段是形成顺畅机制、掌握传播规律、锻炼干部队伍、形成传播矩阵的阶段。在这个阶段，"宣传也是生产力"的理念逐渐深入人心，初步建成了全媒体工作体系。第三阶段是借科协十大的东风，第12届北京科学嘉年华成功举办，从线下主会场精彩纷呈的科普活动到首都科普五大联合行动，再到云端科学嘉年华丰富多彩的线上活动，基本上是全民参与，北京科协科学传播融媒体平台的影响力和传播力得到大幅提升。这个阶段也充分发挥了组织平台的作用，通过组织调动了更多单位参与，扩大了传播渠道。

例如，科协十大的宣传是第一个传播高峰，它的主要特点有三个：一是时间长，物料足。从2022年初就开始进行科协十大的宣传预热，陆续推出十大宣传案例征集和代表寄语活动，评选产生十项最具影响力品牌活动，不间断营造氛围。期间，累计制作科协十大的宣传海报、历届代表大会回顾长图、金句海报、一图读懂等50余幅，完成《北京日报》回顾专版、《科技日报》新主席专访、新闻通稿、提案情况、代表热议等稿件20余篇，同时还制作了《北京科协》十大会刊，拍摄宣传片。会议期间，发布《北京市科协"十大"明日开幕》《北京市科协"十大"代表踊跃建言献策》等多篇重要稿件。二是互动强，范围广。会议期间，邀请十家新闻媒体入驻会场，设立新闻中心，组织《光明日报》《北京日报》《科技日报》《新京报》《北京青年报》等媒体，对龚旗煌、高福、赵春江、孙丽丽、孙宝国5位院士及其他8位代表进行采访。截至2022年7月16日，全网各类渠道转发676篇，《北京日报》发表评论员文章，专版刊发《本市科技工作者积极学习落实市党代会精神》《"千人进千企"助力高新企业解难题》2篇文章，引起强烈反响。从7月7日到7月14日，"北京科协"官微累计发布科协十大的图文44条，阅读量15.7万+；微博和新媒体平台发布图文581条，视频41条，阅读量总计2184万+。光明网、人民网、首都之窗、《北京日报》《新京报》《科技日报》、北京广播电视台、北京时间等主流媒体宣传推广近百条次，抖音、知乎、腾讯网等新媒体发布科协十大宣传片、科协十大Vlog、"最美科技工作者"、薪火、科学中心、学术月等主题短视频50余条次，科技馆之城等20余家单位积极转发。三是机制好，精神佳。科协十大宣传工作严格落实北京市科协原党组书记沈洁提出的"大宣传、大统战、大联合"的工作理念，依托市科协与市广电局签署的战略合作协议，与北京广播电视台签署合作备忘录，发挥"一主强、部门特、多媒发"的宣传优势，展现了极高的工作效率和良好的精神风貌。

再如，北京科学嘉年华是在科协十大的经验基础上，乘势而上形成的第二个传播高峰。据不完全统计，北京科学嘉年华累计阅读量达7.13亿次，营造了全网科学嘉年华的浓厚氛围，传播效果显而易见。它的主要特点表现在以下几个方面：一是社会化组织动员态势初步显现。北京市16个辖区和经济技术开发区科协，学会、科技场馆及委办局不仅利用自身的新媒体传播矩阵报道了大量活动信息，有的还制作了视频、长图等适合传播的新闻产品，初步体现了社会各界广泛参与、共同发力的聚合效应。据统计，在嘉年华期间，委办局发文57篇，各区发文415篇，学会、企业科协发文213篇，科技场馆发文358篇，京津冀相关新闻机构发文32篇，总计1075篇。二是全媒体传播态势凸显，传播渠道更广，声量更强，影响力更大。依托与市科协签订战略合作协议的媒体，北京科协"1+4"传播矩阵联动新华网、光明网、《新京报》《中国青年报》、歌华有线等传播矩阵，与抖音、知乎等新媒体平台合作，再加上驻京大量主流媒体、商业媒体以及自媒体全方位、全覆盖、大范围的传播，以及通过朋友圈、微信群等的大量传播，使得嘉年华的传播声量呈现几何级的上升态势。从传播深度来看，中央级、政务、北京主流、京外、社会组织、资讯聚合、自媒体、科普、企业账号对本次嘉年华进行全媒体报道。从传播广度来看，广播电视、网页、微博、微信、搜狐号、头条号、报刊、客户端、视频平台对本次嘉年华进行全维度宣传。三是准备充分，大量宣传物料形式多样、内容新颖、贴近受众。围绕北京科学嘉年华主场活动，聚焦"党领导下的科学家"主题展、"光年深处"深空探测主题展、神舟十三返回舱、太空体验舱以及科学实践课程、科普剧等亮点展项，采写了大量鲜活的新闻报道，组织开展直播、大V探馆、微博话题等，打造云端嘉年华。与北京广播电视台合作举办"创新人物访谈"做客《新闻照亮深处》，与主场亮点活动形成了宣传呼应。以"科技馆之城"建设为契机，联系动员科技文化旅游场所推送打卡海报及打卡宣传帖，推广"走进千馆扫码打卡"活动。

三、经验启示

经过一年的实践，北京科学传播融媒体平台广泛联络政府组织、社会机构、企事业单位、新闻媒体及科普大V等自媒体等，通过发布文件等形式建立了工作机制和管理体制，建立了宣传干部队伍和骨干采编队伍，推动开展了许多具有一定影响力的科学传播品牌活动，进一步增强了首都科学传播的凝聚力、影响力，从"谁来干""干什么""怎么干""干成什么样"等方面，进一步汇聚社会资源，为首都公民科学素质的提升做出积极贡献。根据2023年4月由中国科协、国家统计局公布的第十二次中国公民科学素质抽样调查结果，北京市公民具备科学素质的比例达到26.3%，位居全国首位，与历次调查数据相比，2022年北京市公民具备科学素质的比例较2020年提高了2.23%，较2015年提高了8.74%[1]。

（一）注重加强顶层设计，实现工作理念创新，是做好科学传播融媒体平台的前提

一是市科协党组高度重视和高度自觉。党组充分认识到宣传工作对于科协工作的重要地位，形成了推进宣传工作创新的高度自觉，并通过各种方式，进一步提升广大干部对宣传工作的认识和理解，逐步树立"宣传也是生产力"的广泛共识。二是进一步加强顶层设计和制度创新。在科协机构改革中，专门设立宣传文化部，统筹科协系统宣传工作，并成立了一家事业单位主要承担科学传播融媒体中心的承建任务。以北京市公民科学素质纲要办公室的名义推动北京科学传播融媒体平台的建设工作，在纲要办

---

[1]《本市公民具备科学素质比例居全国首位　海淀区蝉联全国地市级单位首位》，北京市人民政府网，https://www.beijing.gov.cn/ywdt/gzdt/202304/t20230409_2993356.html。

成员单位中广泛凝聚共识，推动资源共建共享。

（二）注重加强系统思维，实现工作模式创新，是推动科学传播融媒体平台的重要方法

长期以来，科协组织作为科学传播的主力军，很多情况下还存在单打独斗、自娱自乐的现象，与其他相关机构或组织的联系不广、不紧密，枢纽作用不明显。运用系统化思维，通过科学传播融媒体平台的建设，联络更多的政府和社会资源，逐渐扩大朋友圈，形成宣传工作合力，共同打造具有社会影响力的传播品牌，广泛开展大众化、分众化的科学传播。

（三）注重加强数字思维，实现工作手段创新，是推动科学传播融媒体平台的有力抓手

一是推进数字科协的建设步伐，通过数字化平台把各方面资源汇聚起来，打破信息壁垒，真正实现资源共建共享。二是通过科技部门、企事业单位与新闻媒体的合作，利用数字化技术手段，打造适应传播规律、让百姓喜闻乐见的数字化产品。三是充分利用建立起的矩阵式数字化传播渠道，扩大传播规模和影响力，让科学传播产品飞入寻常百姓家。

（四）坚持加强人才培养，激发人才创新活力，是推动科学传播融媒体的根本途径

人才队伍建设是做好工作的决定性因素。从实践来看，科学传播总体上还缺乏既懂科学又懂传播的复合型人才。一年来，北京市科协联合新华社、广电局等媒体及业务合作单位，用活动搭建科技工作者、科普创作者、科技记者等传播人才进行直接沟通交流的平台。通过打造训练营、开设培育基地等方式，持续开展对优质科普内容创作人才、科普志愿者队伍、科普大V及媒体科普人才的培养。开展科学传播职称评审工作，不断加强科学传播队伍建设，凝聚一批热爱科学传播的人才队伍。

出版深度融合发展背景下科技出版的定位与探索实践*

——以上知天文科普传播中心为例

党的十八大以来，以习近平同志为核心的党中央高度重视媒体融合发展。2022年4月18日，中共中央宣传部印发《关于推动出版深度融合发展的实施意见》，对出版深度融合发展进行了全面部署。2023年1月5日，中宣部（国家新闻出版署、国家版权局）在京召开2023年全国出版（版权）工作会议，会议强调，要坚持以高质量发展为主题，把新发展理念贯穿出版工作全过程各领域，推动出版实现质的有效提升和量的合理增长，推进出版深度融合，加快出版走出去步伐，构建出版业发展新格局。

出版深度融合发展已经成为出版界关注的重要话题，有关融合发展的规划、路径与策略更是讨论的重点。如何适应发展要求，探索有特色、可持续的出版深度融合发展方式，为传统出版业赋能，是出版工作者要思考的课题。上知天文科普传播中心

---

* 作者简介：李金莉，北京科学技术出版社有限公司党委副书记、总编辑。

成立于2020年初，由北京天文馆和北京科学技术出版社联合共建。双方合作的大背景是国家为推动全民科学素养的提升，出台了一系列的政策规划，鼓励开展全民科普传播，以及近年来随着我国航空航天事业的发展，在青少年中形成了"天文热""航天热"。国家对出版融合工作的推动和社会需求的增长是双方合作发展天文科普传播的重要基础。

一、主要做法

（一）联合共建，优势互补，形成科普传播新动能

北京天文馆是我国第一座大型天文馆，是首批入选的国家一级博物馆，通过开展人造星空模拟表演、举办天文知识展览、编辑出版天文科普书刊、组织大众进行天文观测等工作向公众宣传普及天文学知识，已经成为中国向公众特别是青少年开展天文科普宣传、教育的主要阵地。北京科学技术出版社是北京市属出版社，是一家具有图书出版、音像出版、电子出版、互联网出版和期刊出版等多种出版资质，同时可进行教育培训以及跨行业融合发展的综合性出版社，年出版新书800余种，发货码洋5个多亿，涵盖科学技术、大众生活、科普教育、医学、人文艺术和少儿图书等板块，有500多种图书获得过全国性和行业性奖项。双方合作、共建平台既可保证内容创作的科学性，又能以市场运营思维进行科普传播。

（二）明确定位和标准，内容策划与新媒体运营思维相融合

上知天文科普传播中心成立之初，就瞄准国内的头部音频平台喜马拉雅和头部视频平台抖音。2020年4月，策划团队开始在喜马拉雅搭建"上知天文"官方账号，仔细调研平台用户需求和流量集中的入口，确定了初期发展以提升知名度为首要目标的发展定位，接下来确定了"天文科普类资讯+专家轻解读"的创作方式，采用日更播出模式。为了迅速提升知名度，团队邀请了当时的北京天文馆馆长朱进进行科普讲座，推出资讯类的天文科普专辑《朱进聊天文》，由于专家进行科普号召力强，且视频制作精良，播放量短期内迅速破百万，年终破千万，成为喜马拉雅年度新品榜巅峰榜第11名，策划团队打造产品的能力和产品的成长性也得到平台认可。趁此优势，策划团队开启短视频创作，入驻抖音。团队通过研究抖音用户的特点，采用带梗（搞笑）、有特色（专业主播）的轻科普（有知识含金量，确保科学性的内容）方式进行制作，这种接地气的科普形式很快使账号在上线第一年就积累了140万的粉丝。

（三）多角度策划选题，打造扎实有趣的天文科普作品

如何培养孩子们对于天文的兴趣，达到科普效果，"上知天文"团队在选题上下足了功夫，每次的选题讨论会都像是一场高自由度的头脑风暴。在"上知天文"的228个天文科普作品中，选题可谓五花八门，如"王家卫"风格般的星球自述，解析《甄嬛传》中的"奇异天象"和《三体》书中的漏洞……多样的选题和多元的视频风格让"上知天文"的粉丝们每一次都有眼前一亮

的感觉，其中，《祝融号降临火星全过程》抖音播放量突破3800万，点赞173.6万，涨粉30万，是账号的第一条爆款视频。"上知天文"短视频账号以轻松诙谐的视觉表达和轻科普的传播方式，很快得到众多年轻人的喜爱，粉丝中高中生和大学生占比达1/3，取得很好的科普传播效果。

（四）线上线下联动，开展天文热点直播，扩大影响力

策划团队坚持邀请北京天文馆、国家天文台等的国内知名天文科普专家进行公益直播，提升了品牌的影响力和公信力。优质内容的生产力加上新媒体快速传播的影响力，使得"上知天文"受到广泛关注，很快成为发生重大天象时抖音优选的合作方。2022年，策划团队联合抖音平台与中国天文学会和北京天文馆合作，策划了多场大型直播活动，其中《天涯共此时 共赏一轮月》累计观看人次1311万，《英仙座流星雨的正确打开方式》累计观看人次1042万。这些公益直播活动，获得了较好的用户关注度，得到合作方的肯定，树立了品牌形象，为后续账号的广告合作、产品推广打下了良好的基础。

二、工作成效

经过两年多的实践，北京科学技术出版社上知天文科普传播中心在新媒体营销、账号运营、数字产品生产和出版融合平台搭建等方面，均取得了一定的成效。

（一）多平台同步发力，形成了多元化的融合产品类别

上知天文科普传播中心致力于促进天文科普的高效传播，打造了音频、短视频、视频课程、图书、杂志、音像制品、文创等一系列产品，并兼顾内容的知识性和趣味性。

1. 音频平台

喜马拉雅官方账号"上知天文"于2020年4月上线，账号粉丝16万，综合播放量6400万，是喜马拉雅平台综合播放量第一名的天文科普类机构账号。账号上线以来，相继策划推出了《朱进聊天文》《每周天象》《哇哦！宇宙原来如此有趣》《齐说三体》《探秘火星33问》《叶观星空》等一系列音频节目，广受好评，取得了不错的社会影响力。截至2024年4月底，《朱进聊天文》和刘慈欣推荐的《齐说三体》，累计播放量分别为3664.9万和3270.6万，2023年9月，出版图书《写给地球人的三体说明书》。

2. 短视频平台

在短视频领域，打造了"上知天文"品牌账号矩阵，搭建了包括抖音、快手、今日头条号、西瓜视频、微博视频号、微信视频号等在内的矩阵账号，累计粉丝量近294万、播放量9亿次。目前，"上知天文"已经成为天文科普垂直类赛道具有一定影响力的新媒体平台。2021年，"上知天文"入选年度抖音"萌知计划"涨粉前十名（第五名）。

3. 视频课程

针对广大青少年和天文爱好者，策划团队制作了《Hello,

火星》《丈量宇宙》《进击的火箭》等系列视频课程，并已在凯叔讲故事、优酷新知、常青藤等50多个平台上线，取得了不错的经济效益和社会影响力。

4.天文科普数字教育类产品及文创产品

为了推动青少年天文科普的发展，满足小学研学课对天文科普类产品的需求，团队策划了"天文通识课书包"（融媒体版），包括教材、教案、课程单、PPT、数字资源、DIY材料包等，计划与全国各地的天文学会（协会）和科技馆进行合作推广。此外，还策划了《月夜巡礼——天文日历》文创产品，进一步扩大了"上知天文"的品牌影响力。

（二）以高效的传播特质，创造了较好的社会效益

出版深度融合发展要坚持社会主义先进文化前进方向，坚持把社会效益放在首位、社会效益和经济效益相统一，推动文化产业高质量发展。基于拥有权威的天文科普专家团队和专业的新媒体运营团队，上知天文科普传播中心成立之初就定位于打造国内顶级的数字化天文科普传播平台，为天文爱好者和广大青少年提供学习天文知识的平台，实现高效科普传播，发挥科技出版单位传播科学思想、提升青少年科学素养的社会价值。在这种理念的指导下，融合工作注重挖掘天文的文化价值和社会意义，努力在社会效益建设方面做出尝试。2021年，正值建党百年，上知天文科普传播中心与西瓜视频合作策划了10集系列科普节目《国宝的心跳——明清天文仪器承载的百年变局》，讲述一百年来北

京古观象台文物回归的历程，既有文化传承价值，又有爱国主义教育意义。此视频在西瓜视频的累计播放量达到144万次。2022年，"上知天文"制作的短视频获中国天文学会天文科普创意短视频大赛一等奖、北京市科普微视频大赛二等奖。上知天文科普传播中心入选北京宣传文化引导基金—网络出版类项目资助，是北京科学技术出版社首次入选数字平台类资助项目。上知天文科普传播中心将科普知识赋予新时代文化传播特色，通过创新的生产方式为科普传播注入新活力，是推动文化事业发展的生动实践。

三、经验启示

目前，"上知天文"已经成为粉丝心目中科学、有趣、好看的天文科普类账号。总结两年多的融合探索实践，可以从发展理念、组织建设、人才培养方面获得一些经验启示。

（一）以开放、共享的理念拓展地方科技出版社的发展边界

北京有众多部委下属的专业性出版单位和大学出版社，资源基础雄厚，自身优势明显。北京市属出版社作为地方性出版单位，可依靠的资源有限，无法在某一领域形成垄断性的资源供给，发展深度融合必然要借助外力，实现优势互补。北京天文馆有广博的专业积累，专业科普优势明显；北京科学技术出版社市场化程度高，市场运营经验丰富，擅长内容建设与市场推广，这种互补性有利于拓展传统出版单位的发展边界，形成独

特的融合优势。

（二）立足IP价值的开发实现融合的可持续发展

IP，是Intellectual Property（知识产权）的缩写，通常是指被大众所熟知的、可开发潜力巨大的原创版权作品。对出版业而言，IP是带有标志性的文化符号，对其价值的开发可以整合传统出版的内容优势与数字出版的运营特点，实现更大的传播，精准到达读者，快速实现互动。上知天文科普传播中心从成立之初就立足打造"上知天文"这样一个融合品牌IP，截至2024年4月底，其新媒体品牌矩阵账号累计粉丝量为368万，已成为各平台有一定影响力的天文科普机构账号，为新业态的发展打下了基础。下一步，中心可以通过IP运营，不断扩大粉丝群体，扩展出版社原有的读者群优势，进一步组建新的用户圈子，探索培训、论坛、比赛等新盈利渠道，进而在多个领域实现价值。

（三）培养建立综合性人才队伍是推动融合发展的关键因素

融合工作是一项创新性工作，对人才的综合素质要求较高，要求其既要具有传统出版的内容策划与选题思维，又要懂新媒体发展的运行规则，同时还能以互联网思维来做产品；另外，新媒体的变化日新月异，规则也在不断调整，需要致力融合发展的人员也要有持续的学习力。目前，出版深度融合发展存在的问题是专业人才缺乏，组织架构不完善，"一专多能"的出版融合发展人才的培养难度大。从上知天文科普传播中心的建设看，团队负责人的确定最为关键，负责人既要对融合工作有热情、有信心，有较强的学习能力，还要有开放性眼光，能够遴选相对合适的人才进行针对性培养，使其成为团队的专才。出版社领导层面的政策支持、协调统筹，以及给予比较宽泛的发展空间和建立灵活的工作机制都是有助于融合人才成长的有效措施。

（四）结合实际找准定位，勇于尝试是一切创新的开始

不论是音频、视频还是新媒体运营，都异于传统出版业的产品策划和运营逻辑，没有成熟的经验可以借鉴，要靠自己在实践过程中不断摸索，不断克服困难和挑战。提起账号运营的成功经验，"上知天文"团队回顾了过去的经历，大家不谋而合地说出了一个关键词：尝试。团队是第一次接触短视频，文案风格、素材风格、配音风格等如何得到大众认同、增加用户黏性，是困扰包括"上知天文"团队在内的所有科普类视频创作者的难题。在不断的实践过程中，团队成员不断复盘，结合账号粉丝画像分析爆款视频的特点，逐渐对账号的内容定位和运营有了认识并达成了共识。一切创新都始于勇于尝试。出版深度融合是一个新业态，开展融合工作，出版社需要对自身的优劣势有全面认知，需要基于自身的资源选择融合发展的方式和方向，在确定市场定位后逐步提升新媒体思维，不断摸索融合模式。

对于科技出版社来说，开展出版深度融合还面临着数字版权积累不够、限制融合开发空间的问题。这需要传统出版单位加强对知识产权的重视和管理，加强对电子书、有声版权和视频版权

的积累。此外，资金压力较大也是开展融合工作面临的现实问题。出版融合的盈利模式与盈利时间有一定的不可控性，每个项目前期需要较大的投入，对每个工作环节的认知也是要经过一段时间的探索，试错成本高，短期内能形成势能的生产有限，这更需要出版单位对内在深度调研的基础上全面论证，找准定位，对外考虑通过引入社会资本助力开发，积极申报政府部门和行业主管单位设立的专项基金获得支持。

2019年1月25日，中央政治局就全媒体时代和媒体融合发展举行第十二次集体学习，习近平总书记在主持学习时指出："推动媒体融合发展、建设全媒体成为我们面临的一项紧迫课题。"[1]《关于推动出版深度融合发展的实施意见》为出版单位探索融合发展新模式、新业态、新领域提供了行动指引。推进出版深度融合发展，对传统的地方科技出版单位而言是一项有挑战性的任务。机遇与挑战并存，科技出版单位应以习近平新时代中国特色社会主义思想为指导，坚持党对出版工作的全面领导，坚持正确发展方向，把出版深度融合作为落实意识形态工作责任制的重要内容，积极谋划，制定相关人才建设规划和工作机制，将传统出版中的规范性和内容审核机制与融合业务的创新性有机结合，逐步形成成熟的管理运营机制，实现出版深度融合的新突破。

---

[1]《新华月报》：《新中国70年大事记（1949.10.1—2019.10.1）》（下），人民出版社2020年版，第1937页。

"科技与文化赋能"推动北京老字号传承与发展*

——北京大华时尚公司老字号品牌创新实践案例

伴随着我国进入社会主义现代化建设的新征程，中国纺织服装行业作为国民经济与社会发展的支柱产业、解决民生与美化生活的基础产业、国际合作与融合发展的优势产业，也进入了高质量发展的新阶段。在纺织服装行业中的老字号企业历经了漫长的历史积淀，以独树一帜的时代文化烙印和与消费者间生生不息的文化情结，在激烈的市场品牌竞争和纷繁复杂的环境变迁中脱颖而出。但随着科技信息技术和生活方式的快速迭代，老字号品牌急需以科技和文化赋能，不断重塑发展战略，创新运营模式，实现品牌的可持续发展。我国"十四五"规划纲要也明确提出加大品牌培育发展和老字号保护，北京市2018年也出台了《关于推动北京老字号传承发展的意见》，对老字号品牌发展提出了新的要求。

成立于1954年的北京大华时尚科技发展有限公司（前身为

---

* 作者简介：孔海燕，北京大华时尚科技发展有限公司党委副书记、总经理。

北京市大华衬衫厂，以下简称大华时尚公司）是北京市属国有企业、北京时尚控股有限责任公司旗下的全资二级企业，也是北京市重点企业和北京市老字号企业。经过70年的发展，大华时尚公司已成为集服装品牌运营、商贸服务和文创服务于一体的综合性企业，围绕品牌服装主业，形成了天坛、PURE TOUCH、无咎等差异化的品牌发展格局。在高质量改革转型中，大华时尚公司紧紧围绕老字号服装品牌主业方向，通过科技与文化赋能，以"加文化、减制造、乘科技、除环节"全方位创新品牌管理机制，强化老字号品牌建设，取得了积极成效，实现了老字号企业和品牌的传承与发展，也为北京文化中心的建设和打造国际消费中心城市做出了积极贡献。

一、主要做法

（一）文化加持，打造内涵老字号品牌

1. 设计＋文化，强化品牌设计企划，提升老字号品牌产品力

围绕打造老字号品牌产品特色，在专注提高产品品质的同时，强化品牌价值理念的外化表现，将品牌元素、流行元素、地域文化、传统文化元素相融合，加大开发带有品牌印记和具有中国传统文化元素的产品，强化品牌产品的可识别基因，不断夯实产品基础，逐步实现设计企划与产品的有效结合、品牌美感与消费者审美的有效结合，推进品牌产品的市场转化，不断提升产品

价值创造力。

2. 营销+文化，围绕品牌文化落地，提高品牌营销效率

一方面，注重将品牌文化和消费者的生活方式相融合，凸显品牌营销特色。线下持续开展各类文化沙龙、品牌特色"衬衫节"等主题活动，强化融入消费者生活方式的品牌价值理念；线上通过打造工匠款产品和强化68年"天坛"品牌历史积淀的软文营销，丰富老字号形象，增强品牌文化和产品组合传播，获得了消费者的情感认同，实现了流量提升。另一方面，借力各类时尚文化活动扩大品牌影响力。2016年至2022年，大华时尚公司连续七年参加北京时装周发布会，主题分别为"集·和"、"泰"度、"华梦"、"境·净"、"NEO·新生"、"@Cloud·云尚"和"山水城市"。通过挖掘企业和品牌元素、吸收景泰蓝等优秀传统文化元素、致敬中国改革开放四十周年，大华时尚公司围绕生态环保、人与科技和城市和谐共生等概念开启了品牌服装与时尚文化的对白交流，展现了老字号品牌独特的时尚理念和人文情怀；同时，公司连续七年分别参加了时尚北京展、WEEK UP潮流展和在太庙举办的"华·梦"文化展，极大地提高了老字号企业和品牌的影响力。

3. 合作+文化，加大跨界文化合作，拓展品牌创新渠道

大华时尚公司积极利用资源禀赋和IP价值开展跨界合作创新。一是与非遗传承人进行文化跨界合作，持续打造与国潮融合的IP产品；二是与文化艺术家、斑马文化创新平台、珠宝协会、和睦家、生活大V达人等开展衍生品开发、跨界传播、跨界文化展等系列活动，深化老字号品牌的文化影响力；三是与抖音文创合作开发联名款新衣，举办联名新品发布会和WEEK UP潮流展，尝试老字号品牌与社交文化的融合，增加品牌流量和曝光度；四是与新疆丝路霓裳品牌联合，深度挖掘新疆艾德莱丝绸的文化元素，联合举办"艾德莱斯之恋"发布会和"和田市民族特色主题展"，将老字号文化与丝路文化和现代时尚深度融合，助力非遗文化传承发展。一系列文化创新跨界合作，将不同渠道的差异化目标客户进行有效转化，与消费者建立起更加广泛的交互和情感链接，也为中国优秀传统文化的展现和传播搭建了平台。

（二）结构调整，创新驱动老字号管理转型

随着公司战略的调整，大华时尚公司通过优化生产结构和人才结构，逐步夯实老字号品牌的发展优势，实现了从品牌生产到品牌运营的华丽转变。

1.推进产业园转型升级，深入落实老字号品牌供给侧结构性改革

公司产业园区加大提质增效和结构调整。一方面，以"提品质，增品种"为核心，围绕增强产品供给服务实力，通过科技创新项目的落地实施，不断提高技术水平、优化人员结构，充分利用信息管理工具，加大对功能性产品、高档职业装的研发，培育精品产品的供应服务链，增强老字号品牌的整体运营服务能力；另一方面，秉持"科技+文创"理念，利用园区资产综合优势和价值，引入新媒体技师学院，打造时尚产业高水平、专业化的实

训基地，形成现代科技与时尚文化结合的产教融合新模式，探索聚力共生的高质量发展路径。

2.创新人才管理机制，打造高质量老字号品牌人才队伍

围绕转型发展需要，公司积极落实部门专业化、人员专家化、人才资本化的人力资源管理思路，不断创新品牌专业人才管理机制，激发员工想干事的热情，增强员工能干事的本领，为员工创造干成事的条件。一方面，加大力度引进高水平的品牌设计、运营等市场化的领军人才，加快对基础存量人才的培训引导，优化不同岗位的人才配置，为品牌培育专业水平高、商业落地意识强和自我创新意愿高的人才团队；另一方面，创新绩效管理制度。对主要业务和管理岗位进行动态人才岗位评定和综合考核测评，及时找清现有岗位人员的能力结构和人才短板，创新薪酬考核管理制度，加大同岗位不同层级和不同岗位间的绩效考核力度，激励员工强本领、干成事的主动性。

（三）科技融合，打造智慧老字号品牌

大华时尚公司围绕服装品牌主业加大科技创新投入，加强科技信息技术应用，强化数据化管理和场景化打造，努力使科技赋能主业发展，夯实老字号的核心竞争力。

1.资产×科技，加大无形资产的管理和使用，提升老字号的品牌价值

大华时尚公司积极申报、维护商标、专利、标准等无形资产，加大对这些资产的管理和使用。在实际工作中，公司将持有

的专利技术和各项标准持续运用到品牌产品中，打造老字号品牌的独特基因，实现了品牌文化的外化。

2.产品×科技，加大科技创新技术的应用，提高老字号品牌的科技含量

大华时尚公司积极开发使用各类新技术、新材料，并以科技创新项目为抓手，持续提高产品的附加值。公司成功实施功能性品牌产品的技术研究和产业化应用项目，获得北京市国资委国有资本预算资金支持，并在项目绩效评价中成绩优秀。该项目在品牌产品中开发应用成衣免熨烫技术和纳米光催化技术，赋予品牌产品功能性，同时融入时尚元素，将科技和时尚有效融合，满足消费者对功能性产品的个性化和时尚化需求；此外，公司持续将叠加面料和SORONA®[①]等先进技术运用到产品中，提高产品的溢价能力。这些高科技产品不仅在终端市场获得了消费者的点赞好评，还被广泛应用于2022年北京冬奥会和冬残奥会特许产品中以及国庆70周年群众游行方阵的服装上，取得了良好的口碑和预期效果。

3.运营×科技，广泛应用信息化技术，推进老字号品牌数字化转型

一是实施现代RFID[②]科技创新项目，实现老字号品牌产品的

[①] 由杜邦公司研发推出的合成纤维面料，其主要原料是由可再生的植物材料生产的聚酯，具有柔软、舒适、易染色、耐紫外线、抗污、易打理等特性。

[②] Radio Frequency Identification 的简称，意为无线射频识别，是自动识别技术的一种。该技术通过无线射频方式对记录媒体（电子标签或射频卡）进行读写，从而达到识别目标和数据交换的目的，被认为是21世纪最具发展潜力的信息技术之一。

全部信息化和数据化管控，并设立基于RFID系统应用的智慧门店，利用智能化三维扫描和产品搭配等数据系统，准确把握消费者喜好，提升消费者体验；陆续升级RFID-SMART[①]系统，上线MC3[②]系统，将不同渠道的商品信息有效融合，打破线上线下信息壁垒，逐步实现产品生产、物流、销售的数据共享，提高商品和销售管理的高效精准度。二是应用各类互联网信息技术和平台，创新品牌运营渠道。开发定制小程序，运用数字化手段实现服装个性化定制的快速、便捷和准确，满足不同的消费需求；拓展不同渠道的品牌营销，实现传统电商、社交电商与线下营销相结合的O2O和OAO运营，推动"互联网+"在品牌运营模式创新中的落地。三是打造老字号品牌智慧体验馆。挖掘公司和品牌文化内容，将技术创新与老字号文化展示有效结合，运用VR等虚拟技术建设大华老字号品牌体验馆，在同一空间内完成历史发展、文化传承和现代时尚等多场景体验，利用VR/MR互动技术，开发大华老字号特色产品的体验项目，为消费者打造内容+时尚+数字化的体验场景。

（四）流程精简，打造高效老字号品牌

围绕效率提升，全面转变管理经营思路：在组织架构上，实行扁平化管理，减少决策流程，提高决策速度；在品牌运营方面，由过去的"生产—销售"向"销售—生产"的方式转变；在

[①] 与RFID技术相结合的智能大数据平台。
[②] 专业做零售软件的百盛集团研发的第3代存货和销售管理系统的编号。

营销方面，加快融媒体营销创新，围绕消费社交变化，提高品牌营销效率。

1. 数据驱动决策，有效提高决策效率

从产品研发、供应链管理到物流、销售的各环节，大华时尚公司通过数据信息在各部门间的共享，以数据驱动决策，提升决策效率。供应链环节利用RFID系统实时关注自有工厂和第三方供应链的生产状况，实现供应链的精准管控；仓储物流环节利用RFID系统精准跟踪存货状况，提高配货的速度和准确度，加快存货周转；销售终端利用RFID智慧门店系统和销售管理ERP系统及时掌握客户偏好和实际销售数据，利用线上大数据精准分析目标客户群的特点和分布，为设计和生产以及制定营销策略提供依据。

2. 营销策略4P到4C，转变企业与消费者角色

围绕消费环境的变化，公司树立了由市场需求和偏好拉动的营销理念，由品牌决定生产和销售的"推式"营销——4P营销策略（Product产品、Price价格、Place渠道、Promotion促销）转变为以消费者需求为导向的"拉式"营销——4C营销策略（Customer消费者、Cost成本、Convenience便利、Communication沟通）。在4C营销策略的整个运营过程中，公司始终把目标客户作为核心要素，从设计之初就根据品牌销售数据分析聚焦目标消费者的需求和购买力，通过引导和满足消费、提供购买便利和加大服务等，建立起以用户为中心的消费者链接机制。

3.传统电商到社交电商，加快融媒体营销创新

一是完善传统电商平台、微商城的开发建设，开发定制官网和小程序，拓宽电商运营覆盖面，推进从O2O到OAO的融合营销，形成全客群、全渠道、全品类、全时段的融合运营；二是推进融媒体创新营销，组建新媒体运营团队，全面开拓社交电商渠道，开展直播和短视频营销，输出高品质品牌内容。目前，大华时尚公司的年平均直播超200场，直播时长达1400小时，年均投放短视频500条，多维度触碰目标消费者，以品牌认同吸引消费，增强老字号品牌粉丝黏性，提升销售转化。

二、初步成效

大华时尚公司实施老字号品牌创新实践，坚持拉动品牌的产品创造力，提升品牌的创新驱动力，加强品牌的营销转化力，以塑造用户可感知的价值体验和文化认可为目标，以忠诚度带动美誉度和知名度的现代品牌逻辑，形成了鲜明的老字号品牌文化特色，有效推动了老字号企业和品牌的全面升级革新，也为企业在未来实现快速成长夯实了基础。

（一）老字号企业的综合实力和品牌价值大幅提高

老字号品牌创新实践为大华时尚公司的发展和老字号品牌注入了新的内生动力，公司整体经营规模和实力获得快速提升。自2020年至今，大华时尚公司连续三年获选"中国服装百强企

业"和"中国职业装50强企业"。旗下具有68年历史的"天坛"品牌经世界品牌实验室（World Brand Lab）评定，连续四年获评"中国500最具价值品牌"，排名和品牌价值逐年提升。2022年，"天坛"品牌以205.62亿元的品牌价值荣列中国500最具价值品牌第368名，比首次上榜品牌价值提升了53.9%，排名提高了8位。

（二）老字号品牌的科技创新实力显著增强

通过科技赋能老字号品牌创新，大华时尚公司在科技创新方面的投入力度明显加大，并逐年递增。公司于2021年通过复审，连续两届获评"国家级高新技术企业"和"中关村高新技术企业"，并于2022年底通过"创新型中小企业"认定。2024年2月，公司被评定为北京市专精特新中小企业，大华旗下TIANTAN（天坛）品牌也被商务部评定为中华老字号。此外，大华时尚创新工作室获评2022年"全国纺织行业创新型班组"。

（三）老字号品牌的产品力稳步提升

老字号品牌创新项目的实施，促进了公司对产品设计研发的高度重视。公司积极开发融合品牌文化、北京文化与中国传统文化元素的国潮新产品，并加大对高科技环保纤维和技术的应用，以颜值高、品质好、功能强和内涵深形成老字号品牌的产品特色，不断提升老字号品牌产品的价值创造力。公司品牌产品先后获得最佳原创设计奖、紫禁城品牌大奖、设计创新奖、时尚品牌大奖等荣誉，有效夯实了中国品牌的创造力。

三、经验启示

（一）强化党建引领

大华时尚公司党委在老字号品牌创新发展的过程中，坚定战略方向，积极统筹推动，始终发挥好把方向、管大局、保落实作用。在具体的落实过程中，党委有效指导各支部在品牌服务保障中做好安全后勤保障、制度规范保障、资金筹划保障，切实发挥支部的战斗堡垒作用。每一位党员根据自己的工作职责，围绕服务品牌创新工作，身体力行，在产品设计研发、营销推广、品牌发布会的组织中等，冲锋陷阵、攻坚克难，体现了新时代党员围绕中心服务大局的先锋模范作用。因此，大华时尚公司老字号品牌创新取得巨大的成效，得益于公司始终坚持党建引领，切实将党建工作和中心工作同谋划、同部署、同推进、同考核，将党建工作与品牌创新经营深度融合。

（二）坚持与科技文化融合

科技创新是产业创新的源头。在老字号品牌发展的过程中，大华时尚公司始终将科技融入产品创新、模式创新和管理创新，以科技赋能增强品牌的核心竞争力。随着中华民族伟大复兴进入不可逆转的历史进程，人们对中国文化的归属感、认同感、自豪感不断提升，文化的自信自觉正在形成品牌自信和产品自信。在老字号品牌的打造过程中，无论是老品牌还是新品牌，始终坚持挖掘中国优秀传统文化元素和时代精神，并将其融入符合新潮流的时尚产品中，以此打造老字号品牌的差异化价值符号，形成独具特色的时尚风格。

（三）坚持人民至上

对于老字号品牌创新而言，人民至上就是始终聚焦消费者生活方式的变化，坚持以满足人民日益增长的美好生活需要为出发点，以高质量的美好产品和服务提升人民群众的获得感、幸福感和安全感。

（四）坚持全球视野

纺织服装行业是高度全球化的产业，老字号服装时尚品牌的创新必须要有全球视野，做强北京老字号服装时尚品牌必须对标国际时尚，形成中国时尚的气场，努力培育出国际一流的时尚品牌。

综上所述，北京大华时尚公司通过科技与文化赋能，有效推动了北京老字号品牌的传承和发展，也通过对大华这一北京老字号企业和品牌的提升，形成了老字号优秀文化价值与商业价值融合发展的示范效应。未来，公司将继续坚持守正创新和自立自信，为首都新时代发展和北京打造国际消费中心城市贡献北京老字号品牌的时尚力量，在推进中国式现代化的进程中贡献行业和企业的力量。

打造政府权威信息发布平台，展现新时代大国首都形象*

——北京市新冠疫情防控新闻发布工作的实践探索

新闻发布工作是党的宣传思想工作的重要组成部分，担负着展示党和国家形象、推动社会治理体系现代化的重要作用。多年来，北京市新闻发布工作立足首都城市功能定位，坚持首善标准，围绕全市重大政策、重点工作、重要活动，积极开展信息发布和政策解读工作，连续多次被中宣部评为全国优秀地区。新冠疫情防控期间，北京市连续召开433场疫情防控新闻发布会，有效助力全市防疫工作，为全国重大突发公共卫生事件信息公开、舆论引导及社会动员提供了"北京经验"。

一、主要做法

2020年，新冠肺炎疫情在我国突袭而至，习近平总书记亲自指挥部署，以科学之策应对非常之难，团结带领亿万人民打好统

---

* 作者简介：田伟，北京市委宣传部传媒监管处处长。

筹疫情防控和经济社会发展之战。作为首都，北京的疫情防控工作关系党和国家工作大局。北京市落实习近平总书记重要指示精神和中央各项决策部署，把人民群众的生命安全和身体健康放在第一位，把疫情新闻发布作为防控工作的重要组成部分，积极开展信息公开和舆论引导，铸牢防疫钢铁长城。三年间，北京市共召开433场疫情防控新闻发布会，党政机关、企事业单位、基层前线、科研院所等2094人次出席，历时近1000天，平均2.4天召开一场，总发布时长20000分钟，发布频次之高、持续时间之长、发布影响之广前所未有，体现了鲜明的首都特色。

（一）高规格策划部署，保障发布内容权威准确

北京市疫情防控新闻发布工作得到各级领导的高度重视，市委主要领导同志亲自指挥调度，批阅每场发布方案和重点内容。市委宣传部领导统筹部署新闻发布工作，每日召开专题会策划发布主题，研究发布内容和口径。市委宣传部、市政府新闻办、市网信办建立"三驾马车"工作机制，各区各部门领导统筹联动、层层把关，有力保障信息发布内容的权威性和准确性。国家卫健委、中国疾控中心、中国医学科学院等中央单位的相关负责同志、知名专家多次出席发布活动，人员层级高、专业性强，充分体现了北京疫情新闻发布的权威性。

（二）主动设置议题，新闻发布实现前置引导

面对社会公众对新冠疫情的焦虑恐慌，北京市委宣传部坚持

以快制快，建立包含120项内容的疫情新闻发布会工作机制，从舆情研判、主题策划、稿件审核到现场发布、媒体报道、网络推送形成一整套工作流程，确保每场发布活动从开始到结束不超过20小时（最快2小时完成）。正是因为做到了以快制快，才能在第一时间传递政府信息，满足人民群众的信息需求，有效引导社会舆论。

（三）及时回应关切，搭建政府和市民的连心桥

为解决群众诉求、稳定公众情绪、维护首都社会安定，宣传舆论组与各防控工作组通力协作，将媒体报道、网络舆情、市民热线等全部纳入舆情监测范围，及时了解公众的建议诉求，掌握谣言传言，坚持不隐瞒不回避，对市民集中反映的问题，最晚在次日的新闻发布会上进行回应，对不实传言进行及时澄清。例如，新发地市场出现疫情后，首都市民高度关注生活必需品的供应，北京市委宣传部连续组织市市场监管局、市商务局等发布保供稳价、市场消杀情况，向市民说明商品供应充足无须囤积居奇，以争取市民的理解与支持，确保各项防控措施快速落地。

（四）加强媒体融合，增强新闻发布的传播实效

根据疫情影响面和紧迫性，北京市委宣传部统筹用好新闻发布会和政务新媒体两个发布平台，矩阵式发布疫情防控信息。发挥网络媒体小、快、灵的特点，以"北京发布""健康北京"为主账号，联动全市各区、各部门政务新媒体，在微博、微信、抖

音、快手、今日头条等多个平台发布防控资讯，累计编发图文、视频稿件20000余条，网络阅读量近18亿次，讨论量超过12万条，并且通过长图、动漫、微视频等直观方式让"勤洗手、常通风、戴口罩、少聚集"等防控知识家喻户晓、老幼皆知。

（五）周密细致安排，保障发布活动的现场效果

疫情防控发布会现场人员密集，北京市委宣传部严格落实参会人员登记测温、安全距离、信息报备等防疫措施，无论是发布人还是记者，必须遵守现场防疫规定，确保新闻发布厅不出现风险隐患。制定会务工作流程，确保各点位责任到人；做好媒体管理、设备保障、稿件推送等各项工作；强化服务意识，满足听障人士的信息需求，在发布会现场配备手语翻译。

二、工作成效

信息公开是构建政府公信力的必要前提，更是突发事件中维护政府形象的重要保障，2016年，北京市印发《关于建立健全信息发布和政策解读机制的实施意见》，建立"8·2·1"例行新闻发布工作制度，即与社会经济发展关系密切和公众关注度较高的政府部门，每季度要组织两次新闻发布活动，每半年新闻发言人要参加一次市政府新闻办发布活动，每年主要负责同志参加一次市政府新闻办发布活动，明确各单位主要负责同志是新闻发布工作第一责任人，形成市委、市政府，市级部门及各区三级新闻发

布工作体系；同时制定舆情搜集研判、口径拟定通报、专家发布解读、公众媒体参与、发布效果评估等机制。

（一）保障公众的知情权与参与权

疫情新闻发布极大满足了市民的信息需求，极大地动员了社会配合政府的防疫措施。从433场疫情防控新闻发布会来看，北京市较好地形成了"诉求收集—发布回应—公众监督—改进工作"的完整信息公开闭环，新闻发布会"一头连天线、一头接地线"，有效提高了全市突发公共事件的应急处置成效。

（二）树立首都的良好国际形象

在境外关于北京新冠疫情防控的报道中，外国媒体大量采用北京市政府发布的信息，转发国内的媒体报道和中国专家的观点，例如，法国、德国、日本等媒体对北京疫情进行报道时，其信息源主要来自发布会内容。此外，新华社、《人民日报》《北京日报》等解读性报道，也成为给境外媒体主动"喂料"、有效开展境外媒体舆论引导的典型示范。

（三）推动各单位提升新闻发布工作的效能

疫情防控新闻发布工作强化了北京市各区各部门的新闻发布意识，有力助推首都新闻发布工作的效能提升。北京市各条防控战线在抓好防疫工作的同时，对做好信息公开、迅速回应公众关切已形成共识，新闻发布工作也已成为推动各单位开展工作的重要手段。

三、经验启示

北京市在疫情防控期间建立起的新闻发布制度，对推动首都社会治理体系现代化、展现新时代大国首都形象发挥了积极作用。我们应该运用好已经形成的机制体制，服务首都经济社会发展。

（一）首都新闻发布工作要立足全球视野，助力北京"四个中心"建设

北京新闻发布工作要讲好习近平新时代中国特色社会主义思想在京华大地的生动实践，要讲好北京市落实党的二十大精神、统筹推进"五位一体"总体布局、协调推进"四个全面"战略布局的显著成就。北京新闻发布工作要更好地用中国实践阐释中国道路、中国制度、中国价值；要坚持首都站位、首善标准，围绕北京"四个中心"功能建设、北京市"十四五"规划等中心工作，统筹推进对外传播能力建设；要讲好北京市民的故事，推出更多北京创意、北京品牌、北京名片；要更好地把握对外传播基调，实事求是、真实诚恳，自信不自大、昂扬不张扬，展示最新最美最好的北京。

（二）构建新时代对外话语体系，牢牢掌握国际话语权

在对外传播中，新闻发布工作要着力在转变叙事理念方式上下功夫，在提高讲故事水平上下功夫，增强对外宣传的针对性与

实效性。要将宏大叙事和细节表达更好地结合起来，把事实引导和结论引导更好地结合起来，用小故事反映大主题，用小切口反映大时代。要通过国际人士和传播对象国人员的视角宣介北京社会经济发展的成果，向世界介绍中国观点与立场。多年前，为了获得国际社会对我国的认同，很多地方的对外传播工作曾经一度迁就和迎合西方国家的价值标准，过于强调所谓的国际惯例以及与国际接轨等形式，导致在某些方面模糊了我国在国际传播中的主体地位，对此，我们要坚持确立自己的价值和主张，在突出中国立场和中国观点的基础上推动对外传播向更高层次发展。要站在中国立场看待全球问题，针对国际社会关切的话题，建立起既体现中国观点和价值观念，又为外国受众理解和接受的对外话语体系，形成同我国综合国力和国际地位相匹配的国际话语权，展现中国的和平开放形象，展示北京的大国首都形象。

（三）建立全媒体信息发布渠道，增强政府信息的传播力

随着传媒技术的发展，政府部门的新闻发布从单向传输的宣传模式转变为符合新闻传播规律的叙事和对话模式。融合发展的移动新媒体为政府和媒体、公众间搭建了互动、对话、交流的平台，极大地丰富和改变了政府新闻发布的传播渠道。新闻发布会上的语言、文字、符号、图像、影像等全部都是重要的发布元素。从新闻发布内容上，新闻发布现场与网上信息传播要互相配合，要兼顾网站、微博、微信、音视频直播等方式，从横竖屏到分辨率，整合不同传播要素，吸引更多用户收听收看，通过收

藏、转发、评论实现全媒体融合传播。从发布时效上看，网络直播将新闻发布由传统的"黄金24小时"转向"黄金5小时"甚至"黄金1小时"，全媒体融合传播手段极大地提高了新闻发布的传播力和影响力。

（四）加强舆情收集研判，提高政府应对突发事件的能力

对政府新闻发布工作而言，做好舆论引导是重点，要把发布内容和公众关切点、媒体关注点结合起来，有的放矢地策划发布议题。特别是对于公共突发事件，要开展好舆情监测，这样才能有效进行舆情应对。社会舆情通常包含公共突发事件的发生，政府、媒体、公众发布信息和形成社会舆论三个阶段，除了新闻发布主体的政府部门，事件本身、媒体和公众也都是舆情的主体。因此，面对"全民都是通讯社"的新媒体时代，面对转型中的传统媒体和新兴发展的自媒体所带来的信息量爆炸式增长，建立高效全面的舆情监测联动机制是政府部门开展舆论引导的关键。我们要运用大数据等技术支撑，快速全面地收集社会舆情，并及时对其进行监测分析、预警决策和科学处置。通过挖掘分析舆情关联数据，政府部门掌握的不是个别抽样舆情信息，而是真实反映大多数社会公众的舆论。特别是在公共突发事件中，大数据形式的用户分析为舆情监测提供了更加便利的技术环境，如果将监测时间节点提前到信息传播初期，就可以及时预测舆情走向，调整和引导舆论重点、方式和内容，为正确应对舆情提供有力的决策参考。

（五）强化队伍建设，培育讲好中国故事的专业人才

发展的关键是人才，优势的核心也是人才。北京作为首都，是中央机关、科研院所、行业协会、头部企业、新闻媒体的聚集地，是智力储备的富矿。我们要充分调动各方力量，打造一支有竞争力的对外宣传队伍，要在培训"赋能"上加大力度，进一步研究新闻发布培训工作，不断丰富培训形式，探索形成上至"一把手"下至"小编辑"的全覆盖培训机制。要在智力"开源"上舍得投入，进一步丰富多层次专家储备，重点遴选健康、环境、经济、文化、教育等领域能够对外讲好中国故事的学科专家，加强市属高校、科研院所的学科建设和对新鲜血液的培养，发掘更多对外传播培训的师资及教学资源储备，推动更多研究成果的转化普及，形成源源不断的智力补给。要在人才"节流"上广开思路，优化政务新媒体人才的管理机制和激励机制，善于发现、用好、留住人才，以政策先行减缓人才流失，扩容人才储备。

（六）加强新冠疫情信息公开，携手推进全球抗疫合作

疫情无国界，新冠疫情在全球暴发再次表明人类是一个休戚与共的命运共同体，任何国家都不可能独善其身。要做好新冠疫情信息公开工作，让各国之间的疫情信息共享更加畅通，建立起严密的联防联控网络。只有做到信息资源公开共享，才能相互协作，更好地应对危机。疫情防控期间，我国政府本着公开、透明、负责任的态度，及时发布疫情信息，分享防控和救治经验，为全球抗疫贡献了中国智慧、中国力量。在目前新冠疫情没有完

全结束前，有效的信息公开可以推动各国在溯源、药物、疫苗、检测等方面开展科研交流，共享科研数据，共同研究救治方案。因此，我们应加强信息的有效公开，以人类安全健康为重，秉持人类命运共同体理念，携手推进全球抗疫合作。

其他文化

构建科普教育体系 讲好中国植物故事*

——国家植物园的实践与思考

2021年10月12日,习近平主席在《生物多样性公约》第十五次缔约方峰会上,向世界宣布中国启动国家植物园体系建设。2021年12月28日,国务院正式批准在北京设立国家植物园,依托中国科学院植物研究所和北京市植物园,由国家林业和草原局、住房和城乡建设部、中国科学院和北京市人民政府合作共建。2022年4月18日,国家植物园在北京正式揭牌。

在北京建设具有世界水平的国家植物园,对于展示我国植物迁地保护的伟大成就、讲好中国植物故事、满足人民对优美生态环境的需要具有重要的意义。国家植物园坚持以植物迁地保护为重点,兼具科学研究、科普教育、园林园艺、文化休闲等功能,体现国家代表性和社会公益性。2022年1月4日发布的《国务院关于同意在北京设立国家植物园的批复》提出,坚持将植物知识和园林文化融合展示,讲好中国植物故事,彰显中华文化和生物多样性魅力。这是中央对国家植物园科普教育工作的新要求。国

---

* 作者简介:宋利培,北京市公园管理中心科技处处长。

家植物园挂牌开放以来，科普教育工作坚持以"讲好中国植物故事"为目标，从国家植物园植物文化挖掘、科普设施建设、科普活动展览、植物科学传播、人才队伍建设五个方面入手，形成了符合国家植物园整体定位的科普教育使命价值、工作体系与经验方法，逐步建立了国家植物园科普教育体系，科学普及的影响力不断增强。

一、国家植物园的重要使命——植物科普教育

（一）科普教育是国家植物园宣传生态文明理念的重要阵地

植物园是天然的植物博物馆和重要的生态文化设施。根据国际植物园保护联盟定义，植物园是拥有活植物收集区，并对收集区内的植物进行记录管理，使之可用于科学研究、保护、展示和教育的机构。植物园的发展历程充满了人类对自然奥秘、新奇植物的探索，体现了人类对大自然的尊重。国家植物园科普教育可以激发参观者热爱自然的天性，使其对濒危物种保护和环境问题逐渐产生忧患意识和责任意识，从而增进公众认知和情感认同，激发公众对植物及其承载的生态文化产生兴趣，并在此过程中达到弘扬生态文明理念的目标。

（二）科普教育是国家植物园拓展社会服务功能的题中之义

国家植物园作为首都重要的开放空间，为公众提供游览休憩和科普教育服务。习近平总书记在党的二十大报告中强调："加

快构建中国话语和中国叙事体系，讲好中国故事、传播好中国声音，展现可信、可爱、可敬的中国形象。"[1]国家植物园作为面向国内外的植物文化传播中心，致力于把植物科普教育深植于中国文化土壤，展现绿色、自然、和谐的中国形象，倡导公众树立尊重自然、关心生态的意识导向，为游客提供日益丰富的植物文化体验。这是践行习近平生态文明思想、助力绿色北京建设、增进人民福祉的重要举措。

（三）科普教育是国家植物园培养公众科学素养的基本路径

国家植物园不仅仅是保存植物多样性的科研保护基地，更是进行生态科学知识传播、开展环境保护科普教育、提高全民科学素养的重要场所。围绕植物科学知识、艺术外貌和文化内涵开展科普教育，能够促进公众养成生态文明意识，同时为广大人民群众提供优质的生态产品和美好的精神享受，实现公众科学素质和生态素养双提升的目标。

二、主要做法

（一）发挥资源优势，挖掘植物文化

一是以珍稀濒危植物和生物多样性保护为主线开展科普活

---

[1] 习近平：《高举中国特色社会主义伟大旗帜　为全面建设社会主义现代化国家而团结奋斗——在中国共产党第二十次全国代表大会上的报告》，人民出版社2022年版，第46页。

动。国家植物园是实施植物物种资源迁地保护最主要的基地，截至2024年4月，已收录18000余种植物，数量位居全国第一，拥有巨魔芋、千岁兰和海椰子三大珍稀旗舰物种，是国内唯一实现巨魔芋群体开花、结实的植物园。园区拥有亚洲最大的植物标本馆，馆藏标本301万份，被授予国际海棠品种登录权。依据规划，国家植物园未来还将重点收集三北地区乡土植物、北温带代表性植物、全球代表性植物和珍稀濒危植物，将收集活植物3万种以上。

二是举办丰富多彩的节事活动。包括桃花节、兰花展、郁金香展、海棠文化展、月季文化节、蜡梅文化展、牡丹文化展、古莲展等传统花卉节事活动，以及在国际生物多样性日、全国科普日、植树节、全国科技活动周、中国科学院公众科学日、中国科学院科学节、公众开放日等时间节点举办的纪念节事活动。

三是融合植物知识和园林文化。国家植物园地处北京历史文化名城保护重点区域"三山五园"地区，园内拥有各级文物保护单位和历史遗存20多处，包括十方普觉寺（卧佛寺，国家级文物保护单位）、梁启超墓、曹雪芹故居、"一二·九"运动纪念地，园区内还生长着645株古树名木和国礼植物。国家植物园深入挖掘自身文化禀赋，结合中华传统植物文化内涵，创造性地开展了"三山五园"植物文化、红楼梦及古典文学植物文化、药用及民俗植物文化、古树名木植物文化等相关科普教育活动。

（二）强化功能需求，完善科普设施

一是完成科普馆改造提升工程。2022年4月，国家植物园科

普馆完成改造并向公众开放，总面积2582平方米，分为序厅、主展厅、临展区和儿童手工教室。科普馆以"植物改变人类生活"为主题，通过活体植物、植物标本、植物科学画、科普视频、展板等形式，展现植物科学知识，是人们了解植物知识、感知植物文化、参与科普互动的理想场所。

二是建立科普标识系统。建设三级科普标识系统，完成1.3万多个科普牌示的制作安装工作，其中包括：园艺特色植物收集展示区、植物进化展示区、本土植物保护与植物驯化区及展览温室的展区一级科普牌示，展区内部设置主题知识的二级解说牌，为重点植物设置的三级植物种类标识牌。

三是开发科普导览系统。推广"导赏→扫码→深度学习"模式的新媒体导赏体系。"导赏"即在门区设置导赏地图；"扫码"是在重点植物前摆放科普牌示，牌示清晰印有二维码，游客通过"微信扫一扫"参与趣味科普问答；"深度学习"是公众参与答题后，能够阅读到更多的相关知识，并根据提供的链接学习知识库的相关内容，满足群众多元化的知识需求。

（三）围绕植物主题，策划科普展览和活动

一是策划精品系列科普活动。几年来，国家植物园持续打造精品科普活动，如"专家带您识花草""寻子遗　赏花木""自然观察课程""生态博物课"等活动，已经形成较大的社会影响力。其中，"专家带您识花草"公益科普活动截至2024年4月，线上线下已开展150余期，受众达272万余人，荣获"北京科普基地

优秀教育活动"奖。2022年,国家植物园开展青少年生物多样性调查和生物多样性系列科普宣教活动,配合国际《生物多样性公约》第十五次缔约方大会,获得良好的社会反响。

二是日常科普活动不断线。全年开展观鸟、自然观察、传统节日植物讲座、永生花制作等特色科普活动,结合数字媒体的发展,开展线上科普游园会、线上科普课堂等虚拟活动,每年开展各种公益科普活动200余场次。

三是"走出去"搞科普。积极组织科普课程走进校园和社区,提供专业系统的植物科普课程,开展青少年校外科学教育课程开发。针对学生和居民熟悉的校园、社区花园等地的植物品种设计讲座。2022年,组织科普进学校、进社区活动13期,发放科普图册、科教教具4000余份,并通过网络直播进一步扩大科普进校园、进社区活动的传播效果。

四是开展植物主题科普展览。展览内容涉及植物知识、植物艺术、植物文化、植物园历史等。结合春季精品植物展、食虫植物展、中国特有植物展、"兰花幻境"展、"非洲秘境"展、苦苣苔展、精品盆景展等,以植物活体展示为主体,结合图文展板,开展科普教育活动。同时举办植物文化与艺术展,展示特定植物文化主题,包括:"中国特有植物曾孝濂艺术绘画展""绮序芳菲——出离艺术绘画展""LIAN植物绘画艺术金秋特展",以及"中国极小种群野生植物展""'蕨代风华'蕨类植物专题展""国家重点保护野生植物摄影展"等。

（四）拓宽宣传渠道，加强科普传播能力

一是提升中国植物故事的叙事和传播能力。讲好故事，需要充足的知识储备、巧妙的叙事结构、强烈的情感触发，科普人员将故事性与文化性作为新的主线，设计串联科普点，形成"植物之旅""植物园探秘"等系列活动。在活动中，相关科普人员的讲故事能力得以提高，审美素养得以提升，触发受众情感的方法得以不断探索。

二是组织出版了《中国外来入侵植物志》《中国——二十一世纪的园林之母》系列丛书、《中国灭绝与再发现植物手绘图鉴》等著作，针对各主要植物类群，进行分类研究，积累知识素材。

三是拓宽传播渠道。以植物园公众号为依托，制作精品科普课堂、短视频、科普推文开展科普宣传；与电视、网络等媒体密切合作，开展宣传片、纪录片和网络直播活动，提升植物园在国内外的科学传播能力；与中央电视台等媒体合作，在寒食、清明、立秋等节气进行科普直播节目，如CCTV4的《我爱中国节寒食·踏青》节目和CCTV3的《一叶知秋·话立秋》节目均受到社会关注。2022年7月，国家植物园三株巨魔芋相继开花，实现世界罕见的群体开花，国家植物园举办特色夜场和科普直播活动，参观者宛如探访幽暗雨林，获得直观的体验。

（五）促进科研和科普融合，加强科普人才队伍建设

一是鼓励科研人员参与科普教育。科研人员积极参与科普主题活动，为公众导赏特定植物类群，介绍国内外最新研究成果，

把国家植物园打造成科研科普融合的特色平台。同时积极申报各类科普研究课题，鼓励人员以科学方法深入研究科普活动的规律，完成了《寻孑遗赏花新媒体导赏系统》等多项科普类科研课题研究，促进植物科普理论研究和途径研究。

二是加强科普人才队伍建设。国家植物园现有专职科普人员12人，其中正高级职称1人，副高级职称3人，中级职称1人，根据每人的兴趣特长，细化科普专业领域，并积极创造各种学习培训机会。

三是积极探索社会合作机制。以科普中心专职教师为主体，重点负责活动组织、展览策划、图文撰写；以国家植物园科研人员为主体，形成植物学、园艺学、生态学教师团队；聘请科研院所、高校的科学家、专家，作为动物学、动植物学及文化领域教师参与科普教育。

三、工作成效

（一）深度挖掘植物文化与内涵

国家植物园是讲好中国植物故事的主要窗口，挖掘中国特有植物文化、展示自然界植物形态美与科研价值成为科普工作的重要内容。在总结以往工作经验的基础上，国家植物园提炼出知识内容要精准化、宣传工作要系统化、科普活动要灵活化的工作方式，集展览、宣传、活动于一体，系统性地协同多种科普传播形式，迅速提高公众的参与度，影响力显著增强，如"巨魔芋之夜"科普活动。国家植物园利用微信公众号、微博等多种媒体，广泛进行科普文化传播，使巨魔芋在国家植物园开花系列的消息频繁登上媒体热搜，点击量达到4亿多次，引发了"巨魔芋热"和国内外植物园界的关注和赞誉。

（二）满足公众的植物科普需求

通过科普教育展览、活动、课程的开展，国家植物园每年服务公众约20万人次，满足了公众对植物科普的需求。国家植物园被授予全国科普教育基地、国家科研科普基地、全国林业科普基地、全国中小学研学实践教育基地、北京市科普基地、北京市社会大课堂资源单位等称号，获得多项优秀科普奖项。国家植物园科普满意度调查显示，97.3%的公众对植物园的整体科普情况评价为"很满意"；科普馆自改造开放后已接待游客近10万人次，98%的游客对展览内容、形式及丰富度给予了高度评价。

（三）中国植物故事愈显生动

国家植物园围绕中国植物和中国珍稀濒危植物，讲述植物迁地保育、就地保护的植物文化故事，在讲述故事中激发公众的民族自豪感。截至2024年4月，国家植物园挂牌两周年以来，陆续举办了兰花展、桃花观赏季、中国特有植物展、多肉植物展、巨魔芋花展等花事活动60余项，800万人次游客参与其中。将科普教育与公众关注的花事活动渗透到游览过程中，多层次、多角度地丰富了游客的体验和收获，如举办"中国特有植物曾孝濂艺术绘画展""LIAN植物绘画艺术金秋特展"等植物专题绘画展，通过将植物绘画融合艺术创作，精准地反映植株的形态特征，吸引了众多植物爱好者观展，公众在植物主题艺术品面前感受科学与美的魅力，领略植物别具一格的生命姿态，启发对植物与人类关系的思考，提高了对自然环境的责任。

（四）科普教育的专业化、理论化支撑得到加强

科普工作是倡导科学方法、传播科学思想、弘扬科学精神的活动，国家植物园将科普教育与本单位的科研工作有机融合，及时、准确、生动、形象地向公众展示科普内容，在提高公众科学素养方面发挥了重要作用。在此过程中，科普工作者也不断提升了科学素养，加强了创新理论和方法的研究，完成了《寻子遗赏花新媒体导赏系统》《基于生物多样性调查保护教育活动探究》等科普类研究课题，这些科普研究课题成果促进了植物科普理论的研究，夯实了科普教育理论研究及专业导向的基础，支撑了科普评估体系的进一步完善。

四、启示与思考

（一）坚持国际视野、中国特色

国家植物园不同于一般意义的植物园，应具有突出的国家代表性。国务院批复明确要求要接轨国际标准，建设成中国特色、

其他文化

世界一流、万物和谐的国家植物园。科普宣教功能是国家植物园的重要功能之一，将国家植物园打造成具有现代科学发展理念、科普基础设施完备、科普资源丰富、中国特色、国际一流的科学传播中心和科普教育基地，也是国家植物园建设的应有之义。英国邱园、德国大莱植物园建有植物博物馆，新加坡植物园和美国国家植物园建有儿童花园和家庭园艺中心，新加坡植物园、澳大利亚国家植物园围绕特色本土植物进行展示和科普宣传，这些世界一流国家植物园在科普教育体系建设方面的很多创新尝试，值得我们借鉴。

（二）加强数字赋能科普教育的创新发展

当今，我国进入数字经济时代，新一代信息化技术的快速发展，也给新时代的科普工作带来新的机遇和变革。5G、VR等技术的应用极大地创新了科普的模式和方法，互联网、云展示打破了科普活动时间空间的限制，互联网创博平台可以给全球的观众提供全新的科普体验，受数字技术影响，科普活动的受众覆盖面和影响力正在不断扩大。在建设数字中国的大背景下，国家植物园要不断提升科普的数字化、网络化、智能化水平，实现科普教育的创新发展。

（三）建立多元化的科普人才队伍

加快培育高素质、专业化的科普人才队伍是国家植物园科普教育事业发展的内在要求。在英国邱园，从教育活动的策划、宣传、执行、管理等环节都由专职的团队负责，同时，邱园还拥有一大批富有专业素养和科学精神的兼职人员及志愿者，这些都值得我们借鉴。讲好中国植物故事，需要具备专业素养和现代科学传播运营理念的科普人才，同时，我们还应全力构建由科普专业人员、科研人员及志愿者队伍组成的多元化人才支撑体系。

建设"中国乐派" 弘扬优秀音乐文化[*]

——中国音乐学院的探索与实践

实现中华民族伟大复兴,需要中华文化繁荣兴盛,要坚持以人民为中心的创作导向,结合新的时代条件,传承和弘扬中华优秀传统文化,创作生产出无愧于我们这个伟大民族、伟大时代的优秀作品。首都北京正在积极建设文化中心、国际交往中心,作为我国唯一一所以国学为底蕴、以民族音乐为办学特色的"双一流"高等音乐学府,中国音乐学院在院党委领导下,积极落实中央决策部署,根据北京市的文化教育定位并结合学校实际,在新的历史时期建设"中国乐派"。

中国音乐学院以"中国乐派"的建设为根本立足点,以音乐教育改革与音乐创作为两翼,推动体制机制改革,攻克了我国高等音乐教育的难题,取得了一系列令人瞩目的成效,吹响了弘扬优秀音乐文化、歌唱新时代的号角。中国音乐学院探索发展的实践经验值得总结,也体现了新时代学校现代化治理能力的提升。

---

[*] 作者简介:吕刚,中国音乐学院纪检监察办公室主任。

一、主要做法

（一）树立文化自信，倡导"中国乐派"理念

自20世纪初算起，中国的学校音乐教育已经走过了百余年的历史。百余年来，中国的学校音乐教育取得了辉煌的成就，也出现了瓶颈问题，那就是母语音乐教育的缺失。音乐学院的课程设置、评价标准、运行机制等，多以西方院校为标准，中国自己的音乐教育体系始终没有建立起来。最直观的感受是多数课程内容以西方音乐为主，民族音乐课程常常处于陪衬和边缘地位。近年来，国家各项教育事业迎来了发展的春天，京剧、昆曲、古琴等音乐艺术进入课堂，与国际社会弘扬多元音乐文化、保护"非物质文化遗产"的实践遥相呼应，产生了深远的影响。

在这种背景下，中国音乐学院率先提出了建设"中国乐派"的学术构想。环顾世界，西方国家如德国、俄罗斯、捷克、芬兰等都有自己的音乐学派，而矗立在东方的文明古国中国也应当有自己的音乐学派。根据中国音乐学院前院长王黎光教授的定义，"中国乐派"是以中国音乐元素为依托，以中国风格为基调，以中国音乐人为载体，以中国音乐作品为体现的音乐流派与音乐学派。以中国音乐元素为依托，是我们要牢记习近平总书记所说的"不忘本来"，弘扬中华文化的优良基因，将优秀的中华传统音乐文化代代相传；以中国风格为基调，是我们的音乐

创作不是无源之水、无本之木，而是要彰显中国音乐的特色，发扬中华文化的特点，使人在世界音乐之海中一听便知是中国音乐；以中国音乐人为载体，是将古往今来的中国音乐家们的智慧融汇于当代，使中国音乐家走向国际；以中国音乐作品为体现，是我们最终要"吸收外来面向未来"，创造出能代表民族精神、时代特色、广受千家万户人民群众喜爱的音乐作品，并以此作为奋斗目标。

"中国乐派"的学术理念自2016年提出后，在学术界以及我国高等音乐教育领域起到了引领作用，也深入到中国音乐学院的办学目标与相关事业中，在业界受到广泛瞩目。

（二）推动教育改革，用"中国乐派"理念完善课程体系

高校最主要的办学使命是培养人才，而教学内容、课程体系则是推进"中国乐派"、弘扬优秀中华文化的重要抓手。目前，培养"高精尖"人才的高等音乐院校处于整个学校音乐教育的"金字塔尖"，其价值观念、课程设置、人才知识结构等方面往往对整个音乐教育有着举足轻重的影响，甚至在相当程度上起到"风向标"的作用，因而用"中国乐派"理念完善课程体系，也成为一种必然。

"中国乐派"的主要实践方式是推动"8+1、思政+X"课程体系建设。"8+1"中的"8"是指八门全校所有学生必修的基础课，即基本乐科、和声、曲式、复调、配器、中国音乐史、世界音乐史、中国传统音乐；"1"是指各自的专业主课；"思政"为

国家规定的思想政治类课程;"X"为通识类课程。这些课程,很多高校或多或少地也都在开设,与之相比,中国音乐学院在"中国乐派"理念下的这些课程有了较大突破:

一是大幅度增加了中国音乐的比重,消解了以往以西方音乐为主的局面。如基本乐科的视唱练耳、乐理,以往教授的基本都是西方音乐的理论和听音、视唱内容,而本次改革以中国音乐为主导,不仅大大增加了中国音乐作品的数量,而且内部形成了体系性,尤其增加了锣鼓经、中国传统乐谱等内容,使得学生在打好音乐基础的同时能极大地吸收母语音乐的优秀基因,插上未来腾飞的翅膀。其他和声、曲式、复调、配器等课程也均以这一理念为指导,彻底改变了以往作曲技术理论"四大件"(即上文提到的和声、曲式、复调、配器)以西方音乐为主的局面。

二是拓展了世界视野,吸纳了全球的优秀音乐资源,丰富了音乐史教学。以往的外国音乐史课程实际上就是西方音乐史,只能了解欧洲的音乐文化,不仅见不到南美洲、北美洲、澳洲、非洲等地的音乐,连历史悠久的印度、伊朗等国的音乐文化历史也不讲授。而本次改革,直接将音乐史的内容由西方拓展到世界各国、各个文明群体中,非洲、欧洲的内容占到一半篇幅,这就形成了真正的世界音乐史。

三是贯通古今,与时俱进,涵盖了当代音乐。以往的中国音乐史多数只写到1949年前,而本次改革将20世纪下半叶及21世纪初的中国音乐事业发展也涵盖进来,实现了整个中国音乐文化历史的课程目标。

（三）贴近人民群众，以"中国乐派"理念引领音乐创作发展

2014年10月15日，习近平总书记在文艺工作座谈会上鼓励文艺创作从"高原"迈向"高峰"。音乐创作应当以人民为中心，紧密贴近人民群众，表达中华儿女的时代心声。中国音乐学院的师生在历史上曾经推出过《长城谣》《南泥湾》《咱们工人有力量》《白毛女》《小二黑结婚》《沿着社会主义大道奔前方》等经典音乐作品。新的历史时代，"中国乐派"理念引领了新的历史时期的音乐创作，进一步彰显了中国音乐的风格。

2019年，王黎光教授的作品《好儿好女好家园》在中华人民共和国成立70周年天安门广场联欢活动中演唱；2022年，该歌曲在北京冬奥会开幕式上再次唱响。歌曲表现了我们伟大祖国国泰民安、欢乐祥和的盛景和欢迎全世界朋友来做客的热情，为讲好中国故事、传播中国声音插上了音乐的翅膀。这首作品曾获得中宣部第十六届精神文明建设"五个一工程"奖。在新冠疫情防控阻击战场上，作曲系师生肩负文艺工作者的使命，与祖国同呼吸、共命运，充分发挥音乐创作专长，创作了《天使的微笑》《呼唤英雄》《守望天使》《国音+龙吟》《祈福中华》多首音乐作品，用歌声传递真情，表达了坚决打赢疫情防控阻击战的坚定信念。此外，胡廷江的《歌曲创作》荣获第二届全国高校教师教学创新大赛全国赛一等奖。在音乐创作、作品演绎方面做出杰出贡献的三位学校专家王黎光、李心草、吴碧霞于2022年同时当选第十四届全国政协委员。

（四）搭建高端平台，扩大"中国乐派"的学术影响力

走向世界是"中国乐派"建设的重要途径。搭建高水平的学术平台，扩大"中国乐派"的影响也就成为必然之举。如何在世界舞台发出中国人自己的声音，是摆在面前的现实问题。以"中国乐派"为基本立足点，中国音乐学院发起成立全球音乐教育联盟。该联盟致力于推动世界范围内不同音乐文化、音乐学派的建立与传承发展；旨在在全球化的今天加强国际音乐教育机构的交流与协作，发展全球音乐教育，打造世界级音乐教学、科研、创作、表演的学术共同体；搭建国际化音乐人才培养、教学、科研、资源建设和交流合作的平台，创建符合未来发展趋势的国际化音乐教育体系，推动世界各民族传统音乐以及古典音乐的发展，促进各国音乐文化相互理解与交流，共奏人类进步的欢乐颂；同时，以音乐艺术的独特力量消弭隔阂、纯净心灵，让音乐成为世界和平的使者。

全球音乐教育联盟成立以后，发起举办国际顶级音乐赛事，推出系列弘扬"中国乐派"的活动，推动实现院校间文凭、学分互认以及开展联合科研等。现在，一些世界的顶级音乐学院，如美国伊斯曼音乐学院、伯克利音乐学院，芬兰的西贝柳斯音乐学院、新西兰的奥克兰音乐学院、泰国的曼谷音乐学院等都已加入该联盟。该联盟在全球范围内扩大了中国音乐的话语权及"中国乐派"的影响力。

二、工作成效

中国音乐学院以"承国学、扬国韵、育国器、强国音"为办学理念，多年来为中国音乐理论研究、创作、表演、人才培养、服务社会等做出了突出贡献，发起成立"中国乐派"高精尖创新中心，倡导和建设"中国乐派"，充分展现了这所有着深厚中华优秀传统文化底蕴的高等音乐院校的责任担当。近年来，中国音乐学院在弘扬优秀音乐文化方面取得了较为突出的成效：

（一）筑牢了办学基础，获得了一系列国家级大奖

2022年，"中国乐派""8+1、思政+X"课程体系探索与实践荣获国家级教学成果一等奖、北京市教育教学成果特等奖。该项目先后完成了4版培养方案、53场专家论证会、37门主课课程标准、8本专业基础课教材、1部思政课程教学纪录片，形成了全国首创的独立设置音乐学院本科课程国家标准。

与此同时，在教育部举行的"首届全国教材建设奖"评选中，中国音乐学院教材《基本乐理简明教程》（李重光著）获得全国优秀教材（高等教育类）一等奖；院长王黎光教授被评为"全国教材建设先进个人"。

（二）扩大了社会影响，营造了浓厚的专业氛围

近年来，"中国乐派"的建设影响日趋扩大。2019年，全球

音乐教育联盟举办全球音乐院校校长交流季。国务院时任副总理刘延东在人民大会堂会见出席全球音乐院校校长交流季的中外校长。2021年，中国音乐学院全球音乐教育联盟代表出席金砖国家人文交流论坛，并在开幕式环节举行了全球音乐教育联盟金砖国家成员单位合作签约仪式。同年，《中国乐派研究》《中国声乐艺术研究》同时获批为国家社科基金艺术学重大项目，列入国家重大科研课题进行研究。

（三）稳步推进发展，学术创新成效显著

以"中国乐派"弘扬优秀音乐文化的举措为核心，中国音乐学院各方面的工作进入了快速发展的时期。据中国知网相关数据统计，自2016年提出"中国乐派"以来，截至2024年4月，业界已经正式发表78篇关于"中国乐派"的学术论文，包括诸多CSSCI来源期刊、北大核心期刊等。而作为"中国乐派""奠基礼"、弘扬优秀音乐文化载体之一的《中国音乐大典·文论编》也因此荣获"2022年度出版物奖"，入选"中华民族音乐传承出版工程"，入选国家出版基金资助项目。《中国音乐大典》是一套弘扬中国音乐文化、构建中国音乐理论体系的典籍，以现代科技手段全方位地展示了中国音乐理论、表演、创作、人物等各方面的成就，包括文论、乐谱、图像、音像四编。

三、经验启示

（一）以党的思想政策为指导，推进音乐文化繁荣兴盛

2014年10月15日，习近平总书记在文艺座谈会上发表重要讲话，并同大家一起讨论了五个问题，分别是："实现中华民族伟大复兴需要中华文化繁荣兴盛""创作无愧于时代的优秀作品""要坚持以人民为中心的创作导向""中国精神是社会主义文艺的灵魂""加强和改进党对文艺工作的领导"，并指出，"没有中华文化繁荣兴盛，就没有中华民族伟大复兴"。[①]这些高屋建瓴的指导、智慧深刻的观点，为我国的文艺事业指明了方向，也是音乐教育事业发展取之不尽、用之不竭的思想源泉。

（二）以理念创新为引领，以"中国乐派"提升文化软实力

从外部来看，各个兄弟音乐院校都在谋求创新发展；从内部来看，中国音乐学院校内的各项工作千头万绪。而"中国乐派"的提出，起到了"牵一发而动全身"的作用。"中国乐派"是一个重要的音乐创新观念，扭转了此前以西方音乐教育为主的局面，也推动了各项音乐教育事业的发展。中国音乐学院以"中国乐派"建设为根本立足点，以音乐教育改革与音乐创作为两翼，进

---

① 习近平：《在文艺工作座谈会上的讲话》，人民出版社2015年版，第2、7、13、21、27、5页。

行了弘扬优秀音乐文化的探索实践。

（三）以机制体制改革为途径，为构建完善中国音乐教育体系建言献策

为积极推进机制体制改革，中国音乐学院制定了各项规章制度，出台了一系列管理文件，成立了"中国乐派"高精尖创新中心和"五院一地"（中国乐派研究院、中国音乐理论研究院、中国声乐艺术研究院、研究生院、教育学院、中国音乐研究基地），激发了教职工的积极性，同时以海纳百川的态度、开放包容的胸襟汇聚了国内外一批重量级的专家围绕弘扬优秀音乐文化进行卓有成效的探索。

厚植爱国情感，助力文化自信*

——以"星海杯"创新实践为例

文化自信是更基础、更广泛、更深厚的自信，是一个国家、一个民族发展中最基本、最深沉、最持久的力量。新中国成立以来，文化中心一直是北京重要的首都功能；党的十八大以来，北京全面贯彻习近平新时代中国特色社会主义思想，按照"四个中心"城市功能定位，确定了全国文化中心建设的总体框架，着力做好首都文化发展的大文章。

北京一轻控股有限责任公司旗下的北京星海集团有限公司（以下简称星海集团）作为市属国有企业，认真领会习近平总书记重要讲话精神，系统思考文化自信、全国文化中心的内涵和外延，运用自身优势和特征，以钢琴为载体，以作品为核心，以"星海杯"全国钢琴比赛（以下简称"星海杯"）为发力点，通过创办中国钢琴作品作曲比赛，创新"星海杯"赛制、筹建"星海"曲库、优化运营机制等方面多举措、多维度开展工作，为厚植少年儿童爱国情感、助力文化自信培育养成并形成辐射带动作

---

* 作者简介：孟宇，北京星海钢琴集团有限公司党委书记、董事长。

用做了一些有益的探索，取得了较好的效果。

一、主要做法

钢琴被誉为"乐器之王"，源于欧洲，兴于欧美。1985年，为普及少儿钢琴教育、提升少儿艺术素养、培养未来的钢琴人才、扩大民族品牌的影响力，北京钢琴厂（星海集团前身）联合中央音乐学院举办了北京市儿童钢琴比赛（"星海杯"前身）。1996年，该赛事扩展为全国钢琴比赛。现主办单位为中央音乐学院、国家大剧院、星海集团，承办单位为星海集团。

目前，"星海杯"在国内钢琴赛事中以历史悠久、规模宏大、赛制严谨、水平高超著称，是公认的最具权威性的国内钢琴大赛，被业内誉为"中国钢琴家的摇篮"。截至2023年底，该赛事已连续举办19届，历时38年，参加比赛的青少年儿童及专业选手有数十万人。办赛多年来，"星海杯"为推动全国少年儿童钢琴艺术普及和教育、选拔优秀钢琴人才做出了应有贡献。2022年，第19届"星海杯"举办之际，全国180个地级以上城市设置选拔赛分赛场，在北京、广州、苏州、成都、郑州、昆明、合肥7大赛区举办精英赛，在北京以线上评审方式举办总决赛，初赛报名人数达到5.1万人，分赛场数量、参赛人数均位列全国同类赛事之冠。

近年来，中国钢琴学习人数不断增加，国内钢琴年销量和学习钢琴的琴童数量虽位居世界第一，但通过办赛，可以发现无论是钢琴类国内比赛，还是在少儿展演活动中，演奏的几乎都是国外的音乐作品，鲜少演奏中国风格作品。主要原因是中国风格作品少，由普及到高级的系统化培训教材不完备，限制了少年儿童通过钢琴学习中国音乐文化、展示民族文化自信的路径。

（一）创新"星海杯"赛制

2021年，习近平总书记在中国文联十一大、中国作协十大开幕式上发表重要讲话，向广大文艺工作者提出"用情用力讲好中国故事，向世界展现可信、可爱、可敬的中国形象"的要求。深入学习习近平总书记的重要讲话后，"星海杯"赛事组找到了未来发展的方向，在2022年初第19届"星海杯"筹备会议上，星海集团提出：可否在比赛章程中明确提出业余组、专业组共十个组别均要在自选曲目中必须包含一首中国曲目，其中专业组5个组别必弹一首指定的中国曲目；除原有奖项外，每个组别增设"中国作品奖"；为实现这个赛制调整，提议举办中国钢琴作品作曲比赛，将比赛获奖曲目列入不同组别的指定曲目。这个提议得到联合主办单位中央音乐学院、国家大剧院领导的一致赞成。第19届"星海杯"开国内大赛先河，在西洋乐器上奏出了中国的声音，传递了中国的文化。

（二）创办首届"星海杯"中国钢琴作品作曲比赛

赛制创新的基础是拿出好的作品，为实现这个目标，星海集团与中央音乐学院作曲系联袂承办了首届"星海杯"中国钢琴作品作曲比赛（以下简称作曲比赛），作曲比赛从创意到形成方案再到完成比赛用时仅4个月。初赛共收到全国各地的参赛作品195首，其中为专业青年组创作的作品132首，为专业少年组创作的作品63首；参赛者按地域分布涵盖25个省市，年龄最小者8岁，最大者67岁。此次比赛投稿数量众多，作曲家年龄和背景多样化，体现了"星海杯"的影响力和对作曲家的吸引力。比赛涌现出的优秀作品大多创作技术扎实，并借鉴了中国民族民间音乐、戏曲音乐元素，收到了讲好中国故事、彰显文化自信的效果。之后，中央音乐学院优秀青年钢琴演奏家对初赛筛选出的12首曲目进行为期10天的高强度排练，并进棚录制作品小样，这样，终评评委在评审时，不仅能研判乐谱，同时还能聆听到作品最真实的声音。经过一系列紧锣密鼓的准备，评委会最终选出青年组和少年组各一首作品进入"星海杯"相应组别指定演奏的中国作品。

（三）筹建"星海"曲库

2022年7月，首届作曲比赛成功举办，其成果运用到第19届"星海杯"后，得到了社会各界的广泛赞许和认可。钢琴作为世界上最通用的乐器，演奏的国外作品不计其数，而中国钢琴曲目创作和改编水平还有待提升，系统性还有待加强，要通过多种方式传播优秀的作品。这是一项基础的、长期的工作，仅仅依靠作曲比赛是远远不够的，为此，星海集团萌生了建立"星海"中国风格曲库（钢琴类）的创意，主要工作内容就是将现存的中国风格钢琴作品进行搜集、整理、分类；邀请专家遴选100首适合改编为钢琴曲目的近现代优秀民族音乐作品，并将其列入未来作曲比赛指定创编曲目；对作曲比赛形成的创作曲目、创编曲目录制、出版；利用线上平台和线下活动广泛传播。2023年3月，星海集团与专业音乐文化机构达成合作意向，并于3月18日举办"星海"曲库第一曲《保卫黄河》录制典礼，正式启动筹建"星海"曲库。

（四）围绕"星海杯"开展多样文化活动

通过作曲比赛发现好的作品，通过"星海杯"引领全国琴童学习、演奏好的作品，更要通过培训、音乐会、展演活动加大中国作品的传播力度。为此，星海集团策划大师课、中国作品讲解培训课，并在"星海杯"比赛期间和赛后为获奖选手举办音乐会等一系列活动。由于疫情影响，星海集团把部分活动放到线上，包括录制作曲比赛优秀作品提供免费下载，录制中国作品讲解课等，在具备条件的赛区举办线下获奖选手音乐会和大师班活动等，通过形式多样的文化活动鼓励琴童演奏中国风格曲目，激发琴童建立文化自信、厚植爱国情怀。

（五）探索建立良好的运营机制

为实现文化项目的可持续发展，近年来，星海集团在保证文化方向引领、办赛初心和宗旨不变的前提下，围绕"星海杯"及其拓展项目进行了一系列改革探索：

第一，实现比赛章程统一、奖项设置统一、品牌形象统一、参赛费用统一、证件证书统一，通过"五个统一"保证赛事的方向性、规范性；设立"星海杯"监督电话，接受社会各界对比赛、活动的监督咨询。

第二，在"五个统一""一个监督"的基础上，释放市场活力，积极引入合作伙伴，增加分赛场数量，扩大比赛规模，使比赛影响力和品牌效应显著提升。

第三，搭建合作共赢的运营模型，形成良好的收益期待，吸引民营音乐机构参与曲库建设和运营。

第四，推出围绕"星海杯"的系列文化活动目录，积极对接各类文化资源，鼓励合作伙伴在办赛期间、赛后通过大师课、音乐会、中国曲目培训、优秀选手展演等多种活动实现社会效益和经济效益的双丰收。

第五，推出"未来之星"定制款系列钢琴，在"星海杯"期间，和全国各承办机构联合举办多场新品展示和体验活动，推动乐器销售和文化活动的融合互动，实现以赛促销。

二、工作成效

经过多年不懈努力，星海集团通过"星海杯"全国钢琴比赛，在推动全国钢琴教育的普及以及国民音乐素质的提升方面，做出了巨大的贡献。

其他文化

（一）创办作曲比赛，凝聚了文化自信的底气

首届作曲比赛以展现文化自信、讲好中国故事为目标，征集富有时代精神与中国风格的作品，力争为中国当代钢琴音乐的创作和演奏搭建高水平的舞台。钢琴是西洋乐器，亦是全球传播范围最为广泛的音乐工具，通过发动作曲人创作和创编具有中国风格的钢琴曲目，有利于凝聚文化自信的底气。

（二）创新"星海杯"赛制，健强了文化自信的力量

钢琴是中国少儿器乐学习的首选音乐工具，钢琴教育是社会音乐培训中参与人数最多、影响力最大的科目。"星海杯"是当今国内最具影响力和最具规模的钢琴大赛，通过增加中国曲目为必弹曲目，增设"中国作品奖"的赛制创新，直接影响5万名参赛选手弹奏中国曲目。在培训中，指导教师会讲解曲目的创作背景、文化内涵、艺术特征等，使少年儿童在学习中了解我国的历史和文化、倾听时代的精神、厚植爱国情感，这些举措，增强了文化自信的力量。

（三）建立"星海"曲库，积淀了文化自信的厚度

作曲比赛和"星海杯"的联动收到了很好的效果，但要实现用西洋乐器传递中国声音还需要做很多工作，尤其是对具有中国文化内涵、时代精神作品的搜集、整理、创作、改编、学习和传播，都需要专业团队进行长期扎实的工作。"星海"曲库的建立，就是从系统观念出发，立足长远，久久为功，逐渐积淀了文化自

信的厚度。

（四）开展丰富多彩的文化活动，引领辐射文化自信的广度

北京是全国文化中心，凝聚荟萃了顶尖的艺术人才和文化平台。"星海杯"始创于北京，辐射全国，不仅围绕杯赛创办的作曲比赛、曲库建设开展多样的音乐文化活动，更是在引导先进文化方向、提升文化品牌的内涵和拓展文化项目的外延上做了积极尝试。借助"星海杯"多年形成的巨大规模和品牌影响力，从钢琴艺术的视角而生发的文化自信正在全国一步步养成。

（五）探索市场化运营机制，构建形成可持续发展的动力

通过"五个统一""一个监督"，牢牢把握"星海杯"的方向性和规范性；通过引入更多社会力量办赛、建立曲库、开展多样文化活动，激发了市场活力，品牌影响力和活动规模持续提升；通过"星海杯"文化品牌和"星海"钢琴产品品牌的交融互动，以赛促销，星海集团两大品牌的社会效益和经济效益实现了双提升。2020年，"星海杯"比赛实现收支平衡，以赛养赛；2022年，"星海杯"系列活动在增加作曲比赛开支的基础上，实现百万以上的盈利；近三年，"星海杯"定制钢琴"未来之星"系列产品年均增收1500万元。

三、经验启示

（一）坚持以党建引领、以社会主义核心价值观引领文化品牌的建设

进入新时代，以习近平同志为核心的党中央坚持以社会主义核心价值观引领文化建设，注重用社会主义先进文化、革命文化、优秀传统文化培根铸魂。"星海"品牌是以"人民的音乐家"——冼星海的名字命名的，星海集团是拥有红色基因的国有全资企业。近年来，围绕"星海杯"这个文化品牌所进行的一系列创新实践，就是要牢牢把握以党建引领、以社会主义核心价值观引领文化品牌的建设，这样才能保证文化品牌建设始终与社会主义先进文化的前进方向同向同行。打造"星海杯"文化品牌，就是要运用最具国际传播力的音乐工具，推崇传承优秀文化，讲好中国故事，向世界传递中国的声音；用反映时代精神、书写人民史诗的优秀作品，激发少年儿童的爱国情怀和民族自豪感。

（二）首都国企为全国文化中心功能建设提供坚强助力

国有企业是我们党执政兴国的重要支柱和依靠力量，理应为建设文化强国做贡献。首都国企，更应践行文化担当，为全国文化中心功能建设提供坚强助力。

"十三五"规划以来，星海集团将企业定位为"国内著名的音乐产品制造商和音乐服务的提供商"；近几年，星海集团正从单一的制造业转型为"工业＋文化"的双跨企业。在产品制造业方面，星海集团坚持传统乐器与信息技术的结合，研发出智能数码产品，形成软件和硬件结合的创新产品。在文化产业方面，通过"星海杯"系列创新实践，形成了国内业界领先的文化品牌；通过研发自主知识产权的"星海"多元音乐培训体系、筹建"星海艺术中心"项目，引领带动社会性少儿艺术培训的新模式；通过乐器类职业教育方向的专业优势，助力台湖演艺小镇艺术服务人才培养。"十四五"规划以来，星海集团以党建为引领，聚焦主责主业，把握先进文化的前进方向，以"星海杯"文化品牌的系列创新实践为抓手，凝聚了文化自信的底气，健强了文化自信的力量，积淀了文化自信的厚度，拓展了文化自信传播的广度，以实际行动展现了首都国企的文化担当。

（三）"星海杯"的创新实践推进企业高质量发展

"十三五"规划期间，星海集团主动响应京津冀协同发展、疏解非首都功能的国家战略要求，于2017年揭开工业制造全环节向河北转移的序幕。在五年时间里，如何保证生产不停、人心不散、市场不丢、品牌不倒是摆在星海集团管理者面前的重大课题，在北京一轻控股有限责任公司的支持指导下，在全体星海人的努力拼搏下，星海集团完成了异地建厂、人员安置、生产转移、稳产达产等各项工作，做到了规模不减、效益平稳向好、品牌影响力不断提升。也正是在这个时期，"星海杯"创新实践活动的方案逐步完善、快速推进，为企业高质量发展起到了很好的铺垫作用。

一是初步构建"工业+文化"两大主业的双轮驱动机制。"星海杯"创新实践不仅实现了以赛养赛和稳定收益，而且随着"星海"曲库的建设及文化活动、音乐培训等一体化活动的实施，星海集团必将形成企业发展的新动能；在"星海杯"比赛期间，星海钢琴定制化产品的推广活动和以赛促销，扩大了制造业的规模和收入。由于比赛用琴的高标准要求，即使在搬迁过程中，星海集团也实现了稳质提产……"星海"产品品牌、"星海杯"文化品牌融合发展，交相辉映，形成了"工业+文化"两大主业的双轮驱动，有利于构建企业高质量发展的新格局。

二是有效构建"政府+企业"两大力量的双轮驱动机制。"星海杯"创新实践既有教育部、中国文联、中央音乐学院、国家大剧院等政府和专业机构在宗旨和方向上的把关定向，也有国有企业、民营企业市场化运营的活力释放，而星海集团作为主要承办单位，发挥了"稳定器""放大器""加速器"的作用，以"星海杯"为起点，广泛凝聚资源，深度延展合作，发挥引领辐射作用，践行了国有企业的社会责任担当，符合高质量发展要义。

星海集团运用自身优势和特征，以钢琴为载体，以作品为核心，以"星海杯"为发力点，开展了系列创新实践，其根本目的是厚植少年儿童的爱国情感、助力文化自信并形成辐射带动作用，动员更广泛的力量为实现文化强国战略做贡献，为全国文化中心建设做贡献。接下来，星海集团将持续开展相关工作，在继续完善曲库建设、教育培训、文化活动等基础和长期性工作的基础上，以"星海杯"创办40周年和第20届比赛为契机，适时推动比赛的国际化；以钢琴艺术为切入点，让中国的文化走出去，并与国际赛事交流互鉴，为中外文化交流做贡献。

基于区域文化特色的惠民消费模式探索*

——以丰台惠民文化消费季为例

党的二十大报告指出,"着力扩大内需,增强消费对经济发展的基础性作用"[①]。文化消费作为消费的重要组成部分,具有巨大的市场潜力;同时,文化消费又有着不同于一般消费的特点,承担着满足群众精神文化需求的重任,对于促进人民群众精神生活共同富裕起着至关重要的推动作用。

近年来,围绕促进文化消费,各地都进行了积极探索和有益尝试。以北京市丰台区为例,自2014年底《北京市人民政府关于促进文化消费的意见》出台以来,丰台区积极融入全市促进文化消费工作的大局中,在充分挖掘地区特色文化资源的基础上,从2015年起开始打造"丰台惠民文化消费季"品牌,通过每年集中开展主题鲜明、内容丰富的惠民文化活动,发挥政府引导、品牌引领的作用,不断加大文化消费供给,拓展文化消费空间,

---

* 作者简介:龚俊,丰台区文化创意产业促进中心党组书记、主任。
① 习近平:《高举中国特色社会主义伟大旗帜　为全面建设社会主义现代化国家而团结奋斗——在中国共产党第二十次全国代表大会上的报告》,人民出版社2022年版,第29页。

激发文化市场活力，提高人民群众在精神文化方面的获得感、幸福感。

一、突出区域文化特色，积极探索惠民文化消费新场景

丰台区历史底蕴深厚，文化资源丰富，卢沟桥—宛平城—长辛店文化板块是构成西山永定河文化带的重要一环，戏曲文化、花卉文化等具有鲜明的丰台特色。丰台是戏曲文化发祥地之一，著名学者王国维在《戏曲考源》中指出，"戏曲一体，崛起于金元之间"，而金中都的所在地，主要在今丰台区所在区域。北京京剧院、北方昆曲剧院、中国评剧院、北京市曲剧团、北京戏曲艺术职业学院以及中国戏曲教育最高学府——中国戏曲学院等北京市主要戏曲院团院校都坐落在丰台区。此外，丰台区古有"花乡"之称，种植花卉的历史可以追溯到金代，"丰宜门外丰台路，花担平明尽入城"等诗句表明丰台为当时京城花木的主要产地。

除了丰富的历史文化资源，丰台区还拥有北京园博园、世界公园等特色景区以及北京汽车博物馆等特色博物馆，文旅资源丰富；拥有中华书局、人天书店、人教教材中心、法律出版社等众多出版机构，书香氛围浓厚。此外，随着城市活力中心建设和老旧厂房有机更新，丰台区提升改造了一批大型综合商业体，形成了一系列特色商圈，建设了一批文化创意产业园区，为文化消费提供了更多新场景。

丰台惠民文化消费季从创办之初，就坚持立足实际，精准设

计主题活动，经过七届的探索和发展，目前已形成五大主题板块活动。

（一）"丰·花"绽放主题板块

每年惠民文化消费季期间，在北京世界花卉大观园、花卉嘉年华艺术中心等辖区内的特色花卉消费场所举办植物扎染、彩绘DIY、插花制作、手工陶艺、花卉景观制作等一系列互动体验活动，举办知识讲座与互动体验相结合的花卉知识科普活动，如家庭植物养护讲座、"寻找花仙子"等线上征集活动及线下少儿自然教育课等，让花卉爱好者在亲手设计和制作的过程中体验花艺的乐趣，进行花卉消费。同时，通过推出北京世界花卉大观园折扣门票，在花卉嘉年华艺术中心、花乡花卉创意园、世纪奥桥花卉园艺中心开展"折上折""满减"等线上线下打折惠购活动，进一步促进花卉消费。

（二）"丰·韵"梨园主题板块

一方面，采用线上线下相结合的方式，组织开展惠民戏曲专场演出、群众戏曲展演、"戏迷体验秀"等系列活动，并联动相关票务平台组织了近200期"惠民赏戏"线上抢票活动，让市民以优惠票价走进剧场观看名团名剧名家的演出。另一方面，从2017年开始，在文旅部和北京市政府的领导下，丰台区和北京市文旅局积极打造"中国戏曲文化周"特色品牌活动，并于每年国庆黄金周期间在北京园博园举办戏曲文化嘉年华活动。截至2023

年底，中国戏曲文化周已成功举办七届，累计邀请表演团体330余家，开展专业演出、戏曲嘉年华、导赏讲座等各类表演活动2800余场次，涉及京剧、昆曲、评剧、越剧、黄梅戏、河北梆子、秦腔等30多个剧种，吸引观众94万余人，成为每年丰台惠民文化消费季期间的特色消费场景，并入围"2020北京文化消费品牌榜"。

（三）"丰·创"市集主题板块

丰台区先后在万达广场等大型商圈、北京园博园等特色公园，以及京工时尚创新园、二七厂1897科创城、依文城堡、石榴中心、纪家庙双创产业园等文创园区，举办了一系列主题市集活动。其中，依文·中国手工坊"深山集市"颇具代表性。"深山集市"通过传统手工艺文化体验式展卖，既向市民展示传承了民族刺绣、古法扎染、竹编、雕刻等古老技艺，也为市民提供了国潮美学打卡空间，让传统手工艺通过特色消费体验活动更好地融入生活、融入时尚，释放出更多的魅力与活力。

（四）"丰·阅"书香主题板块

通过整合人天书店集团和平书店、中华书局伯鸿书店、雨丝书店、方庄书店、泰舍书局等辖区实体书店的优质资源，开展特惠图书展卖、作家签售会、非遗项目展示、传统文化互动体验等活动。同时，结合每年实际设置的特定主题，邀请业内专家以线上或线下的方式推荐好书并分享书评，推荐各书店畅销书单及红色书籍，引导消费者走进书店依据规则打卡，享受"打折""满减"等惠购活动；此外，消费者还可通过直播平台或在店内享受折扣购书。通过一系列书香主题活动开展，营造了全民阅读的社会氛围，引发了图书文化消费热潮。

（五）"丰·惠"观影主题板块

整合万达影城、博纳国际影城、中影国际影城、北京耀莱成龙影城等28家辖区影院资源，在各类折扣优惠的基础上，采取政府补贴的方式，通过淘票票、支付宝等第三方平台集中发放不同面额的"惠民观影券"，吸引广大影迷走进影院。此外，结合建党百年等重要节点，举办"红色观影"等主题活动，对主旋律影片进行重点推介，受到影迷朋友的一致好评。通过"丰·惠"观影主题活动，在丰富群众精神文化生活的同时，有效带动了影院的客流量，促进了商业综合体的关联消费。

二、持续发力，丰台惠民文化消费季成效明显

丰台惠民文化消费季已成功举办八届，作为丰台区文化消费的集中宣传推介平台，在文化惠民、引领消费方面发挥了重要作用，取得了显著成效。

（一）进一步挖掘了文化消费新潜力

历届丰台惠民文化消费季撬动的文化消费比例持续向好，消

费季拉动消费者参与文化消费的成效明显。据不完全统计，第三届丰台惠民文化消费季（首届）共开展活动90余场次，产生文化消费金额2400万元。此后，丰台惠民文化消费季直接拉动消费、间接拉动消费均保持平稳增长。第八届、第九届、第十届消费季虽受到疫情冲击，但是通过创新活动形式、扩大线上参与程度，也产生了较好的经济效益，活动参与人数显著增加，拉动消费能力保持平稳，实现了助力疫情防控和经济社会发展"双战双赢"的工作目标。

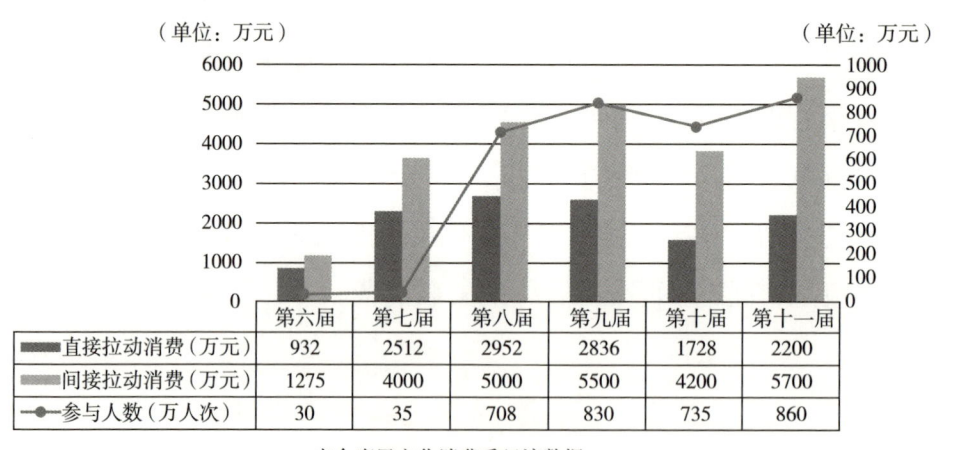

	第六届	第七届	第八届	第九届	第十届	第十一届
直接拉动消费（万元）	932	2512	2952	2836	1728	2200
间接拉动消费（万元）	1275	4000	5000	5500	4200	5700
参与人数（万人次）	30	35	708	830	735	860

丰台惠民文化消费季经济数据

此外，消费者满意度不断提升，消费意愿持续增强。自第六届丰台惠民文化消费季开展满意度调查以来，来自第三方的调查统计数据显示，历届文化消费季的总体满意度得分均在90分以上，第九届的群众满意度更是达到95.3分，这表明惠民文化消费季带给丰台区群众文化生活的获得感处于较高水平，群众消费意愿明显。

（二）进一步激发了文化产业新动能

作为丰台区重点产业之一，文化产业的发展离不开强有力的展示平台。丰台惠民文化消费季以文化惠民为要义，为区域文化产业发展提质增效提供了强大助力。比如，通过在文化产业园区集中开展"丰·创"市集主题活动，提升了文创园区的知晓度和影响力；通过持续推介丰台优质文旅资源，打造红色之旅、游学之旅等特色旅游线路，做大做强了文旅经济；通过录制"丰台好物"专题视频、线上直播推广等多种形式，集中推介了丰台区的文创精品。值得一提的是，通过花卉主题文化消费活动的蓬勃开展，丰台更加以花兴业，2022年，北京首个花卉拍卖中心在丰台区草桥村成立，丰台区成立了北京花卉交易中心，建立了全国首个《花卉交易服务规范》地方标准。下一步，丰台区还将多维度呈现花卉文化的赏、玩、潮、乐、购，打造数字化复合花卉生态圈。

（三）进一步打造了城市文化新地标

作为丰台区文化消费的金名片，历届惠民文化消费季活动集中展示了丰台区深厚的历史文化底蕴，提升了区域整体形象。卢沟桥文化旅游区、北京世界公园、绿野仙踪郊野乐园等10个文旅景区获评北京网红打卡地。同时，消费季持续线上推介汽博文化消费圈、园博文化消费圈、万丰文化消费圈、南宫文化消费圈等文化消费打卡地，引领消费新风向。特别是随着改建后的百年老站——北京丰台站以全新面貌开通运营，首都又添城市新地标，也为丰台惠民文化消费季增加了一处重要推介地。通过整合非遗、花卉、戏曲、书法等文化资源，开展主题快闪活动、非遗手工艺展示等形式多样的主题活动，展现了传统人文艺术与现代交通文化的交流与碰撞，助力站城融合一体化，提升区域文化形象。

三、丰台惠民文化消费季的经验和启示

丰台区在积极推进惠民文化消费季的实践中，探索形成了一些有益做法和成功经验，对于促进文化消费工作进行了一些深层次思考。

（一）促进文化消费，要坚持政府引导、惠民惠企

从丰台惠民文化消费季的理念来看，不论是特色市集还是一系列惠购活动，不论是搭建平台还是提供补贴，都体现了充分发挥政府在政策引导等方面的推动作用，通过促进供需对接，吸引市场主体参与，增强文化消费的内生动力。从丰台惠民文化消费季的主旨来看，紧扣"惠民"两个字，给人民群众带来了实实在在的各种实惠，同时，也给企业带来更多创收。特别是疫情防控期间，通过采取政府购买服务的方式集中发放"惠民观影券"，刺激引导了观影消费，提振了企业信心；同时，通过凭观影券购物打折优惠措施，鼓励商场与影院双向打折"对流"，促进影院与商场的深度合作和良性互动，实现惠民惠企的双向"互惠"。

（二）促进文化消费，要坚持经济效益与社会效益并重

文化消费具有特殊属性，消费对象主要是文化产品和文化服务中的无形精神文化价值，消费者在实施消费行为的同时，还能在传承中华优秀传统文化、弘扬社会主义核心价值观以及提升文化艺术修养、文明素养等方面有所获益。因此，在消费产品的提供上、在市场主体的选择上，要有针对性地给予引导和推动。比如，推出"深山集市"的依文集团是丰台区土生土长的明星企业，也是全市重点培育的"首发中心"之一。企业通过对品牌20年的打造，带动了云贵地区2万余名深山绣娘就业。广大消费者通过参与"深山集市"消费活动，也能感受到传统手工艺品带来的心灵触动和思想启发，感受到企业对于传承中华传统手工艺术、助力脱贫攻坚事业所做出的努力。

（三）促进文化消费，要坚持部门协同、统筹联动

为办好每年的惠民文化消费季，丰台区委、区政府高度重视，建立了联席会议机制，宣传部、文旅局、商务局、财政局等相关部门及各镇（街）全面参与，联席会议办公室设在文创中心，负责整体工作的统筹、协调及具体组织实施。联席会议机制确保了惠民文化消费季各项活动的高效组织和顺利运行。同时，由区财政局统一安排，对历届消费季整体活动进行统计监测、绩效考核，形成客观专业的绩效考评报告，为今后工作更加科学有效的开展提供参考依据。此外，丰台惠民文化消费季作为北京惠民文化消费季的重要组成部分，历届活动也得到了市级主管部门

的大力支持和现场指导，丰台区也积极联动市级活动，引入北京市惠民文化消费电子券、北京文创集市等市级文化消费资源，让丰台区的群众享受到市级高品质服务。

（四）促进文化消费，要坚持科技赋能，线上线下联动

丰台惠民文化消费季紧扣当下流行消费趋势，针对疫情以来消费者在文化消费习惯、偏好方面发生的改变，积极主动应对，充分发挥新兴媒介平台的作用，深度探索线上线下"双线并融"的文化消费新模式。在线下组织开展各类文化活动、节庆活动、展览展示、互动体验等消费活动的同时，通过网红打卡、直播带货、线上抢票等形式扩大消费季的覆盖面，联动美团、抖音等头部平台及时发布促销活动信息，更好地调动群众的文化消费热情。此外，整合各类资源，积极推进"文化+科技""文化+金融"等融合发展，大量线下企业推出AR探店、数字人民币体验等消费服务，为广大市民带来丰富的数字消费新体验。

（五）促进文化消费，要坚持立体宣传推介，扩大群众参与度和活动影响面

丰台惠民文化消费季自开展以来，多维度打造宣传推广矩阵，按照预热期、活动期、长尾期进行集中宣传，联动北京电视台、《北京日报》等主流媒体以及腾讯、爱奇艺、抖音等新媒体资源，对整体活动进行交互式、立体式、连贯式宣传报道，在提高群众知晓度、参与度的同时，不断提升消费季品牌的关注度、美

誉度。此外，积极利用市级宣推平台，将丰台区的相关活动纳入北京市整体宣传，使丰台惠民文化消费季快速成长为有影响力的地区性文化消费品牌。在宣传方式上，采取充满视觉张力的系列短片、海报等形式，策划制作创意构思巧、呈现力度强的宣传音视频，最大程度地宣传展示地区优质文旅资源、特色文化消费产品和文化服务，并通过持续推广丰台文创IP"丰丰"卡通形象，吸引更多年轻人群的专注和参与。

2024年被商务部定为"消费促进年"，同时也是丰台区实施"倍增追赶""合作发展"的关键之年。下一阶段，丰台区将认真学习贯彻落实党的二十大精神，紧扣"文化惠民"要义，深入探索文化消费的新内涵，进一步提升惠民文化消费季的整体活动品质，满足大众的文化消费新需求；将持续丰富文化惠民消费新路径，培育时尚消费、数字消费等新业态新模式，打造有特色的新型消费活动；将坚持推动"文化+"赋能城市发展，依托惠民文化消费季助力区域文化产业高质量发展，推动"丰宜福台，惠享文化"的美好愿景更好地转化为生动现实。

坚持用党的创新理论解决城市更新消防难题*

——首钢三号高炉等工业构筑物改造为文创公共建筑的探索实践

党的二十大报告指出："坚持人民城市人民建、人民城市为人民，提高城市规划、建设、治理水平，加快转变超大特大城市发展方式，实施城市更新行动，加强城市基础设施建设，打造宜居、韧性、智慧城市。"[①]2020年10月，中国共产党第十九届中央委员会第五次全体会议审议通过了《中共中央关于制定国民经济和社会发展第十四个五年规划和二〇三五年远景目标的建议》，明确提出实施城市更新行动。2021年3月，全国人大审议通过的《中华人民共和国国民经济和社会发展第十四个五年规划和2035年远景目标纲要》提出，加快转变城市发展方式，统筹城市规划建设管理，实施城市更新行动，推动城市空间结构优

---

* 作者简介：胡胜斌，北京市住房城乡建设委建设工程消防验收处处长。

① 习近平：《高举中国特色社会主义伟大旗帜　为全面建设社会主义现代化国家而团结奋斗——在中国共产党第二十次全国代表大会上的报告》，人民出版社2022年版，第32页。

化和品质提升，加快推进城市更新，改造提升老旧小区、老旧厂区、老旧街区和城中村等存量片区功能。

作为全国首个"减量发展"超大城市，北京的城市更新改造工作已成为城市发展的主要方式。城市更新不只是简单的旧城旧区改造，而是将大规模增量建设转变为存量提质改造和增量结构调整并举。北京市住房和城乡建设委员会紧扣北京"四个中心"定位，积极推进北京城市更新行动，助力打造城市高质量发展的新空间。首钢老工业区改造是北京城市更新行动的典型案例，改造后成为中国第一家以钢铁工业文化为特色的大型文化产业园区，其中，三号高炉在建设实施阶段解决了没有先例可遵循、没有案例可参考、没有标准可依据等消防技术问题，华丽变身为文创领域世界顶级的秀场，为探索超大城市更新减量发展贡献了"首钢经验"和"北京方案"，积累了宝贵的探索实践经验。

一、主要做法

（一）坚持党建引领，充分挖掘首钢的历史文化价值

2014年2月26日，习近平总书记在北京考察结束时指出："要本着对历史负责、对人民负责的精神，传承城市历史文脉，下定决心，舍得投入，处理好历史文化和现实生活、保护和利用的关系，该修则修，该用则用，该建则建，做到城市保护和

有机更新相衔接。"① 首钢园区内项目改造是将工业建构筑物转变为民用建筑，需要从多方面进行考虑：从功能性考虑，需要增加新的交通和服务体系，使其符合民用建筑规范的要求；同时，需要更新和改造原有的维护结构，使其内部拥有良好的采光通风等物理环境。从安全性考虑，需要对原结构进行清理、修缮和加固；同时，新的结构体系与原有的结构体系相脱离，要尽可能地减少对原有结构的依赖与破坏。在此基础上，首钢建筑改造还考虑到工业记忆的保留和展示，应将工业建构筑物作为物质载体，在改造中尽量保留原工业建筑的尺度和外部形态、机器设备，保留生产工艺流程、生产生活集体记忆。使首钢建筑同时具有文化载体的功能，无疑加大了改造难度。针对不同工艺工业遗存的不同现状特色，结合不同的功能空间需求，须采取不同类型的改造策略，具体可分为表皮保留、结构保留、新旧织补、景观性保留四类。

三号高炉改造是表皮保留的代表项目。三号高炉高107米，于1959年竣工投产，是首钢第一座炉容达2500立方米的现代化大型高炉，是最典型的一条生产线，2010年12月冶炼出最后一炉铁水后停止生产，是中国最长寿的高炉之一。它遗留的构筑物群，是中国钢铁自主创新的工业技术价值的珍贵写照，曾对北京乃至中国钢铁工业的发展有重要贡献。对比国际上同类项目情况，有的是静态保护，基本不赋予新功能；有的则是彻底变旧

---

① 《习近平关于城市工作论述摘编》，中央文献出版社2023年版，第100页。

为新加以利用，但改得面目全非、历史感全无。首钢三高炉在改造中，通过涂装工艺尽量忠实地封存"旧"，表达对历史的尊重；对于一些影响空间效果的建筑，则谨慎地"拆"，打开工业和自然对话的通廊；在保留高炉主体、热风炉、重力除尘器等核心工业构筑物的基础上，适度增加"新"，进行消隐加固，把握构件拆、留利用场地高差加建覆土建筑。在一系列举措下，项目最大程度地保留并发挥了原始空间的特色，使其成为首钢文化创意展示空间。

（二）坚持深入调研，查找制约厂房改造的突出问题

2023年4月，中共中央办公厅印发了《关于在全党大兴调查研究的工作方案》，要在全党大兴调查研究之风。市住建委坚持紧扣人民群众急难愁盼和经济社会发展实际，深入首钢进行现场调研，认真观察发现问题、深入思考分析问题、找到症结破解问题。由于工业构筑物改造为民用建筑属于新型工程，经过调研，老旧产业园更新改造在改造实施方面的问题不断凸显：一方面，缺乏可预期的政策明确改造后适宜用途清单，也没有专用标准可依照；另一方面，此类工程难以适用现行民用建筑技术标准，特别是消防技术标准，也无法按照现有的工作模式开展建设实施。如何对工业历史遗存进行保护不仅是价值层面的困境，也是技术层面的一大难点。市住建委积极总结调研成果，形成了《关于老旧产业园活化利用消防问题研究及对策建议》(市委城工委《城市工作专报》2021年第20期）报市委、市政府批示。

（三）坚持消防试点先行，积极探索城市更新发展新模式

北京市积极争取更多政策支持，将北京市纳入住建部既有建筑改造消防设计审查验收试点城市，创新适应城市更新过程中既有建筑改造利用的消防设计审查验收工作机制。主要试点探索以下举措：一是采用消防性能化设计，解决没有技术标准的问题。针对国内并无相关的防火设计和验收规范，执行现行消防技术标准确有困难，北京市鼓励引导建设单位在项目改造实施前，组织权威专家进行评审论证，出具了消防设计评估报告作为开展消防设计审查验收的依据。二是通过专家论证，解决保持工业风貌与涂刷防火涂料冲突的问题。组织消防专家论证，对钢结构承重构件进行专项研究，最终确定仅在13.6米标高以下人员使用的范围内涂刷防火涂料，完好地保存了整体的工业风貌。三是建立防消结合的业务协作机制，解决消防车道问题。针对三号高炉场地不具备设置环形车道等问题，住建部门、消防救援部门建立业务协作机制，属地消防救援部门参与测试消防车道、消防车登高操作场地等涉及消防灭火救援事项，确保消防安全。通过以上举措，该项目忠实地封存了"旧"，表达了对历史的尊重，最大程度地保留并发挥了原始空间的特色。

（四）坚持总结提炼，建立既有建筑改造消防安全长效机制

为及时总结、固化、推广试点工作经验，市住建委在深入调研、充分论证、多方征求意见的基础上，牵头制定了《北京市关于深化城市更新中既有建筑改造消防设计审查验收改革的实施方

案》，于2021年10月经第22次市委深改委会审议通过。该方案从健全消防设计标准体系、优化消防审验管理、推动消防与工程质量监管一体化融合、完善监督管理体系四个方面，提出了13条具体措施。方案实施一年多以来，陆续出台了配套文件，累计办理既有建筑改造消防验收手续2646件，盘活既有建筑近1亿平方米。企业、群众有关既有建筑改造消防验收的电话咨询、投诉信访数量均大幅减少。便民利企改革措施惠及2000多家企业，大大缩短了建设周期，减轻了企业的资金压力，企业的获得感、满意度不断提升，社会各界反映良好。

二、工作成效

（一）探索超大城市更新减量，发展"北京经验"

北京是全国第一个实行"减量发展"的超大型城市，在首都规划、建设和治理中，提倡精细化的、微循环式的、以品质内涵提升效益的城市更新模式。具体而言，一是推动将成熟的经验做法纳入立法。将三号高炉改造实践中行之有效的改革做法，包括改造前开展消防安全评估、制定与城市更新相适应的消防技术标准等，推动纳入《北京市城市更新条例》，实现了立法与改革决策相统一、相衔接。二是持续跟踪试点项目落地，牵头编制了《北京市城市更新中既有建筑改造消防审验改革暨试点工作主要做法及案例汇编》(以下简称《案例汇编》)。《案例汇编》归纳了北京市在政策标准、试点项目方面的有益探索,选取了包括首钢工业园在内的9个改造典型案例。该《案例汇编》获市领导批示肯定,住建部专函发全国住建部门借鉴。住建部在《建设工作简报》第45期上专题介绍北京市探索改进既有建筑改造消防审验管理的经验做法,在对全国既有建筑改造消防审验试点城市进行的第三方评估中,北京市排名全国前列。

(二)盘活闲置载体,释放首都文化创意产业发展空间

为了推动城市有机更新,北京释放的大量老旧厂房资源已逐步改造成文化产业园区,这不仅记录了城市的历史发展进程,也让城市显得更加生机盎然。经过改造的三号高炉,凭借宽敞的空间和重金属线条场景,使其由昔日的炼铁高炉华丽转身为活动秀场,成为各类大型活动的"全球首发中心"。从首届北京城市更新论坛主会场、奔驰汽车发布会、跨年冰雪盛典,到电竞北京2020、景贤计划全球发布会等,300多场国际、国内重要会议和重要活动在三号高炉举办,使三号高炉成为首钢园首批更新改造的标志性建筑和网红地标,带动了园区新活力,让人感受到工业文明和现代科技的惊喜碰撞。

(三)有效发挥消防试点的示范引领作用,推动城市更新提质增效

通过三号高炉改造探索出来的成功经验做法,最终被固化为《北京市关于深化城市更新中既有建筑改造消防设计审查验收

改革的实施方案》(以下简称《方案》)。《方案》一经发布,就得到了主流媒体的宣传报道,发布3天内,相关报道高达130余篇次。其中,中央电视台《朝闻天下》用时1分40秒详细介绍了《方案》的主要内容和重大意义,北京电视台《都市晚高峰》用时2分38秒对《方案》中的改革亮点进行了详细报道。此外,人民日报客户端、今日头条、澎湃新闻、网易、腾讯等也进行了转载报道。改革举措总体上反响良好,起到了良好的示范引领作用。国内其他城市纷纷参考借鉴,例如青岛市住建局《关于印发优化城市更新中建设工程消防验收八项措施的通知》,更是明确参照北京市经验做法,严格按照"审验一致"的原则开展消防验收工作。

(四)显著提升超大城市更新效能,增添城市发展活力

三号高炉改造是超大城市更新中构筑物改造成建筑物的典型代表,通过科技创新打通了由工业构筑物到公共建筑的这一业界"鸿沟",是产业园区更新改造、疏解腾退空间再利用、增添城市发展活力的样板项目。三号高炉改造项目有效优化配置了公共文化设施,利用老旧厂房打造形式多样的公共文化服务空间,在实现社会效益的同时,经济效益也得到了提升。在改造后的四年间,首钢园三号高炉作为全球首发中心,陆续承接各类活动300余场,其中首发、首秀、首展、首赛等重要活动115场,政府类活动占比约60%,商业类活动占比约40%。活动的持续开展不断强化首钢园作为首都城市复兴新地标的定位,强化品牌影响力,

聚集人气。首钢园三号高炉通过活动的落地与开展，2021年实现场地收入840万元，2022年在受疫情影响的情况下，仍能保持正常的运营状态，且取得了可观的场地收入。

三、经验启示

（一）坚持全力服务首都城市"四个中心"战略定位

北京市第十三次党代会报告指出，"四个中心"是党中央赋予北京的城市战略定位。进入新时代，北京市委鲜明提出，首都发展的目的是牢牢守住首都的城市战略定位，强化首都全国政治中心、文化中心、国际交往中心、科技创新中心的功能。北京市老旧工业厂房、仓储用房及相关工业设施建筑风格独特，承载着近现代北京工业发展的历史记忆，是传承发展历史文化、促进城市有机更新的重要载体和宝贵资源。保护利用好老旧厂房，充分挖掘其文化内涵和再生价值，兴办公共文化设施，发展文化创意产业，建设新型城市文化空间，契合北京文化中心的定位，有利于提升城市文化品质，推动城市风貌提升和产业升级，增强城市活力和竞争力。

（二）坚持以系统观念统筹谋划和协同推进城市更新建设实施

《关于在全党大兴调查研究的工作方案》要求，"必须坚持系统观念，深入实际、深入基层、深入群众调查了解情况，把握好全局和局部、当前和长远、宏观和微观、主要矛盾和次要矛盾、特殊和一般的关系，前瞻性思考、全局性谋划、整体性推进党和国家各项事业"[1]。三号高炉在建设实施阶段，鼓励建设单位将工程的设计、采购、施工和开工服务全部委托工程总承包，由工程总承包通过发挥主观能动性负责组织实施，这样有利于实现成本精准控制、工期科学排布等精细化管理。结合三维激光扫描、数字建模、BIM技术应用，能够高效解决图纸缺失、原图与现场不匹配等问题，避免设计、施工"两张皮"，保障老旧厂房改造项目结构、设备、消防等工程技术难题的统筹解决。

（三）坚持守正创新，研究解决既有建筑改造消防难点问题

党的二十大报告将"守正创新"写入大会主题，从开辟马克思主义中国化时代化新境界的高度强调"必须坚持守正创新"，守正创新成为习近平新时代中国特色社会主义思想的世界观和方法论的重要内容。三号高炉在改造探索实践中始终坚持运用守正创新思想，结合科技手段解决实际问题。工业构筑物改造为民用建筑功能属于新型工程，目前既没有可预期的政策明确适宜改造的使用功能清单，也没有专用标准可依照，使其因难以适用现行消防技术标准，无法按照现有的工作模式开展消防审验。为此，既有建筑改造消防设计技术指南出台，在不降低原建筑消防安全水平的基础上，对新旧规范适用原则进行更灵活的处理，同时借

---

[1] 《中办印发〈关于在全党大兴调查研究的工作方案〉》，人民出版社2023年版，第5页。

鉴香港经验，"性能化"设计也得到了科学、审慎的应用，有效解决了工业构筑物改造类新型工程难以适用现行技术标准的问题。

（四）坚持底线思维，全力确保既有建筑改造消防安全

2015年12月20日，习近平总书记在中央城市工作会议上指出："无论规划、建设还是管理，都要把安全放在第一位，把住安全关、质量关，并把安全工作落实到城市工作和城市发展各个环节各个领域。"[①]安全是一条硬杠杠。三号高炉在改造过程中，针对钢结构防火涂料不能全部涂刷、消防车道部门形成环形等问题，严格坚持底线思维，采取有力有效措施，督促建设、勘察、设计、施工、监理五方主体落实质量安全责任，加强工程建设全过程质量安全监管，确保了消防安全底线，着力保障人民群众的生命财产安全、人身健康、工程安全、生态环境安全、公众权益和公众利益，同时满足了促进能源资源节约利用、满足经济社会管理等方面的控制性底线要求。

[①]《习近平著作选读》第1卷，人民出版社2023年版，第414页。